家藏文库

水经注

〔北魏〕郦道元 著　　谭家健 注析

中州古籍出版社
·郑州·

前　言
《水经注》的文学成就

《水经注》是郦道元（约470—527）在古《水经》基础上，以注释的形式，全面记述我国南北朝时期水道情况的学术著作。全书约30万字，共记大小河流1389条①。作者不仅逐条说明各水的源头、流向、经过、支津、汇合及水文情况，而且对每个流域内的山川景物有详细的描绘。"凡过历之皋堆，夹并之坻岸，环间之邮亭，跨俯之城隅，镇被之岩岭，洞注之溪谷，濒枕之乡聚，耸映之楼馆，建树之碑碣，沉沦之基落，靡不旁萃曲收，左摭右采。"（明黄省曾《刻〈水经注〉序》）这部书不仅在我国地理学、考古学、水利学上具有重要地位，在文学上也取得了卓越的成就。它是魏晋南北朝时期山水散文的集锦、神话传说的荟萃、名胜古迹的导游图、风土民情的采访录。它的出现，标志着我国古典散文进入了一个新的历史阶段。

---

① 《水经注》所记水数，一般根据《唐六典》，作1252条。现据辛志贤《水经注所记水数考》，实际数字应是1389条。（见《北京师范大学学报》1981年第3期）

一

先秦两汉时期，散文的题材以哲理和史传为主，手法以议论和叙事见长。至于自然景物的描写，虽然《禹贡》《山海经》《史记·河渠书》《汉书·地理志》已有许多山水的名目，却无山水的形象。《楚辞·山鬼》、淮南小山《招隐士》虽有一些山水的形象，但仅仅是想象中的概括，并不是真实的摹写，而且主要是作为人物背景出现的。两汉辞赋中有不少山川形势的铺叙形容，但多属表面现象的夸张和品物典故的罗列，依然缺乏具体如实、形神兼备的刻画。真正山水散文的产生，乃是在两晋南北朝时期。①

两晋南北朝时期的山水散文，首先萌发于地理著作之中。如晋袁山松《宜都山川记》、晋罗含《湘中记》、晋任豫《益州记》、晋盛弘之《荆州记》、晋孔晔《会稽记》等。同时包孕于从征出访的记述之内，如晋郭缘生《述征记》、戴延之《西征记》、伍辑之《从征记》、释法显《佛国记》等。这些书在主要记录山河、城邑、关隘、险径、宫殿、庙宇的同时，也即兴描写了一些名山胜水奇特而优美的景物。东晋以后，由于山水田园诗的兴起，诗人们唱和之余，也用散文的形式模山范水，作为诗篇的序言或说明。如东晋庐山诸道人《游石门诗序》、王羲之《兰亭集序》、陶渊明《游斜川诗序》，刘宋颜延之《三月三日曲水诗序》等。由于人们对山水自然的兴趣增加与山水田园诗的日趋精美，逐渐有人专门写起山水游记来，如慧远的《庐山记》、谢灵运的《游名山志》等。继而有人在给亲朋的书信中也大谈山水之美，如鲍照《登大雷岸与妹书》、吴均《与宋元思书》《与顾章书》、陶弘景《答谢中书书》、祖鸿勋《与阳休之书》等。

---

① 东汉山水散文，今存只有一篇马第伯的《封禅仪记》。

就这样，山水散文日益引起人们的兴趣，逐渐由蕞尔附庸而蔚为赫然大国了。《水经注》就是在这样的文学潮流中产生的。

《水经注》中描写自然山水的篇章，有一部分是郦道元根据亲身经历写的（他几乎走遍了长城以南、秦岭淮河以北各地），有一部分可能是他随时调查访问的记录，还有相当一部分是提炼或抄缀他人著作而成。例如对三峡的描写即取自盛弘之《荆州记》，对会稽山水的描写多参考孔晔《会稽记》，对湘江风光的描述不少源于罗含《湘中记》。当然，他并没有简单地照本抄录，而是在借鉴原作的基础上有所创作或加工润色，或集众家之说改写编缀成文。尽可能利用别人已有成果，统摄熔铸，荟萃成书。有继承又有发展，正是我国古代史学家的传统。司马迁、班固、陈寿、范晔无不如此，郦道元也不例外。所以，《水经注》中的山水散文，应该看成两晋南北朝时期许多作家共同劳动成果的汇集，其艺术成就属于集体，郦道元则是其中杰出的代表。

从总体上看，《水经注》中的山水描写，不论是郦道元自己创作的还是缀述改写的，都是直接观察的产物。这样，就形成了它有别于两汉辞赋的第一个显著特色——艺术的真实性。唯其经过众多原作者的直接观察和深切感受，才能抓住各地山山水水的特殊面貌，突破辞赋山川描写的类型化、概念化的手法，进行细致入微的描绘，使山水散文走向个性化，从而显示它们各自呈奇献秀的千姿百态。

例如，同样是写水，长江不同于黄河。同样是岸高水急，写三峡则突出其"重岩叠嶂，隐天蔽日"，"素湍绿潭，回清倒影"，"清荣峻茂"，"林寒涧肃"的凄清境界；写孟门则强调其"夹岸崇深，倾崖返捍"，"若坠复倚"，其水"崩浪万寻，悬流千丈，浑洪赑怒，鼓若山腾"的雄伟气势。同属三峡，西陵峡又别于巫峡：其沿岸怪石嶙峋，有的像狗；有的"如二人像，攘袂相对"；有的像火烬，插于崖间；有的像人面，"须发皆具"；有的色"如人负刀牵牛，人黑牛黄，成就万明"；有的像门；有的像虎牙……想象瑰丽丰富，刻画生动形象。没有直接观察，不可能有这样贴切、逼真的描状。

江浙一带，乃是另一番景象：桐溪两旁，山高林密，有数百年古树，有紫色盘石，"润下白沙细石，状若霜雪，水木相映，泉石争晖"。泄溪有著名的五条瀑布，喷雪直下，"望若云垂"，浦阳江"湍石激波"，声闻数里。嵊山之下有亭，"亭带山临水，松岭森蔚，沙渚平静"。"其间倾涧怀烟，泉溪引雾，吹畦风馨，触岫延赏。"（《渐江水》）风光旖旎，美不胜收，使人应接不暇。

有的江河虽不以山高水曲取胜，却有木石鱼鸟自然之乐。如《洧水》：

其水虚映，俯视游鱼，如乘空也。浅水处多五色石，冬夏激素飞清，傍多茂木。空岫静夜，听之恒有清响。百鸟翔禽，哀鸣相和。巡颊浪者，不觉疲而忘归矣。

只用几十个字，就描绘了一幅富于立体感的图画，谱写了一首泉流清响、鸟鸣相和的乐曲，抒发了投身大自然，忘却人间一切疲乏的无限乐趣，兼有诗、画、音乐之美。

类似文字，在《水经注》中虽然还是片断零散的，但随处可见，俯拾即是。同类题材的辞赋，如成公绥《大河赋》、郭璞《江赋》，虽然以雄浑博大的气势见长，但却很难看到这样真切动人的意境。

如果说《水经注》写水着眼于动态，注意力分布于沿岸不同景物的差异，手法是移步换形、随物转换；那么他写山则致力于静态，把镜头集中于最有利的角度去观察，手法多用鸟瞰和点染。例如：华山自古一条路，则突出其上山之艰险。登泰山而小天下，则突出其高峻。衡山以芙蓉峰为重点，庐山之胜在于瀑布。对于一些比较小的山，则用全镜头，尽可能给人以整体感。如济南的华不注山："单椒秀泽，不连丘陵以自高；虎牙桀立，孤峰特拔以刺天。青崖翠发，望同点黛。"武陵的嵩梁山："望若苕亭，有似香炉。"坛道山："连木乃陟，百梯方降，岩侧锁縻之迹，今仍存焉，故亦曰百梯山。"九疑山："盘基苍梧之野，峰秀数郡之间，罗岩九举，各导一溪，岫壑负阻，异岭同势，游者疑焉，故曰九疑。"还有的山像宝塔，有的像双阙，有的像樌柱……这些山各具特色，作者写来肖貌传神，曲尽其妙。

《水经注》写了许多湖泊池沼，各以其丰姿丽彩呈现于读者面前。大明湖上的客亭，"左右楸桐负日，俯仰目对鱼鸟，水木明瑟"，"州僚宾燕，公私多萃其上"（《济水》），具有城郊公园的特征。夷道县北的湖里渊，"渊上橘柚蔽野，桑麻暗日，西望佷山诸岭，重峰叠秀，青翠相临，时有丹霞白云，游曳其上"（《夷水》），颇有南方水乡的田园风味。更别致的是阳城淀："渚水潴涨，方广数里。匪直蒲笋是丰，实亦偏饶菱藕。至若娈婉丱童，及弱年崽子，或单舟采菱，或叠舸折芰，长歌《阳春》，爱深《绿水》。掇拾者不言疲，谣咏者自流响。"（《滱水》）不但叙述了湖中水产之丰富，而且描绘了少年儿童的劳动和他们愉快的歌声，是一幅充满诗意的采莲图，格调和他处又不相同。

从以上所举可以看出，《水经注》中的山水描写，特别善于从对象的变化中，从对象与环境的关系中，抓住对象总的特征，生动地表现出对象的内在生命气息。因此不同山水有不同的意境和形象、不同的相貌和风神。尽管千山万水，总是光景常新。

第二，《水经注》不但刻画了许多真山真水的真实面貌，而且还表现了作者和游人的真情实感，抒发了不同自然环境中审美者不同的心情和体验，使审美的客体和主体在一定程度上得到交融。这是它有别于辞赋的又一特色。

先秦两汉时期，人们对自然美的欣赏，往往从伦理道德出发，用所谓"君子比德"的原则来看待山水。孔子有"知者乐水，仁者乐山"的观感。董仲舒直接把山水比作"仁人志士""智者""知命者""勇者""武者"（《山川颂》）。有的人歌颂山河湖海是为了赞美封建帝王，像班固写《终南山赋》，目的在颂扬皇帝祭山。郭璞则因为元帝中兴，建都江左，乃著《江赋》，以赞颂其美德（见《晋中兴书》）。魏晋时期，玄学盛行，不少人在描写山水的辞赋中常常大发玄理。像孙绰的《游天台山赋》，他本人没有到过天台山，"闻此山神秀，可以长往，因使人图其状，遥为其赋"（《文选》李周翰注）。清人方伯海指出："此赋借天台以谈玄理，非仅为写游履之乐也。"（《评注昭明文选》）因此，在这些作品中，不但写景缺乏具体感，而且抒情也比较空泛，情景难以交融。到了南北朝，人们有意识地发掘山水美，有目的地欣赏山水美，所谓"庄老告退，水山方滋"，"搜奇觅胜"，"寄情山水"之风大盛。这时，自然风景已经成为作者审美的主要对象，而不是道德或哲理的附庸。特别是《水经注》，它所抒发的感情，主要出自作者对祖国美好河山的热爱，很少夹杂着玄言或佛理的兴发。这样，情和景就得到了在较高思想境界上的统一，具有引起广泛共鸣的艺术效果。

例如《巨洋水》写熏冶泉：

> 水色澄明而清冷特异，渊无潜石，浅镂沙文。中有古坛，参差相对。后人微加功饰，以为嬉游之处。南北邈岸凌空，疏木交合。先公以太和中作镇海岱，余总角之年，侍节东州。至若炎夏火流，闲居倦想，提琴命友，嬉娱永日，桂楫寻波，轻林委浪，琴歌既洽，欢情亦畅。是焉栖寄，实可凭衿。

这是郦道元对少年时期和朋友们在湖上泛舟游玩、放声歌唱的回忆。其心情激荡，笔墨流畅。如果不是亲身体验，不可能写出这样明快的文字，也不会有这样充沛的感情。

《淄水》记青州城外的石井水:"三面积石,高深一匹有余。长津激浪,瀑布而下,澎㶁之声,警川聒谷;漰奔之势,状同洪井,北流入阳水。余生长东齐,极游其下。于中阔绝,乃积绵载。后因王事复出海岱,郭金紫惠同赋石井诗言意,弥日嬉娱,尤慰羁心。"旧地重游,勾起当年回想,因而感到对羁游之心是莫大安慰。这种感受也是极其真切的。

有些地方,郦道元虽然不曾亲见,但倾心向慕,往往通过转述别人的话来形容赞美,实际上也代表了他自己的思想感情。如西陵峡,作者先引述《宜都记》:

> 自黄牛滩东入西陵界,至峡口一百许里,山水纡曲,而两岸高山重嶂,非日中夜半,不见日月。绝壁或千许丈,其石彩色形容,多所象类。林木高茂,略尽冬春。猿鸣至清,山谷传响,泠泠不绝。

下面接着说:

> 山松言:"常闻峡中水疾,书记及口传悉以临惧相戒,曾无称有山水之美也。及余来践跻此境,既至欣然,始信耳闻之不如亲见矣。其叠崿秀峰,奇构异形,固难以辞叙;林木萧森,离离蔚蔚,乃在霞气之表。仰瞩俯映,弥习弥佳,流连信宿,不觉忘返,目所履历,未尝有也。既自欣得此奇观,山水有灵,亦当惊知己于千载矣!"(《江水》)

这段文字,不但写景抒情俱佳,而且还说明了一个深刻的美学原理:美的事物只有被具有审美眼光的人所发现,才能成为审美的对象,美的主体和客体是不可分割的。郦道元在这里特意引述袁山松的话,正是为了说明自己的审美观点和表达他对祖国山川的热爱。他们(包括袁山松等人)正是祖国丰富绚丽的山水自然之美的伟大发现者。

《水经注》不但写出了作者亲身的感受,同时还结合不同的景色抒写了不同人物的不同感情。虽是"无我"之境,依旧"有我"之情,细腻入微,能引起读者共鸣。例如《清水》说:"瀑布乘岩,悬河注壑,二十余丈,雷扑之声震动山谷。左右石壁层深,兽迹不交。隍中散水雾合,视不见底。南峰北岭,多结禅栖之士;东岩西谷,又是刹灵之图。竹柏之怀,与神心妙远;仁智之性,共山水效深。"这是一个佛教徒的圣地,作者没有像庐山诸道人《游石门诗序》那样,通过写景去阐扬禅理,虽然援用了孔子的审美观点,由于与写景结合在一起,所以不论你信佛还是尊儒,读后都能得到美的享受。又如《沮水》记:"青溪之上,稠木旁生,凌空交合,危楼倾崖,恒有落势。风泉传响于青林之下,岩猿流声于白云之上。游者常若目不周玩,情不给赏。是以林徒栖托,云客宅心,泉侧多结道士精庐焉。"这里写的是道士的住处,重点在于游者对山水的欣赏,看不出老庄哲学的寄寓,与借山水发玄思的玄言诗情趣有所不同。

《水经注》每逢佳境,往往有几句赞叹。语言不多,但是情深意长,耐人寻味。遇到危险的山路水道,常常或直接感叹或引用民谣为行旅者发出同情的歌唱。这些对于唐宋以后的山水游记都有一定影响。

第三,《水经注》的写景语言,具有鲜明的特色。既不同于辞赋,又不完全是骈文,而是综合吸取辞赋、骈文,尤其是山水诗的文字技巧,形成了自然流畅、简练精粹、绚丽多彩、峭拔隽永的特殊风格。在南北朝山水散文中,历来被视为上乘之作。

《水经注》很少使用奇字僻词。它不像汉赋那样,形容山用一长串山旁字,形容水用一大堆水旁字,写植物多用木旁草头字,写动物多用鱼鸟犬马旁字,有些字的意义和读音只有文字学家才知道。这种弊病在两晋骈文家笔下,已经有所改变,但还没有完全避免。到了《水经注》才基本克服。应该说,这是一个划时代的进步。至于辞赋的铺张、夸饰的修辞方法,一些骈文家在写山水时依然喜欢运用(如鲍照《登大雷岸与妹书》），而在《水经注》里，夸饰虽然常有，但已不失其真；铺张偶尔可见，然而绝非拼凑。有时也引用辞赋的个别语句，但仅仅是作为一种证据。有的文章说《水经注》来源于辞赋，甚至是"骚赋的支脉"。那是不太恰当的。

《水经注》的确受到骈文的影响，但它本身毕竟不是骈文，而是散多于骈。在介绍山川景物的环境位置以及一般情况时，都是文从字顺的散句。有些描写也常用白描。文字整饬，并无骈偶气。在形容特殊风光、美景佳境时，作者确实爱用整齐的四言对句，也有五言、六言对句，甚至也有少量骈四俪六句式。例如："高崖云举，亢石无阶，猿徒丧其捷巧，鼯族谢其轻工。"（《洛水》）无疑是借鉴骈文的结果。因而《水经注》中的写景文字往往兼擅骈散之长，既整齐对称，节奏铿锵，而又流畅自然，摇曳多姿。

对《水经注》写景语言影响最深的是山水诗，突出的表现在于讲求准确精练和写意传神。有些句子几乎诗化了，洗练简洁，精巧隽永，每个字都经过反复锤炼和推敲。像"林渊锦镜，缀目新眺"，只用八个字却概括了几层意思。"云台风观，缨峦带阜"，不用形容词、动词，直接把两两名词联结起来，组成修饰性极强的短语。"青崖翠发"，"奇峰霞举"，不用通常的词序，而故意颠倒，这样的炼句显然是诗歌才有的现象。"云峰相乱"，"云垂烟接"，"峰次青松，岩悬赭石，于中历落，有翠柏生焉。丹青绮分，望若图绣矣"。如此细致地观察和安排色彩，和当时绘画艺术不无关系。有时还细致入微地描状了不同的音响，如"河流激荡，涛涌波襄，雷奔电泄，震天动地"，这是黄河吕梁川的怒涛。"湾状半月，清潭镜澈，上则风籁空传，下则泉响不断"，这是沅水上的淙淙小溪。"獐麂满岗，鸣咆命畴，警啸聒野"，这是荒山僻岭中的兽号。……惟妙惟肖地刻画出不同的情状和效果。有的字句还能准确地表现出山川景物季节变换的温差，远近不同的视差，甚至味觉、触觉方面的差异。不一一列举。

《水经注》写山水气势，常用拟人或拟物手法。例如"孤峰特拔以刺天"，这个"刺"字，把山比作剑，显示出一种向上的动作和力量。"长林插天，高柯负日"，"插""负"突出了林木的高而密，与"刺"又有区别。水本来是流动的，作者却拟以静物。如"襟涧带谷"，把流动的山涧水比作衣襟、弯曲的溪谷比作腰带。瀑布飞洒，则比成"悬素""挂练"。白云飘忽，则说"如盖似幕"。作者显然是在追求一种神态。比拟是诗文中常用的手法，形似固然主要，传神更属上乘。有的形容比喻，甚至充满了丰富奇特的想象。如"山高入云，远望增状，若岭纡曦轩，峰枉月驾"（《漾水》）。极言山之高峻，其峰岭竟然可以使日月之神的车子绕道才能通过。虽然不是神话，却含有神话般的幻境。

《水经注》的语言技巧，不少地方可以看出是吸取了当时山水诗的最新成就，其中最主要的模仿对象物要数谢灵运和吴均。《水经注》中好几处提到他们的诗文，个别语言甚至直接模仿吴均。其笔调淡雅清绮又和谢朓类似，而意境开阔深邃则与鲍照相通。这种现象说明郦道元善于博采众长，转益多师，也是当时南北文化交流的生动体现。

当然，《水经注》的写景语言也有不足之处，那就是难免有些雷同。钱锺书先生曾经把郦道元和吴均的作品加以比较："吴郦命意铸词，不特抗手，亦每如出一手焉。然郦注规模弘远，千山万水，包举一编；吴书相形，不过如马远之画一角残山剩水耳。幅广地多。疲于应接，著语不免自相蹈袭，遂使读者每兴数见不鲜之叹。反输只写一丘一壑，匹似阿丘国之一见不再，瞥过耐人思量。……固惟即目所见，不必累同，或岂呕心欲尽，难出新异乎？"（《管锥篇》第四册1457页）中肯地分析了郦道元在这方面的局限性及其原因，是极为精辟之见。

二

《水经注》在着重描写自然山水的同时，还记录了许多全国各地流行的神话故事和民间传说。郦道元虽非这些故事的直接创作者，但他博采群书，撮录缀集，加工整理，以成篇什，同样体现了自己的思想倾向和艺术趣味，因而使《水经注》中的神话传说较之当时流行的志怪小说带有明显的特色。

首先是思想上的进步性。

魏晋南北朝时期，佛教道教十分流行，这时的志怪小说免不了都含有一些宗教迷信、因果报应，甚至怪诞恐怖的成分。但在《水经注》里，我们很少看到这类东西。郦道元所记神话传说，大都是积极健康的。有的歌颂除害安民的英雄，例如李冰为治水与江神搏斗，邓遐仗剑入沔水杀蛟。有的赞扬不屈服于残暴势力的反抗者，如神童王次仲，造作隶书，不应秦始皇征召，化作大鸟从囚车中冲天而去。有的是对无辜被害的忠臣义士的悼念，如钱塘江潮水与伍子胥、大夫种的传说。也有的旨在说明行善终得好报，如无终山中缺水，阳公在山上济浆，过路神仙赠以五斗石子，种之成玉，因而娶得佳妇。有的表现了对人民苦难的同情，如女观山上传说有思妇常登山望夫，忧憾而死，山木为之枯槁，因名山为女观。还有一些民族起源的传说，如九隆为龙所生第九子，廪君能乘土舟，竹王乃破竹而生，等等，反映了原始社会对某些图腾的崇拜和少数民族对于它们祖先的崇敬。这些神话故事，情节虽然比较简单，但是有些人物的性格相当突出，给读者留下较深的印象。

关于成仙得道，长生不死的故事，《水经注》中也有记载，但郦道元往往转述之后随即提出疑问甚至批判。例如他认为老子既然有陵墓，可见并非仙去。《汉书》上明明写着淮南王刘安是谋反伏诛，因此白日飞升之说并无根据。对于无稽的怪诞传说,郦道元常明确指责其不合情理,并且尽量说明真正原因所在。例如黄河在陕县一带水涌起数十丈,传说是秦始皇所铸金人在此落水后作祟。郦道元详考十二金人下落之后,指出河水涌起是魏文侯二十六年虢山崩,壅河所致,小小金人梗阻不了巨流。这些地方都体现了其一定的唯物主义倾向,和当时那些为了"发明神道之不诬"的小说家有所不同。

其次是虚拟想象与真实景物的巧妙结合。

《水经注》记神话,不纯粹为了猎奇,总是和一定的山川景物、名胜古迹紧密配合,写来仿佛有根有据,颇能启发人们的联想,增加读者的阅读兴趣。例如《河水》"马蹄谷",记汉武帝所得大宛天马不忘故土:"感北风之思,遂顿羁绝绊,骧首而驰,晨发京城,夕至敦煌北塞外,长鸣而去,因名其处曰候马亭。今晋昌郡南及广武马蹄谷盘石上,马迹若践泥中,有自然之形,故其俗号曰天马径。"这是利用石头上的坑凹近似马蹄形的自然现象与历史故事联系起来而形成的民间传说。《濡水》"碣石山"条说:"今枕海有石如甬道数十里。当山顶,有大石如柱形,往往而见,立于巨海之中,潮水大至则隐,及潮波退,不动不没,不知深浅,世名之天桥柱也。"下面接着讲述了海神帮助秦始皇造桥,工人偷画其形,激怒海神,淹死偷画者的神话。最后说:"众山之石皆倾注,今犹岌岌东趣,疑即是也。"将两处石头的奇特形态互相印证,使人感到似乎真的在那儿发生过这种神异之事。《庐江水》记:"庐山上有三石梁,长数十丈,广不盈尺,杳然无底。吴猛——隐仙得道者也,将弟子登山,过此梁。见一翁坐树下,以玉杯承甘露浆与猛。又至一处,见数人,为猛设玉膏。猛弟子窃一膏,欲以来示世人,梁即化如指。猛使送宝还,手牵弟子,令闭眼,相引而还。"庐山石梁,天险奇绝,人迹罕至,人们幻想为神仙所居。石梁"广不盈尺",已经够吓人了,在偷盗者面前,竟然"即化如指"。

真是奇幻莫测，而又含有教诲寓意。在作者笔下，这样的神话意境和山川景物完全融合为一体了。

第三是风格平易质朴。

《水经注》中的神话故事、民间传说和描写山水风景的文字风格明显不同，即完全不用骈偶，质朴平易，接近口语，带有浓厚的民间气息。例如《沔水》记沔水北岸有大石激，名五女激，作者记录了当地传说：某人有女，"嫁为阴县佷子妇，家赀万金，而少小不从父语。父，临亡，意欲葬山上，恐儿不从，故倒言葬我渚下石渍上。佷子曰：'我由来不奉教，今从语。'遂尽散家财，作石冢，积土绕之，成一洲，长数百步。……今石皆如半榻许，数百枚，聚在水中。佷子是前汉人"。这个故事，构思新奇，语言未加修饰，造句近似口头讲述。又如《夷水》记："村人骆都，小时到此室采蜜，见一仙人坐石床，见都凝瞩不转。都还，招村人重往，则不复见。乡人今名为仙人室。"文字表达也通俗如话。在南北朝志怪小说中，有的学秦汉古文（如祖冲之《述异记》），有的学通俗文（如任昉《述异记》）。郦道元所取，大多属于后一派。

《水经注》的故事传说，情节一般比较简单，没有《干将莫邪》《韩凭夫妇》那样复杂曲折。有的是在别人所辑志怪小说基础上缩写而成的。如《阳公种玉》，注明引自《搜神记》，仅有原文的三分之二。王次仲的故事比《拾遗记》简略，也有所删节。一般来说，经过郦道元加工之后，文字更为精练，重点更加突出（当然也有少数删节过甚，不如原作清楚）。不少故事，不见他书，或所引原书已佚，仅赖《水经注》得以保存。有的可能是郦道元直接采录于民间。有了这些神话故事的点缀，祖国的河山显得更加绚丽多姿，富于民族特色。因此，它们是《水经注》文学成就不可分割的组成部分。

三

《水经注》记述了许多名胜古迹，如：城阙、宫殿、园林、寺庙、名人故居、墓葬、碑刻等，具有很高的历史学和考古学价值。有些篇章也是优秀的文学散文，艺术上取得了富有创造性的成就，思想上表现出一定的积极倾向。

首先值得注意的是，郦道元通过对名胜古迹的描述，不仅"即地以存古"，"发思古之幽情"，同时也寄托了对历史人物和历史事件的爱憎感情和是非功过的评价。例如写孔子庙堂时，显然怀着对这位儒家圣人无比崇敬的感情。记屈原旧宅、贾谊故居则流露出对他们怀才不遇忧愤而死的不幸命运的深切同情。描述八阵图、定军山，充分肯定诸葛亮的军事才能。记㳌荡渠、刘靖碑，热情赞颂王景、刘靖父子为兴修水利做出的巨大贡献。对于历史上为人民做过好事的清官循吏的政绩，如开渠造田、修桥筑路、兴利除弊；种种遗物故迹，他见物思人，随时随地加以称述，以示纪念。对于历史上反动统治者滥用民财、不恤民力、大兴土木、奢侈浪费等种种罪行，他总是结合对古代建筑的描绘，予以严峻的批判。如秦始皇筑长城，"死者相属"；梁孝王修睢阳兔园，"势并皇居"；魏明帝大崇洛阳宫室；石虎掠夺各地文物，修建邺城：《水经注》都表示强烈不满。有些厚葬的墓主，无德而自颂，如宦官州辅；虚言以欺人，如伪君子张詹；不义而富贵，如张伯雅。郦道元用尖锐的语言，给以辛辣的嘲讽。

在《水经注》以前，两汉辞赋最重要的题材之一就是描写名城、宫阁、园囿。如司马相如的《子虚赋》《上林赋》，班固的《两都赋》，张衡的《二京赋》等。他们的目的，主要是颂扬封建帝王的优越生活环境和奢华的物质享受，以京都的繁荣富庶来衬托天子的无上声威。最后虽然点缀几句"归之于节俭"的劝诫语言，但不过是"讽一而劝百"，改变不了他们歌功颂德主旨。《水经注》写到的大城市有长安、洛阳、邺城、平城、成都等，基本上不存在上述不良倾向。即使如北魏京城洛阳和旧都平城，郦道元的描写也是严肃认真、实事求是的，没有借机炫耀国威、讨好邀宠的意思；有时也以前朝覆车之鉴，为北魏统治者提供历史教训，较之汉赋切实而深沉。这种写作态度和思想境界，不能不说是一个进步。

其次，《水经注》对于名胜古迹的描写，以历史真实为基础，准确、详细、条理清楚、层次分明、重点突出，恰似一幅幅导游图，和大赋风格迥然不同。

汉晋大赋常用手法是铺张扬厉，夸饰渲染，往往华而不实，添枝加叶，踵事增华，结构则呆板而流于模式化，读来如雾里看花，难以求真。文学作品固然允许夸饰，但作为科学著作来说就不足征信了。《水经注》基本上属于征实之作。郦道元对汉赋的描写颇不满意，他曾说过："都赋所述，裁不宣意。"（《永乐大典》本《水经注》原序）因此他在描写名胜古迹时，力求有根有据。有的来源于亲身经历和直接观察，有的参考了大量的历史记载，进行过周密的考证。有些建筑物的方位、距离计算得非常精确，数据竟与现代考古发掘基本相符。其叙写方法，既不像今天的城市街道交通图那样不分巨细全面介绍，也不同于《邺中记》《洛阳记》《三辅黄图》那样东鳞西爪，散漫无章。他以水道为纲，让读者沿着河流一路走去，遇到什么名胜古迹，就介绍其名称、形状、规模、颜色、高度、何人何时修建、后来有什么变化、有何历史故事或神话传说等。写长安即顺渭水而下，写洛阳沿着谷水，写邺城沿着浊漳水，写平城沿着浑水，写成都以锦江为轴线……因水纪胜，有啥写啥，没有就不写。抓住重点，约略一般，突出特殊。长安是几代古都，古迹极多，着重介绍的是十几座城门。洛阳长期为文化中心，于太学叙述特详。对成都，重点写了与锦江有关的七座桥梁。对邺城，突出介绍著名的铜雀、金凤、冰井三台。

这种实录的方法,对于汉赋是一种创造性的发展;对于后世乃至今天的游记文学,都能提供可贵的借鉴。

第三,叙述介绍名胜古迹时以散体文为主,形容描写时则骈散相间,以散驭骈。有时轻笔勾勒,有时浓墨重彩,疏朗委婉,曲折有致;没有汉赋堆砌雕琢的习气。

试看《谷水》洛阳华林园:

> 渠水又东,枝分南入华林园……又径瑶华宫南,历景阳山北。山有都亭,堂下结方湖,湖中起御坐石也。御坐前建蓬莱山,曲池接筵,飞沼拂席,南面射侯夹席,武峙背山。堂上则石路崎岖,岩峰峻险,云台风观,缨峦带阜。游观者升降阿阁,出入虹陛,望之状凫没鸾举矣。其中引水飞皋,倾澜瀑布。或柱渚声溜,潺潺不断。竹柏荫于层石,绣簿丛于泉侧。微飙暂拂,则芳溢于六空,实为神居矣。

这一段描写人工园林,其中有假山,有曲池,有引来的飞泉,有高悬的瀑布,有花草树木,有风声水响,还写了花香石色、游人出没升降,镜头角度各不相同。在汉赋《子虚赋》《上林赋》等鸿篇巨制中,是不可能看到这样具体而又秀丽的场景描述的。它既表现出艺术创作方法从夸饰到写实的演进,也说明当时园林建筑艺术的影响已经深入到了散文的领域。

又如写邺城城门楼:"西曰金明门……石氏作层观架其上,置铜凤头。高一丈六尺。东城上石氏立东明观,观上加金博山,谓之锵天。北城上有齐斗楼,超出群榭,孤高特立。……凡诸宫殿,门台隅雉,皆加观榭。层甍及宇,飞檐拂云,图以丹青,色以轻素。当其全盛之时,去邺六七十里,远望苕亭,巍若仙居。"作者突出其楼观之高耸华丽,像一个建筑师在临空鸟瞰。平城的永固石室,写法又不一样:"堂之四隅,雉列、榭阶、栏槛及扉户、梁壁、椽瓦,悉文石也。椽前四柱,采洛阳之八风谷黑石为之,雕镂隐起,以金银间云炬,有若锦焉。堂之内外四侧,结两石趺张,青石屏风,以文石为缘,并隐起忠孝之容，题刻贞顺之名。庙前镌石为碑兽，碑石至佳。左右列柏，四周迷禽暗日。"着重描写石雕之精湛富艳，宛如一位雕塑家在悉心观赏。这两段文字若同王延寿的《鲁灵光殿赋》、何晏的《景福殿赋》相比，就更可见出其真切雅洁的风格来。其他如写平城皇舅寺塔、云冈石窟、金乡古墓，虽然比较简略，但重点突出，色彩鲜明，对稍后的杨衒之的《洛阳伽蓝记》，无疑有直接的启发。

由于郦道元是个学者，似乎有考据的癖好，在描写历史古迹时，往往杂以大量考辨和引证。作为学术著作当然是可以的，但作为文章来读，则难免使人感到烦冗琐碎，气势不畅。钱锺书先生所批评的"常苦笔舌蹇涩"的现象，确实是毋庸讳言的。

此外，《水经注》还记录了全国各地许多风俗习惯、土特名产、动植矿物，以及千奇百怪的自然现象，反映了广泛的社会生活。其文字晓畅，描写生动，叙述有趣，能开扩眼界，增长见识，是优秀的知识小品、随笔、札记，科学性和文学性兼而有之，对后世笔记如《酉阳杂俎》《梦溪笔谈》等，不无一定启发。

四

以上分别从自然山水、神话传说、名胜古迹几个方面初步介绍了《水经注》的文学成就。这样分开来讲，仅仅是为了论述方便。实际上这些内容在《水经注》中是紧密结合难以截然分开的。像长江三峡、黄河砥柱、浦阳江等许多篇章，都是上述几个方面兼而有之的。当然，从文字篇幅看，还是以自然山水为主，其他为辅。因此，人们通常把《水经注》作为山水散文来看待，是理所当然的。然而其他方面也有其独特的成就，并与自然山水描写相得益彰，也是不应忽视的。

在以上几方面的分析中，我们分别评价了其各自的思想倾向、艺术特色和语言风格。实际上，郦道元的思想是有其一以贯之的中心的，这就是对祖国山河大地、祖国历史文化、祖国境内各族民众的无限热爱。这些篇章的艺术风格也有其共同的特点，这就是从实际出发去认识和把握客观事物的形神之美，并以完美的艺术技巧揭示这种美。其语言风格主要是：准确生动、遒整优美、流畅自然。《水经注》一书，就全体而言，固然是科学著作；就其中某些篇章而论，已经是成就很高的文学散文作品。人们一向把它和杨衒之的《洛阳伽蓝记》、颜之推的《颜氏家训》合称为北朝三大散文著作。它们以崇散、求实、尚质的清新风格，与南朝崇骈、求丽、尚文的柔靡风气大异其趣。它们的出现，显示了散文的优越性，长期由骈文统治文坛的局面开始改变。所以我的总看法是：《水经注》标志着我国古典散文进入了一个新的阶段。

《水经注》的文学成就，赢得了历代文人的普遍赞誉。许多古代学者认为，郦道元是山水散文的高手，《水经注》是游记文学的先导。例如明代散文家张岱曾称许说："古人记山水手，太上郦道元，其次柳子厚，近时则袁中郎。"（《跋寓山注》）清人刘熙载说："郦道元叙山水，峻洁层深，奄有《楚辞·山鬼》《招隐士》胜境；柳柳州游记，其先导也。"（《艺概》卷一《文概》）这样说是有一定道理的。

中唐以后，我国山水游记更加成熟，已自成系统。究其源流，它并不是沿着汉赋和骈文的路子①，而是顺从《水经注》所开辟的以散体为主的线索发展的。唐代山水散文以柳宗元为卓越代表。他的《永州八记》，写景状物即常从《水经注》中吸取营养。明人杨慎曾指出："柳子厚《小石潭记》：'潭中鱼可百许头，皆若空游无所依。'此语本之郦道元《水经

---

① 用赋的形式写山水游记，唐宋还有过，如苏东坡的前后《赤壁赋》，但已不是游记文学的主流；而且他这两篇赋并不是汉晋大赋体，而是与散文相差无几了。

注》。"(《丹铅总录》卷七）柳文模仿郦文的句子远不止此。当然，柳宗元的游记抒情性更为浓烈，每每寄寓着社会政治和个人身世的感慨，则是《水经注》所没有的。

宋代山水散文，以苏轼、王安石等人为代表，取得了很高的成就。苏轼对《水经注》十分喜爱，《寄周安孺茶诗》说："今我乐何深，《水经》亦屡读。"他的《石钟山记》即引用过郦道元的话（不见今本《水经注》），而且从考证引出大段议论；至于陆游的《入蜀记》，熔写景、抒情、采风、考古于一炉，更是处处可以看出受《水经注》影响的痕迹，不过"有我"之境更为明显。

元代作家刘因曾经极力赞扬郦道元对他的家乡——徐水风景的发掘功劳。其《郎山杂言》诗说："千年落穷边，烟草寒凄凄。若非郦生书，生此乡国物色谁省会？"

明代作家对《水经注》推崇备至。杨慎说："《水经注》所载之事，多他书所未有者。其叙山水奇胜，文藻骈丽，比之宋人《卧游录》，今之《玉壶冰》，岂不天渊？予尝欲抄出其山水佳胜为一帙，以洗宋人《卧游录》之陋，未暇也。"（《丹铅总录》）明竟陵派首领钟惺有《水经注钞》，是从文学角度出发的选本。明人朱之臣有《水经注删》，既选且评。钟惺、谭元春都曾对《水经注》加以分析评点。明代有一部重要游记：徐弘祖的《徐霞客游记》，不但描绘名山胜水，介绍土俗人情和奇踪异闻，而且准确地记录了地质地貌、动植矿物；既是文学作品，又是科学考察记；在写作态度和行文方法上，无疑受到郦道元的极大启发。明代另一部名著——刘侗、于奕正的《帝京景物略》，也是文学、地理兼擅之作。清人纪昀认为："其胚胎则《世说新语》《水经注》。"

清人对郦道元的文学才能更是无比钦佩。刘献廷说："《水经注》铺写景物，片语只字，妙绝古今，诚宇宙未有之奇书也。"（《广阳杂记》）赵一清说:"(郦道元)博览群书,故驰词绚发,以视江左诸公尚浮华、竟夸雕组,殆羞与绛灌为伍矣。"(《水经注释》自序)此外,评选《水经注》的还有陈明卿、王礼培、马曰璐等①。清代桐城派等的散文名家名作,如姚鼐的《登泰山记》、恽敬的《游庐山记》、袁枚的《游黄山记》等,或明或暗,都学习了《水经注》的笔法。甚至有人认为清代已经形成了一种文体——《水经注》体,不少作家常以此标榜②,可见浸润之深之广。

不仅对于散文,即使是诗歌,《水经注》也提供了许多宝贵的借鉴。人们指出:李白的《朝发白帝城》:"朝辞白帝彩云间,千里江陵一日还。两岸猿声啼不住,轻舟已过万重山。"《上三峡》:"三朝上黄牛,三暮行太迟。三朝又三暮,不觉鬓成丝。"杜甫的《秋兴八首》之二:"听猿实下三声泪,奉使虚随八月槎。"孟郊的《巫山曲》:"目极魂断望不见,猿啼三声泪滴衣。"构思和语言都脱胎于《水经注》。钱锺书先生指出,郦注"游鱼若乘空"之喻,最为后世词人乐道,仿效者有苏颋、王维、苏舜钦、楼钥、刘爚、阮大铖等。(见《管锥编》第四册1457—1458页)这类例子是举不胜举的。

《水经注》在地理学方面的成就和影响,较文学更为重要;清代有所谓"郦学",是史部舆地类中的热门。由于不在本文论述范围之内,就略而不谈了。

(原载《文学遗产》1982年第4期)

---

① 陈明卿、王礼培评点见武汉大学图书馆藏明万历四十三年朱谋㙔自刊本《水经注笺》。马曰璐《水经注抄》系手抄本,藏北京图书馆。明钟惺《水经注钞》藏上海图书馆。
② 如清中叶常州派骈文家洪亮吉、孙星衍等人,写景文专学《水经注》体。可惜陷于尖新,不如郦氏之雅洁。

目　录

一、唐述窟 …………………………………… 《河水》二　1

二、孟门壶口 ………………………………… 《河水》四　5

三、华山 ……………………………………… 《河水》四　11

四、函谷关 …………………………………… 《河水》四　18

五、砥柱 ……………………………………… 《河水》四　23

六、盐池 ……………………………………… 《涑水》　27

七、大明湖 …………………………………… 《济水》二　31

八、清水、天门山 …………………………… 《清水》　38

九、黄金台 …………………………………… 《易水》　44

十、阳城淀 …………………………………… 《滱水》　51

十一、云水洞 ………………………………… 《圣水》　53

十二、居庸关 ………………………………… 《㶟余水》　58

十三、桑干泉、天池 ………………………… 《㶟水》　63

十四、平城建筑 ……………………………… 《㶟水》　68

十五、火井、石窟寺 ………………………… 《㶟水》　81

十六、碣石山	《濡水》	87
十七、洛阳华林园、白马寺	《谷水》	91
十八、泰山	《汶水》	98
十九、孔庙	《泗水》	104
二十、熏冶泉、石膏山	《巨洋水》	111
二十一、石井水	《淄水》	117
二十二、鲁阳温泉	《滍水》	121
二十三、大洪山、喊泉	《㵍水》	125
二十四、八公山	《肥水》	129
二十五、都江堰	《江水》一	137
二十六、巫峡	《江水》二	143
二十七、西陵峡	《江水》二	150
二十八、沅水	《沅水》	157
二十九、衡山	《湘水》	163
三十、长沙古迹	《湘水》	170
三十一、洞庭湖	《湘水》	177
三十二、郴州风物	《耒水》	183
三十三、庐山	《庐江水》	192
三十四、桐溪	《浙江水》	202
三十五、钱唐江	《浙江水》	208
三十六、会稽山水传说	《浙江水》	215
三十七、浦阳江	《浙江水》	227

附录

郦道元思想新探 ··· 237

《水经注》与民俗文化 ·· 251

历代对《水经注》的文学鉴赏 ······································ 258

胡适的《水经注》研究 ·· 272

后记

《水经注》注析之经过 ·· 297

一、唐述窟

　　河水又东，北会两川，右合二水①，参差夹岸，连壤②，负险相望③。河北有层山，山甚灵秀④。山峰之上，立石数百丈，亭亭桀竖，竞势争高⑤，远望嶾嶾，若攒图之托霄上⑥。其下层岩峭举⑦，壁岸无阶⑧，悬岩之中多石室⑨焉。室中若有积卷⑩矣，而世士罕有津逮⑪者，因谓之积书岩。岩堂之内，每时见神人往还⑫矣。盖鸿衣羽裳⑬之士，练精饵食⑭之夫耳。俗人不悟其仙者⑮，乃谓之神鬼。彼羌目鬼曰唐述⑯，复因名之为唐述山⑰。指其堂密⑱之居，谓之唐述窟。其怀道宗玄之士⑲，皮冠净发之徒⑳，亦往栖托焉。故《秦州记》㉑曰："河峡崖傍有二窟，一曰唐述窟，高四十丈；西二里有时亮窟㉒，高百丈，广二十丈，深三十丈，藏古书五笥㉓。亮，南安㉔人也。"下封有水㉕，导自是山溪水，南注河，谓之唐述水。㉖

——《河水》二

[注释]

　　①北会两川，右合二水——"北会"即左会，"右合"即南会。

　　②参差夹岸，连壤——参差：不齐整，不一致。明朱之臣《水经注删》："劈头用'参差'二字，岂寻常笔墨？"夹岸：分列于两岸。连壤：土地相连。

　　③负险相望——负险：指河岸枕倚险峻地形。相望：相向，相对。

④灵秀——灵奇而秀丽。

⑤"亭亭桀竖"二句——亭亭：挺立无依的样子。桀竖：高举直立着。桀，举起。竞势争高：形容山石一座比一座高。

⑥"远望"二句——嵾嵾：读 cēn cēn，不整齐的样子。攒图：聚集的宝塔。图，指浮图，即塔的梵语音译。托霄上：似乎被托举于云霄之上。

⑦层岩峭举——层叠的山岩峭立高耸。

⑧壁岸无阶——河岸陡峭如壁，没有阶梯可上。

⑨石室——如同居室的石洞，并非指石头盖的房子。

⑩积卷——窟中岩层似堆积的书卷。

⑪罕有津逮——极少有人到达这里。津逮：由津渡而到达。

⑫每时见神人往还——时常可以看见如同神仙般的人来往。

⑬鸿衣羽裳——指用鸟类羽毛做的衣裳，据说是道教徒的衣服。

⑭练精饵食——练精：蓄养精气。饵食：以干粮为食。据说道教徒修炼时过这种苦行生活。

⑮俗人不悟其仙者——老百姓不知道这是求仙之人。

⑯彼羌目鬼曰唐述——羌：古时西北部少数民族之一。目：称呼。唐述：羌语鬼的音译。

⑰唐述山——当代学者认为，在今甘肃永靖县境内。《太平御览》卷五十五引此，注说："唐述人名，古孝行之士，曾隐居于此，故名。"

⑱堂密——《尔雅·释山》："山如堂者密。"言山之形如堂者名密。

⑲怀道宗玄之士——指信仰道术、崇尚玄理之人，即道教徒。"道"和"玄"都是道教的概念。

⑳皮冠净发之徒——皮冠：田猎之冠，这里代猎人。净发之徒：指和尚。净发，剃光头。

㉑《秦州记》——书名，晋人郭仲产撰，今佚。

㉒时亮窟——甘肃永靖县炳灵寺文物管理所齐正奎先生认为，时亮窟即今炳灵寺169号窟，与唐述窟（192号窟）相距二里。其是炳灵寺石窟区中位置最高，历史最久，文物最丰富，窟形最大的窟，原称"天桥洞"。它在方向、位置、距离、高度等诸方面与时亮窟的种种条件完全吻合。（齐正奎《亦谈唐述与时亮二窟》，载《敦煌学辑刊》1996年第2期）。

㉓笥——方形竹箱。

㉔南安——汉时郡名，治所在今陇西渭水东岸。

㉕下封有水——这条小溪即唐述水，就在炳灵石窟区之下。由于修筑刘家峡水库，在溪口筑堤与黄河隔开，小溪被泥沙填塞而成沟谷。一些处于山谷底下的石窟，有的被搬迁，有的被泥沙掩盖了。此山谷亦称唐述谷，今名大寺沟。下封：未详，疑是地名。

㉖清代学者董祐诚认为，此水当在巴音戎格厅西（今青海贵德县西）。家健按：查今贵德县志，未见与《水经注》本文记述之地理相当者。

[今译]

黄河水又向东流，北边汇合两川，南边汇合两水，岸边山岭参差不齐，土地相连，河岸枕依险峻之山，两岸相对。黄河边有层山，极其灵奇秀美。山峰之上，耸立着一块块巨石高数百丈，各自挺拔无依，高举直立，一座比一座高。远远望去，有如一簇簇宝塔托举于云霄之上。其下是一层层山岩，峭立高耸。河岸如同墙壁，没有台阶可上。悬崖之上有许多石洞，洞中的岩石好像堆积的书卷。世人很少能到达这里，因而称之为积书崖。石洞之内，时常可以见到似乎是神仙般的人来往其间，大概是道教徒和炼丹士。俗人不知道是求仙者，说是鬼神。羌族人称鬼神为唐述，因而又称此山为唐述山,把那些如堂屋之石洞称为唐述窟。那些相信道术崇拜玄理的人,以及戴皮冠的猎人,剃光头的和尚,也常到这些洞里栖息、居住。晋人郭仲产的《秦川记》说:"黄河峡谷岸傍有两个石窟,一个叫唐述窟,高四十丈;往西二里有时亮窟,高百丈,广二十丈,深三十丈,藏有古书五箱。时亮是附近陇西南安人。"下封有条小河,发源于这座山里的溪水,南流注入黄河,叫作唐述水。

[解说]

《水经注》本段所记唐述窟,据甘肃文物考古研究所和《永靖县志》学者的研究,就在今甘肃永靖县炳灵寺石窟群中。2009年9月,我曾到当地参观考察。唐述是羌语"鬼"的音译,而永靖所属的临夏地区,古名河州,是古代羌族聚居地。炳灵寺石窟如今是全国重点文物保护单位,位于永靖西南35公里处,刘家峡水库的西端北岸,从刘家峡大坝乘旅游船一小时可达。炳灵寺的寺庙建筑已荡然无存,现存洞窟、石龛183座,分布在南北长350米、高30来米的崖面上。其中最大的石刻佛像高达21米,小的数寸。关于时亮窟与唐述窟在何处,意见不一。炳灵寺文物保护管理所齐正奎先生函告,据他实地考察和多年研究,认为唐述窟即1988年发现的192号窟,在大寺沟之支沟野鸡沟内,窟深24米,宽10米,今距地面高30米,洞内现存壁画8平方米,为西秦时期作品。1995年版《永靖县志》则主张,唐述窟可能就是今存的第169窟(天桥南洞),是利用天然石洞修凿而成的大型洞窟,深19米,宽27米,高14米,赫连勃勃的胡夏王朝始开,北魏完成,其中有佛像和壁画、题记。《永靖县志》认为,时亮窟可能是现存的第172窟(天桥北洞),也是利用天然洞穴凿的,现存有西秦、北魏、北周佛像多尊。而齐正奎先生认为,时亮窟即今169号窟,也就是被误认为唐述窟者,该窟与192号窟相距二里,与《水经注》所记"西二里有时亮窟"相合。而172号窟与169号窟相距仅

20米。169号窟的方向、位置、高度等均与时亮窟的特征吻合。（参见齐正奎《亦谈唐述与时亮二窟》，载《敦煌学辑刊》1996年第2期。）齐先生还认为，唐述、时亮可能就是二窟的创始人。

从《水经注》看，首先是道教徒发现这些洞穴，以之作为修炼之处。如今最靠近洞口的老君洞中有老君像，可证。佛教徒当是在五世纪初西秦崇佛以后进入的。郦道元对造像之类没有记录，倒是注意到古书五箱。当代研究者说，古书的下落已无考。至于前面提到的积书岩，齐正奎先生来函认为，可能就是指时亮窟。

[集咏]

明解缙《冰灵寺》："冰灵寺上山如削，柏树龙蟠点翠微。况有冰桥最奇绝，银虹一道似天梯。"

引者按：炳灵寺附近的黄河，历来寒冬结冰桥，能行人马，每年腊八有盛会，附近居民纷纷踏冰渡河礼佛，故炳灵寺又名冰灵寺。

明鲍龙《和解翰林冰灵寺》："冰连桥寺称双绝，山共云林接太微。我欲穷高寻胜览，悬崖谁肯到天梯。"

清邓隆《游炳灵》："千百积石如丛林，山青水秀天然成。鸟语花香且桂茂，佛陀飞来渡众生。"

无名氏《炳灵寺》："一入灵岩寺，尽凭望眼遥。山深云障月，江阔夜生潮。古洞遗仙迹，流泉傍石桥。醉来搔首咏，得句兴偏饶。"

（引自齐正奎、高国宝主编《炳灵寺资料辑录》，2010年出版。）

二、孟门壶口

河水南经北屈县①故城西。北十里有风山②，上有穴如轮③，风气萧瑟，习常不止④。当其冲飘也，略无生草⑤。盖常不定，众风之门故也。

风山西四十里，河水南出，孟门山⑥与龙门山⑦相对。《山海经》曰："孟门之山，其上多苍玉，多金，其下多黄垩、涅石⑧。"《尸子》⑨曰："龙门未辟，吕梁⑩未凿，河出孟门之上，大溢逆流⑪，无有丘陵高阜，灭之⑫，名曰洪水。"大禹疏通，谓之孟门。故《穆天子传》⑬曰："北登孟门，九河之磴⑭。"

孟门，即龙门之上口也⑮，实为河之巨厄，兼孟门津之名⑯矣。此石经始禹凿⑰，河中漱广⑱，夹岸崇深，倾崖返捍，巨石临危，若坠复倚⑲。古之人有言："水非石凿，而能入石⑳。"信哉！其中水流交冲，素气云浮㉑，往来遥观者，常若雾露沾人，窥深悸魄㉒。其水尚崩浪万寻㉓，悬流千丈，浑洪赑怒㉔，鼓若山腾㉕，浚波颓叠㉖，迄于下口㉗。方知《慎子》㉘"下龙门，流浮竹㉙，非驷马之追也㉚"。

——《河水》四

[注释]

①北屈县——即今山西吉县，故城在今吉县北。

②风山——山名，在吉县北三十里。

③上有穴如轮——山上有个像车轮那么大的洞穴。

④习常不止——风经常吹拂，从不停息。习常：经常。

⑤当其冲飘也，略无生草——在大风猛烈吹拂之处，连一点儿青草都没有。明代谭元春认为这几句写得"笔情风动，绘入不毛，是绝妙小记（见钟惺、谭元春等五人评点《水经注评》）"。

⑥孟门山——在陕西宜川县东北,山西吉县西,黄河西岸。

⑦龙门山——在山西河津市西北、陕西韩城市东北,分峙黄河两岸,陡壁相对耸立,恰如古时宫门,所以叫龙门。相传为大禹治水时所凿,故又称禹门。

⑧"孟门"三句——黄垩(è):黄白色的泥土。涅(niè)石:矾石,可做黑色染料。以上三句,见《山海经·北山经》。

⑨《尸子》——书名,战国时尸佼著,已佚。今存者为后人辑本。

⑩吕梁——即吕梁山,在山西省西部,黄河和汾河之间。

⑪大溢逆流——大溢:严重泛滥。逆流:横流。

⑫无有丘陵高阜,灭之——无论丘陵或高山都被淹没。

⑬《穆天子传》——先秦书名。主要记叙周穆王驾八骏西游,绝流沙,登昆仑,与西王母相会等传说。

⑭九河之磴——九河:说法不一。据《尚书·禹贡》蔡沈《传》:"九河,一曰徒骇,二曰太史,三曰马颊,四曰覆釜,五曰胡苏,六曰简洁,七曰钩盘,八曰鬲津,其一则河之经流也。"磴:山上石径。

⑮孟门,即龙门之上口也——此处孟门,指孟门石,不是指前面的孟门山。此处龙门,不是指龙门山,而是指从孟门至龙门下口的一段黄河峡谷。上口:即壶口。

⑯兼孟门津之名——全祖望据《魏土地记》:"谓孟门通孟津河口耳,以为兼孟津之名则缪。"

⑰经始禹凿——开始被大禹凿通。朱之臣对自此句至"若坠复倚"数句评论说:"此等句,韵之即为诗矣。"

⑱漱广——指河床因水流冲刷而变得宽广。漱:这里指水流冲刷。

⑲"倾崖返捍"三句——向两边倾斜的山崖,以其后背为支撑,护卫着两岸,所以叫作"返捍"。巨石临危,若坠复倚:是说巨大的岩石居

高临下，势如欲坠，却又相倚而立。明陈仁锡说："若坠复倚，有中立不倚，独立不惧之意。"（见《奇赏斋古文汇编》）

⑳水非石凿，而能入石——水不是穿石之凿，却能穿透岩石。《汉书·枚乘传》："泰山之溜穿石，单极之纺断干。水非石之钻，索非木之锯，渐靡使之然也。"当为此二句所本。郦道元认为，壶口之下的龙槽由水冲刷而成，故发此叹。

㉑素气云浮——急流溅起的雾状白色水沫，像云彩一样飘浮在半空中。朱之臣评："此四字耳，后人累数十言，未便色象如此。"

㉒窥深悸魄——窥深：看久了。悸魄：胆战心惊。

㉓崩浪万寻——崩浪：汹涌如山岩崩倒的波浪。万寻：极言浪头之高。寻，古时长度单位，八尺为一寻。

㉔浑洪赑（bì）怒——浑洪：浑浊的洪流。赑怒：形容波涛凶猛，如同发怒一样。赑，本指怒气冲冲的样子。

㉕鼓若山腾——鼓动之势仿佛山岳在腾跃。当地有副对联说："禹门三激浪，平地一声雷。"

㉖浚波颓叠——迅急的波涛起伏重叠。

㉗下口——即龙门之南口，在今山西河津市西北。亦称禹门口、龙门口。《水经注》下面还提到，鲤鱼"三月则上渡龙门，得渡为龙矣定，否则点额而还"。后世有鲤鱼跳龙门的传说，所指即龙门下口。

㉘《慎子》——先秦书名，战国时赵国人慎到著。下引三句的原文是："河之下龙门，其流驶如竹箭，驷马追弗能及。"

㉙流浮竹——顺流放竹筏。

㉚非驷马之追也——不是四匹快马拉的车所能追得上的。驷马：古代常用以代表最快的交通工具。

[今译]

　　黄河水南流,经北屈县故城之西。其北十里有风山,山上有洞穴大如车轮,风气萧瑟,常年不停地吹。大风吹拂之处,一点草木也不生长。大概是因为风常吹不定,处于众风之门口的缘故吧。

　　风山之西四十里,黄河水南流出孟门山,与龙门山相连。《山海经》说:"孟门山,上多金玉,下多黄土黑石。"《尸子》说:"龙门山尚未开辟、吕梁山未为禹朗凿之前,黄河水溢出孟门山之上,大水泛滥、倒流,丘陵高冈都淹没了,称为洪水。"大禹将它疏通,称此处为孟门。所以《穆天子传》说:"往北登上孟门及九河的山路险坡。"

　　孟门,就是龙的上口,实在是黄河上最为险峻之处,它又兼有孟门津的名称。这座石山经过大禹的开凿之后,河床受到水的冲刷变得宽广了。两岸高深,山崖倾斜,捍卫河水,巨石居高临下,势如欲坠,却又相倚而立。古人有言:"水不是凿石的工具,却能穿透岩石。"确实如此啊!河中水流互相冲撞,激起的白色水气如云雾浮动,往来远观之人,经常有雾露沾身之感,看久了就会胆战心惊。河水还卷万丈巨浪,飞流直下千尺。浑浊的洪水汹涌如怒,鼓动之势地腾山摇,迅急的波涛起伏重叠,一直绵延到龙门下口。至此方能体会到《慎子》所说的,"从龙门下来,顺流放竹筏,连四匹快马拉的车也是赶不上的"。

[解说]

　　本文所描述的重点是龙门上口,即今之壶口瀑布所在地区。黄河自北向南流经壶口时,河宽约400米。河面突然收缩,形成特大马蹄状瀑布群,最宽时达100米,主瀑宽40米,落差30米。涛声轰鸣,水雾腾空,惊天动地,是我国第二大瀑布(仅次于贵州黄果树瀑布)。目前是著名的风景旅游点。壶口下面有一条长长的石槽,叫作龙槽,宽约50米。汹涌的黄河水由壶口倾泻入槽后,犹如狂龙被囚,一改粗犷之态,顺流而下,出龙槽后展宽为 240 米，直达孟门。所谓孟门石实为耸立黄河之中的一块石岛，长约 300 米，宽约 50 米，出水面 10 米。河水受阻一分为二，过岛之后又合二为一。从壶口到孟门的距离历代不断增长，据《尚书·禹贡》所记，上古二处相连。据唐代的《元和郡县志》，已相距 1600 多米，现在壶口在孟门上方 3000 多米，龙槽也随之向上延伸。

旧时黄河上游船只到达壶口，受瀑布所阻，都要卸货上岸，旱地拖船，绕过壶口，在小河口再入黄河，大队人夫拖船，成为一大景观。民国之初每年经过的拖船尚有三千多艘，今已绝迹。冬天黄河结冰，龙槽一段十分坚固，人畜通行无碍，百姓称之为"神桥"。1971 年，在壶口南 3.7 公里处修建钢架黄河大桥，长 240 米、宽 7 米、高 3 米，可以通行汽车、拖拉机，秦晋两地交通大大改善。（参见 1992 年版《吉县志》）

本文随水而记山，因山而纪事，即景而述险。作者不但善于绘景绘声，拟人化地模山范水，而且逼真地抒写了游观者惊心动魄的感觉，令人读后如同身临其境。"崩浪万寻，悬流千丈，浑洪赑怒，鼓若山腾"等句，极富于形象性，古人认为是《水经注》沿黄河诸篇中最精彩的部分。明代著名作家钟惺评论这段文字说："郦道元遍具山水笔资，其法则记，其材其趣则诗也。"（《水经注钞》）

[集咏]

宋司马光《龙门》："石楼临晴空，南眺出千里。人怜山气佳，予叹禹功美。想彼未凿时，极目皆洪水。谁知耕桑民，幸免鲂与鲤。"

明薛瑄《禹门》："连山忽断禹门开，中有黄河滚滚来。更欲登临穷胜景，却愁咫尺会风雷。"

清顾炎武《龙门》："亘地黄河出，开天此一门。千秋凭大禹，万里下昆仑。入庙（禹庙）熏蒿接，临流想象存。无人书壁间，倚马将黄昏。"

清魏源《龙门》："不放黄河走，层层锁龙门。驾空腾细浪，夺隘战乾坤。南北中条划，地天人力尊。如何开辟久，元气尚浑浑。"

三、华山

河水历船司空①，与渭水②会。《汉书·地理志》："旧京兆尹之属县也③。"古语云④：华岳⑤本一山当河，河水过而曲行⑥。河神巨灵⑦，手荡脚踏，开而为两⑧。今掌足之迹仍存⑨。《遁甲开山图》⑩曰："有巨灵者⑪，偏得坤元之道⑫，能造山川，出江河。所谓巨灵赑屃，首冠灵山⑬者也。"常有好事之人，故升华岳而观厥迹⑭焉。

自下庙历列柏⑮，南行十一里，东回三里，至中祠⑯。又西南出五里，至南祠，谓之北君祠⑰。诸欲升山者，至此皆祈请焉。从此南入谷七里，又届一祠，谓之石养父母⑱，石龛木主⑲存焉。又南出一里，至天井⑳。井裁容人，穴空，迂回倾曲㉑而上，可高六丈余。山上又有微涓细水，流入井中，亦不甚沾人㉒。上者皆所由陟㉓，更无别路。欲出井，望空视明，如在室窥窗也。出井，东南行二里，峻坂斗上斗下㉔。降此坂二里许，又复东上百丈崖㉕，升降皆须扳绳挽葛而行矣。南上四里，路到石壁，缘旁稍进㉖，径一百余步。自此西南出六里，又至一祠，名曰胡越寺㉗，神像有童子之容。从祠南历夹岭㉘，广裁三尺余，两箱㉙悬崖数万仞，窥不见底，祀祠有感㉚，则云与之平，然后敢度㉛。犹须骑岭抽身，渐以就进㉜，故世谓斯岭为搦岭㉝矣。

度此二里，便屈山顶㉞。上方七里，灵泉二所㉟，一名蒲池，西流注于涧㊱；一名太上泉㊲，东注涧下。上宫神庙㊳，近东北隅，其中塞实杂物，事难详载。自上宫东北出四百五十步，有屈岭㊴，东南望巨灵手迹，惟见洪崖赤壁㊵而已，都无山下上观之分均㊶矣。

——《河水》四

[注释]

①历船司空——历：经过。船司空：原为西汉船库官名，后改为县，东汉废。故址在今陕西华阴市境内。

②渭水——又名渭河，为黄河第一大支流，发源于甘肃渭源县鸟鼠山，流经陕西中部渭河平原，于潼关县入黄河。

③旧京兆尹之属县也——京兆尹：汉时指京城长安，既是地名，又指京城长官。船司空曾是京兆尹所属之县。

④古语云——下述数句，见《文选》张衡《西京赋》薛综注。

⑤华岳——西岳华山的省称。

⑥河水过而曲行——黄河自北向南流来，至华山乃折而向东。

⑦河神巨灵——传说中的大神。关于巨灵开山的神话，最早见于西汉扬雄的《河东赋》，西晋干宝《搜神记》卷十三有较具体的记载。

⑧手荡脚踏，开而为两——手荡：用手推开。脚踏：以脚踩山。开而为两：把一座山分成两部分。

⑨今掌足之迹仍存——据《史记·封禅书》张守节《正义》说："今脚迹在东守阳（山）下，手掌在华山。"

⑩《遁甲开山图》——汉代谶书，原书已佚，现存有清人辑本。一本作《华岩开山图》。

⑪有巨灵者——各本皆作"有巨灵胡者"，而"胡"字不可解。《太

平御览》卷一引此无"胡"字，今据改。巨灵：巨灵神。

⑫偏得坤元之道——偏：独。坤元：与乾元相对称，指地之德。道：指道法。这句是说，巨灵神独得大地生成万物变化无穷的道法。

⑬巨灵赑屃（xì），首冠灵山——语出左思《吴都赋》。赑屃：用力的样子。灵山：海中蓬莱山，这里借指名山。这两句是说，巨灵神以他的巨大力量使华山成为名山之冠。

⑭厥迹——指巨灵掌迹。厥：其，代词。

⑮自下庙历列柏——下庙：即今之西岳庙。据《水经注·渭水注》说："晋太康八年，弘农太守卫叔始、华阴令裴仲恂，役其逸力，（于华山下）修立坛庙，夹道树柏，迄于山阴。"列柏：成排的柏树。这些古柏现在还存有两株，2012年我曾到西岳庙考察，亲眼见到两棵古柏仍郁郁葱葱。

⑯中祠——据清人蒋湘南考证："即唐封金天王册所谓神祠达黄神谷口者也。"当在今之黄甫峪口。

⑰南祠，谓之北君祠——不可详考。当即《太平寰宇记》所谓"华阴县有南北二庙。……南庙是北君祠，今有北君灵台、上仙、下仙、四神童院"。

⑱又届一祠，谓之石养父母——届：至。"石养父母"已不可考。清人华沅认为是三里龛，或谓即今之希夷峡。但与上文所说"入谷七里"距离不合。

⑲石龛（kān）木主——龛：供奉神佛用的小阁子。石龛即石头制成的神龛。木主：木制的神主牌位，上面书写被供奉的神佛或祖先的姓名或封号。

⑳天井——即千尺㠉，距青柯坪三里。清乔光烈《登华山记》说："过此则千尺㠉，一峰直上，中陷如窦，步不得施，《水经注》谓之'天

井'也。非易装短衣，仰挽铁絙，趾陷绝壁，如猿猱攀援，度终不可上。仰见天光，如从井中出。"

㉑倾曲——倾：躬身。曲：弯腰。明人李攀龙《太华山记》说："行东北大溜中，溜中一峡，才容人，左右穿授不满。足穿手授如映吻，人上如出自井中者千尺，曰千尺峡。"当即指此。钟惺评："倾曲二字中藏多少路径。"

㉒亦不甚沾人——也不大沾湿旅人的衣服。朱之臣评："向携履儿登千尺㠖，是日微雨后，崖溜飞清，如欲沾人。益信此注之妙。"

㉓皆所由陟——都由此登山。陟：读至。

㉔峻坂斗上斗下——峻坂：即峻峭的山坡。斗上斗下：陡上陡下。有人认为，此处即今之"十八盘"，但在毛女祠下，与本文所记在天井之上不符。

㉕百丈崖——即今之百尺峡。

㉖缘旁稍进——依附石壁边缘，慢慢挪进。朱之臣评论此文字说："凡下七'出'字，章法奇变。太史公每作一转，辄用一二字作眼目，此类是也。"

㉗胡越寺——无可确考。明人杨嗣昌认为是今老君犁沟上猢狲愁，即猴王洞。清人毕沅认为是今之都龙庙，即苍龙岭之庙。杨守敬认为，可能是北魏祭祀胡天神之寺。

㉘夹岭——即苍龙岭，是登游诸峰必经之路，宽仅二尺余，形如鱼之脊梁，两旁石壁千丈，深峭莫测。明袁宏道《华山后记》说："至苍龙岭，千仞一脊，仄仄如蜥龙之骨。四匝峰峦映带，秀不可状。游者至此，如以片板浮颠浪中，不复谋目矣，然其奇可直一死也。"袁氏又有《苍龙岭》诗说："瑟瑟秋涛谷底鸣，扶摇风里一毛轻。半生始得惊人事，撒手苍龙岭上行。"

㉙两箱——一本作"两厢",指两侧。

㉚祀祠有感——祈祷神有了效应。

㉛然后敢度——传说唐代韩愈到此,吓得进退两难,只好投书山岩之下求救,方才得以下山。

㉜骑岭抽身,渐以就进——抽身:蜷曲着身躯。就进:移动前进。这二句是说:蜷曲着身躯,两腿骑在山脊上慢慢向前移动。朱之臣评:"抽身、就进,形容逼真,非亲历苍龙岭者,不觉其妙。"

㉝搦岭——过苍龙岭须按捺而行,所以又叫搦岭。李攀龙《太华山记》说:"三里而近为苍龙岭,岭广尺有咫,长五百丈(尺),崖东西深数千仞,人莫敢倪(通睨)视,是郦生所称搦岭,岭须骑行者矣。"现在这里已凿成牛槽形,一百二十米长岭,凿有三百三十五个台阶,两旁已竖起栏杆,系以铁索,游人到此可以放心了。

㉞度此二里,便届山顶——据华山管理处同志函告:此处记述有误,实际上,从苍龙岭到山顶至少有七里。

㉟灵泉二所——《水经注·渭水》说:"(华)山上有二泉,东西分流,至若山雨滂沛,洪津泛洒,挂溜腾虚,直泻山下。"当即此处。

㊱"一名"二句——蒲池:今名菖蒲池,在东峰下,二仙龛前,细辛坪东。"西流注于涧",华山管理处同志认为,应作"西流注于污(山顶东、西、南三峰中间之洼地)"。如果"注于涧",则应往东流才对。

㊲太上泉——即仰天池。乔光烈《登华山记》说:"仰天池即《图经》所谓太乙池者,水才一泓,冬夏不盈耗。"据华山管理处同志函告:句中"东注涧下"应是"南注涧下"。

㊳上宫神庙——即今镇岳宫。元人王履《始入华山西峰记》说:"镇岳宫在西峰顶东,诸神列坐,不辨何谁。"现在的镇岳宫在峰顶的西南隅。

㊴屈岭——即西峰之青龙冈。

㊵洪崖赤壁——洪崖：高大的山崖。赤壁：红色的石壁。

㊶分均——分明清晰。实际上在西峰上看不到东峰之巨灵掌迹。

[今译]

　　黄河水经过船司空县，与渭水相汇。《汉书·地理志》说："船司空是旧时京兆尹的属县。"古语说：华山本是整座山挡住黄河，黄河经此折而东行。黄河巨神用手劈脚踢，把华山分开为两部分。如今河神的手掌印和足迹仍然存在。《遁甲开山图》说："有位巨神，独具大地生成万物之道，能改造山川，引导江河。这就是左思所说的巨神力大无穷，堪称灵山之首所指者。"常有好事之徒，特意登上华山去观看巨神的手足之迹。

　　从下庙经过成排的柏树，南行十一里，向东迂回三里，到中祠。又向南行五里，到南祠，这里又叫北君祠。许多打算登山的人，至此都要祈祷请求神灵保佑。从这里往南行七里进入山谷，又到一座祠庙，叫作"石养父母"，祠内的石龛木牌位还存在。再往南走一里，到天井。天井很窄，仅容纳一人通过。井穴中间是空的，上山的道路迂回曲折，有六丈多高。山上又有一支细小的水流，流入井中，并不会把人身上沾湿。上山的人都必须经过这里，再没有别的路。快要爬出井口时，仰望透亮的天空，就像从室内向窗外窥视一般。走出天井向东南行二里，险峻陡坡直上直下。走下陡坡二里左右，又往东上百丈崖，上下都要拉着绳子挽住葛条才能行走。南上四里路，到石壁。挨着石壁慢慢移动，直行一百多步。从此处向西南出去六里，又到一祠，名叫胡越寺，其中的神像有儿童般的容貌。从祠南经过夹岭，宽度才三尺多，两旁是悬崖，万丈深渊，看不到底。在北君祠祈祷有灵，云脚与岭齐平，然后才敢越过山岭。即使如此，还得像骑马那样紧贴山脊，蜷曲身躯，慢慢移动前进，所以世人把此岭叫作"搦岭"。

　　越过此岭二里，便到达山顶。山顶长宽约七里，有灵泉二处，一名蒲池，西流注于中污；一名太上泉，南注涧下。上官有神庙，靠近岭之东北角，其中塞满了各种杂物，很难详细记载。从上官东北出去四百五十步，有屈岭（青龙冈）。从此处向东南望巨神开山手掌形迹，唯见高崖赤壁而已，不如从山下往上看那么分明。

[解说]

华山，位于陕西省东部华阴市境内，为五岳中之西岳。前濒黄河，后接秦岭，奇峰突兀，巨石嶙峋，四面陡峭，有壁立千仞之势。其山峰"远而望之若花状"，因名华山。又以其同名主峰一称太华，故又称太华山。有朝阳（东峰）、莲花（西峰）、落雁（南峰）、玉女（中峰）、云台（北峰）等峰。自山麓至绝顶，仅南北一线，约十五华里。沿途宫观楼阁依山而筑，飞桥栈道凌空而设，碑刻题记随处可见。历代文人吟咏赞述甚广，史迹和民间神话传说亦多，自古以来，即为游览胜地。2012年，我曾到华山实地考察。现在华山的名胜古迹和桥梁道路，已经过修缮和有效的保护，山下有公路，山上有缆车可直达北峰，旅游环境进一步改善，游客越来越多。

本文主要内容系根据晋人郭缘生《述征记》及《华山记》写成，但又作了具体补充。以登山路线先后为序，从山脚一步步写到山顶，始终贯穿一个"险"字，重点突出"华山自古一条路"的高峻，和沿途的几处天险的奇观，以及游人攀登之艰难。这种笔法常为后世游记作家所效法。

钟惺《水经注钞》说："游大山水，作大文章，须有血脉，有次第，有眼目，此所谓要领也。不得要领，则境趣虽多，我之文章反为山水所役，不胜顾步之劳矣。看道元此等用笔，可为作大篇游记之法。然仅谓之'注'，此古人所以为厚且远也。"朱之臣《水经注删》评论说："凡登览文字，无远语真语不成大篇，最忌尖语，谓非高深本色耳，善长此注正欲与太华争雄耳。"

[集咏]

唐王维《华岳》(摘句)："昔闻乾坤闭,造化生巨灵。右足踏方止,左手推削成。天地忽开坼,大河注东溟。遂为西峙岳,雄雄镇秦京。"

唐崔颢《行经华阴》："岧峣太华俯咸京,天外三峰削不成。武帝祠前云欲散,仙人掌上雨初晴。河山北枕秦关险,驿树西连汉畤平。借问路旁名利客,无如此处学长生。"

唐李白《西岳云台歌送丹邱子》(摘句)："西岳峥嵘何壮哉!黄河如丝天际来。……黄河万里触山动,盘涡毂转秦地雷。荣光休气纷五彩,千年一清圣人在。巨灵咆哮擘两山,洪波喷流射东海。三峰却立如欲摧,翠崖丹谷高掌开。白帝金精运元气,石作莲花云作台。……"

唐刘禹锡《华山歌》(摘句)："天资帝王宅,以我为关钥。能令下国人,一见换神骨。……"

元赵秉文《华山》："石头牢确水纵横,过雨山间草履轻。未到上方先满意,倚天青壁看云生。"

明李攀龙《登太华山顶》："缥缈直探白帝宫,三峰此日谁最雄。苍龙半挂秦川雨,石马长嘶汉苑风。地敞中原秋色尽,天开万里夕阳红。平生突兀看人意,容尔深知造化功。"

华山玉泉院对联："三峰三霄通,宝掌千秋留藓迹;一岳一石作,金天万里矗莲花。"

四、函谷关

河水自潼关①北东流,水侧有长坂②,谓之黄巷坂③,傍绝涧,陟此坂以升潼关,所谓溯黄巷以济潼矣④。历北出东崤⑤,通谓之函谷关⑥也。邃岸天高⑦，空谷幽深，涧道之峡，车不方轨⑧，号曰天崄。故《西京赋》⑨曰："岩崄周固⑩，衿带易守⑪。"所谓"秦得百二，并吞诸侯也"⑫。是以王元说隗嚣⑬曰："请以一丸泥，东封函谷关，图王不成，其弊足霸矣⑭。"郭缘生记⑮曰："汉末之乱，魏武⑯征韩遂、马超⑰，连兵⑱此地。今际河⑲之西，有曹公垒⑳；道东原上，云李典㉑营。义熙十三年㉒，王师㉓曾据此垒。"《西征记》㉔曰："沿路逶迤㉕，入函道㉖六里，有旧城，城周百余步，北临大河，南对高山。姚氏㉗置关以守峡，宋武王入长安㉘，檀道济㉙、王镇恶㉚，或据山为营，或平地结垒，为大小七营，滨带河险㉛。姚氏亦保据山原，陵阜之上，尚传故迹矣。"关之直北，隔河有层阜㉜，巍然独秀，孤峙河阳㉝，世谓之风陵㉞。戴延之所谓风堆㉟者也。南则河滨姚氏之营，与晋（营）对岸。

——《河水》四

[注释]

①潼关——关名，在今陕西潼关县北。西依华山，南临商岭，北距黄河，东接桃林，当陕西、山西、河南三省要冲，为历代军事要地。本文之前说："（黄）河在关内南流，潼激关山，因谓之潼关。"又说："或说因（潼谷）水以名地也。"

②长坂——较长的斜坡。

③黄巷坂——在今陕西潼关县东南，黄河南岸。颜师古《匡谬正俗》说："黄巷者，盖谓潼关之外，深道如巷，土色正黄，故谓之黄巷。"

④溯黄巷以济潼矣——溯：逆流而行。济：渡过，经过。一本"潼"下有"关"字。

⑤东崤（xiáo）——山名，在今河南洛宁县北。

⑥函谷关——秦置，旧关城在今河南灵宝市东北。汉元鼎三年移关于河南新安县东，距故关三百里，故又称新函谷关。这里所指为旧函谷关。

⑦邃岸天高——谷岸高深，可与天相齐。

⑧车不方轨——两车并行叫作方轨。此句形容谷底涧道狭窄，只容车辆单行，容纳不下两车同时并进。

⑨《西京赋》——东汉著名科学家、文学家张衡著。

⑩岩崄周固——山岩高险，周匝坚固。

⑪衿带易守——衿：衣襟。带：指腰带。这里借以形容西京长安，左有崤函之险，右有陇坻之固，前有终南屏障，后有高陵拱卫，像衣襟腰带保护着身躯，因而显得安全易守。

⑫"秦得百二"二句——这是《史记·高祖本纪》中的话："秦形胜之国……持戟百万，秦得百二焉。"苏林注："秦地险固，二百人足当诸侯百万人也。"

⑬王元说隗嚣——王元：西汉末年人，隗嚣部下大将。说：劝说。隗嚣：西汉末年成纪人。更始之后，王莽兵败，隗嚣被推为上将军，割据天水、陇西一带。

⑭"请以一丸泥"四句——其大意是说，希望用很少的兵力封锁函谷关，即使不能称王，最不济也足以成为一方霸主。

⑮郭缘生记——指东晋郭缘生所撰《述征记》。

⑯魏武——即曹操，三国时政治家、军事家、文学家。曾统一中国北方，死后其子曹丕灭汉称帝，追谥曹操为武帝。下文"曹公"，也是指曹操。

⑰韩遂、马超——东汉末年人，曾割据陇西，后为曹操所败。

⑱连兵——交兵，交战。

⑲际河——河边。这里的"河",专指黄河。

⑳曹公垒——故址在今河南灵宝市西。垒:堡垒。

㉑李典——三国时人,曹操部将。

㉒义熙十三年——即公元417年。义熙:东晋安帝最后一个年号。

㉓王师——指刘裕所统率的东晋北伐军。当时北方已为少数民族所统治,但中原人民仍视东晋政权为正统。郭缘生为东晋人,故称晋军为王师。

㉔《西征记》——东晋戴祚撰著。戴祚字延之,曾从刘裕西征姚泓。

㉕逶迤——曲折绵延。

㉖函道——两旁高山夹峙,有如涵洞之道。

㉗姚氏——指以姚苌、姚兴、姚泓为首的后秦政权。刘裕北伐关中,姚泓是他的主要敌人。

㉘宋武王入长安——宋武王,即刘裕,祖籍彭城(今江苏徐州市),小字寄奴。他通过镇压孙恩领导的农民起义军、对抗桓玄以及北伐中原等行动,逐渐控制了东晋政权,最后灭晋,建立刘宋王朝,生前封王,称帝后谥武帝。长安:故城在今陕西西安市长安区西北,当时是姚氏后秦的都城。刘裕北伐,攻克长安,事在义熙十三年。

㉙檀道济——刘裕部下大将,曾随刘裕北伐,后被彭城王刘义康杀害。

㉚王镇恶——刘裕部下大将,他首先攻入长安,生擒后秦主姚泓。

㉛滨带河险——滨河据险。"滨""带"都用作动词。

㉜层阜——一种梯形的高原,今西北黄土高原上随处可见。

㉝河阳——指黄河北岸。阳:指水之北。

㉞风陵——一名风陵堆,相传为古风后之陵。在今山西永济市南,又名封陵。有黄河渡口名风陵渡。自潼关北渡黄河,这里是必经之路。现已

修建铁桥，以连接陇海铁路与同蒲铁路。

㉟风堆——即指上文所说的风陵堆。

[今译]

黄河水从潼关之北向东流，水边有长长的山坡，叫作黄巷坂。其傍为深涧，越过此坂以上潼关，人们说逆流上黄巷就过潼关了。从北面东出崤山，通通叫作函谷关。山谷两旁石壁高与天齐，空谷幽深，其间山路狭窄，两辆车子不能并行，号称天险。所以张衡《西京赋》说："山岩高险，周匝坚固，如同人的衣襟腰带保护身躯，易于守卫。"《史记》说，秦国有二百人守住此地，可以抵挡诸侯百万之兵。西汉末年王元游说隗嚣说："希望你用一丸大的泥块，在东部封住函谷关，即使不能成就王业，最不济也足以成为一方霸主。"郭缘生《述征记》说："东汉末年之乱，曹操征讨韩遂、马超，交战于此地。如今黄河西边，有曹操所筑堡垒；路东原上，有曹操部将李典的营盘。东晋安帝义熙十三年，东晋军队曾占据这座堡垒。"戴延之《西征记》说："沿路曲折绵延，进入函道六里，有旧城，城周长百余步，北临黄河，南对高山。姚氏后秦政权置关以守。刘裕北伐进攻长安，部将檀道济、王镇恶，或据山扎营，或平地筑垒，造大小七营，滨河依险。后秦姚氏也拒守山原，如今山陵高阜之上还存留着遗迹。"函谷关之正北，隔河有梯形高山，巍然独立而且秀丽，孤单地耸立于河之北，世人谓之风陵堆。戴延之书中叫作风堆。其南河滨就是姚氏的营垒，与东晋军队的营垒隔河相对。

[解说]

函谷关是中国古代重要关塞之一。秦孝公时筑关以拒山东六国。旧关城在今河南灵宝市东北，因在谷中，深险如函得名，东自崤山，西至潼津，通名函谷，号称天险。公元前241年，楚、赵、魏、韩、卫合纵攻秦，至此败还。公元前207年，刘邦西入咸阳，派兵守此关以拒诸侯军。

西汉初置关都尉戍守。武帝元鼎三年（前114）徙关于三百里外之新安县，改置弘农县于此。本文所述为旧函谷关，旧址仅存关门，1992年重建关楼。附近建有太初宫，纪念老子。传说老子过关时，关尹喜留下他，著《道德经》五千言。当地还有战国时齐孟尝君逃出秦国，门客以口技引发鸡鸣而过关的鸡鸣台等建筑物。

本文用"即地以存古"的手法，描述函谷关的险要地势，以及汉魏两晋南北朝时期在这里发生的几次重要战争的遗迹，把几段不同时期的历史资料自然连缀在一起，由远及近，史地结合，饶有意趣。

[集咏]

唐宋之问《函谷关》："何去西牛寻老聃，关楼南望起东山。垂披发髻看多少，道德五千君又还。"

唐胡曾《函谷关》："寂寂函关镇未开，田文车马出关来。朱门不养三千客，难为鸡鸣得放回。"

唐岑参《函谷关歌送刘评事使关西》（摘句）："君不见，函谷关，崩城毁壁至今在。树根草蔓遮古道，空谷千年长不改。寂寞无人空旧山，圣朝无外不须关。……"

五、砥柱

砥柱，山名也①。昔禹治洪水，山陵当水者凿之，故破山以通河。河水分流，包山而过，山见水中若柱然，故曰砥柱也。三穿既决②，水流疏分，指状表目③，亦谓之三门④矣。山在虢城⑤东北，大阳城⑥东也。《搜神记》⑦称：齐景公⑧渡于江沈之河，鼋衔左骖⑨，没⑩之。从皆惊惕⑪。古冶子⑫于是拔剑从之，邪⑬行五里，逆行三里，至于砥柱之下，乃鼋也。左手持鼋头，右手挟左骖，燕跃鹄踊而出⑭，仰天大呼，水为之逆流三百步，观者皆以河伯⑮也。

....

自砥柱以下，五户⑯以上，其间一百二十里，河中竦石桀出。势连襄陆⑰，盖亦禹凿以通河。疑此阏流⑱也。其山虽辟，尚梗湍流。激石云洄，澴波怒溢⑲。合有一十九滩，水流迅急，势同三峡⑳，破害舟船，自古所患。

——《河水》四

[注释]

①砥柱，山名也——砥柱虽名为山，实际上是黄河中一块巨石，原高三丈，周数丈。现在矮了许多。

②三穿既决——三处通道被凿通。

③指状表目——按照它的样子给它起名字。

④三门——后人称之为三门峡。

⑤虢城——在今河南灵宝市。

⑥大阳城——指旧大阳县城，在今山西平陆县西南。

⑦《搜神记》——东晋干宝所编撰的一部专记神怪的书。下面的故事不见今本《搜神记》，当是佚文。

⑧齐景公——春秋时齐国国君。

⑨鼋衔左骖——鼋：一种巨鳖。左骖：在左边拉套的马。

⑩没——沉没。

⑪惊惕——惊惧。惕：惧怕。

⑫古冶子——传说是齐国著名的勇士。其杀鼋故事,《晏子春秋·谏下》曾经提到。

⑬邪——同"斜"。

⑭燕跃鹄踊而出——像燕子一样跳跃,像鹄鸟一样从水里钻出来。鹄:一种水鸟,俗名天鹅。

⑮河伯——河神。

⑯五户——指五户滩,黄河中的险滩之一,在今河南三门峡市陕州区东,自此以东,黄河稍为宽阔。

⑰竦石桀出。势连襄陆——耸立的山石非常突出,形势与陆地相连。

⑱阏(è)流——山名。郑玄《地说》以为砥柱即阏流。郦道元则认为阏流在砥柱下。郦说是。

⑲激石云洞,濆波怒溢——在岩石上激起波浪,水气如同云雾;急流漩涡,波涛好似发怒一样涌起。朱之臣评论说:"此段甚得水情,甚有文力。"

⑳三峡——指长江三峡。

[今译]

砥柱,是山的名字。从前大禹治洪水,凡是挡住水流的山陵就凿开它,所以把这座砥柱山破开,以便河水通过。河水分流,包山而过,山突现在水中像柱子,所以叫作砥柱。河中三条水道已经开通,河水疏散分流,按照其形状起名字,叫作三门。山在虢城东北,大阳城东。干宝《搜神记》说:齐景公在江沈地方渡黄河,一头大鼋叨走左边拉车的马,沉没在水中。众人都吓坏了。勇士古冶子拔出宝剑追去,斜行五里,逆行三里,到达砥柱之下,才发现是巨鼋。他左手提着鼋头,右手挟着骖马,像燕子和鹄鸟一般从水中跳跃而出,仰天大呼,河水因而倒流三百步,观看的人以为是河神显灵了。

……………

从砥柱以下，五户滩以上，其间一百二十里，黄河中怪石耸立，其势与两岸陆地相连接，大概也是大禹凿石以通河留下的痕迹。怀疑此就是闳流山。这山虽然劈开了，礁石还是阻碍急流。急流冲激巨石，形成云状漩涡，打着圆圈的波涛汹涌暴涨。共有十九个滩，水流迅急，情状与长江三峡相似，经常损害船只，自古以来是一大祸患。

[解说]

本文所记砥柱，在今河南三门峡水库大坝下方激流中。大坝修筑之前，黄河自西向东流来，经过三条泄水峡谷：南为鬼门，水流急猛，不可渡；中为神门，狭不容舟；北为人门，正常水位可渡。河水切割而成的三岛，称鬼岛、神岛、人岛。三岛之下的河中，还有三岛，分别称为炼丹炉、梳妆台、砥柱。这六座石岛都有许多民间传说和历代诗文题刻。

1957年修三门峡水库，鬼、神、人三岛和梳妆台被炸掉，砥柱、炼丹炉得以保存。围绕砥柱的神话甚多，本文所记大禹治水和古冶子斩鼋，都是歌颂为民除害的英雄的。寥寥数语，把古冶子勇猛无畏的壮举，描绘得声情毕现。明人谭元春《水经注评》说："此段文情，与夺有致。"

[集咏]

唐李世民《砥柱铭》："仰临砥柱，北望龙门。茫茫禹迹，浩浩长春。"

金元好问《水调歌头·三门津》上阕："黄河上九天，人鬼瞰重关。长风怒卷高浪，飞洒日光寒。峻似吕梁千仞，壮似钱塘八月，直下洗尘寰。万象入横溃，依旧一峰闲。"

明都穆《游砥柱记》（摘录）："三门者，中曰神门，南曰鬼门，北曰人门。其始特一巨石，而平如砥。想昔河水泛滥，禹遂凿之为三，水行其间，声激如雷，而鬼门尤为险恶。舟筏一入，鲜有得脱，名之为鬼，宜矣。三门之广，约二十丈。其东北五十步，即砥柱。崇约三丈，周数丈。相传有唐太宗碑铭，今不存。蔡氏《书传》以三门为砥柱，州志亦谓砥柱即三门山，皆未尝亲临其地，故谬误若此。"

古对联："雄流峭壁三门险，鬼斧神工一道通。"

六、盐池

其水又径安邑故城南①，又西流注于盐池②。《地理志》曰："盐池在安邑西南。"许慎谓之盐盬③。长五十一里，广六里，周百一十四里。从盐省古声。吕忱④曰："宿沙煮海谓之盐⑤，河东盐池谓之盬。"今池水东西七十里，南北十七里⑥，紫色澄渟⑦，潭而不流⑧。水出石盐，自然印成，朝取夕复，终无减损。惟水暴雨澍⑨，潢潦奔洪⑩，则盐池用耗。故公私共堨水径⑪，防其淫滥⑫。故谓之盐水，亦为堨水也⑬，故《山海经》谓之"盐贩之泽"也。

泽南面层山⑭，天岩云秀⑮，地谷渊深⑯，左右壁立，间不容轨，谓之石门。路出其中，名之曰白径⑰，南通上阳⑱，北暨⑲盐泽。池西又有一池，谓之女盐泽⑳，东西二十五里，南北二十里，在猗氏故城㉑南。……土人乡俗，引水裂沃麻㉒，分灌川野，畦水耗竭㉓，土自成盐，即所谓盐䴲㉔也，而味苦。号曰盐田，盐盬之名，始资是矣㉕。

——《涑水》

[注释]

①其水——指盐水，源出运城市东南薄山。安邑：古县名，治所在今

山西运城市东北之安邑城，1958年撤并入运城市。

②注于盐池——这里说的是古代情况。今盐水自夏县南，经原安邑、解县之北，至虞乡北入伍姓湖。因湖水是淡水，流入盐池，则盐不成，故后人障之，使不复入池。

③许慎谓之盐盬（gǔ）——许慎：东汉文字学家，著作有《说文解字》，书中有"盬，盐池也"的话。盬：据《说文解字》即指盐池；一说为粗粒盐。从文义看，"许慎谓之盐盬"六字当在"从盐省古声"之前。

④吕忱——晋代文字学家，著有《字林》。

⑤宿沙煮海谓之盐——据《世本》说，宿沙氏，炎帝之诸侯，煮海为盐。一说，宿沙名卫，春秋时齐灵公的臣子。齐地滨海，故宿沙卫煮海水而为盐。

⑥"今池水"二句——这是指当时的情况，实际上池水面积古今有变化。

⑦紫色澄渟（tíng）——水呈紫色，清而静。

⑧潭而不流——谓水深而平静不流。潭：深。

⑨水暴雨澍（zhù）——大雨如注，河水暴涨。澍：与"注"字通。

⑩潢潦奔洪——潢潦：指停聚不流的积水。杨守敬《水经注疏》作"甘潦"，殊不可解。《资治通鉴》注引作"潢潦"，是正确的。奔洪：奔流横溢。洪，与"溢"同。

⑪故公私共堨（è）水径——所以官民共同阻塞通往盐池的水道。堨：用土阻塞水。

⑫防其淫滥——防止淡水在盐池中泛滥。

⑬亦为堨水也——也叫作堨水。堨：在本句中为名词。

⑭南面层山——南方对着层层高山。面：用作动词。

⑮天岩云秀——耸入天际的山岩，如云霞般秀丽。

⑯地谷渊深——地上的沟谷如同深渊。此句与上句对举。

⑰白径——山西解州镇东南有白径岭，为中条山之支脉。岭上的路在古代是南通陕州的要道。

⑱上阳——古都邑名，故城址在今河南三门峡市陕州区李家窑村，这里代指古陕州。

⑲暨——到，至。

⑳女盐泽——在原解县西北，也叫紫泉盐，因产生硝，亦名硝池。

㉑猗氏故城——在今山西临猗县南。

㉒引水裂沃麻——引水灌溉麻田。"裂"字疑衍。

㉓畦水耗竭——畦中的盐水减少而枯竭。有些盐区用筑畦法引水晒盐，如同稻田，所以下文说，"号曰盐田"。

㉔盐醝（cuó）——如同说咸盐。醝：即盐。

㉕始资是矣——当初是据此而得名的。资：凭借。

[今译]

盐水经安邑故城之南，又向西流注于盐池。《汉书·地理志》说："盐池在安邑西南。"许慎《说文解字》称盐为鹽。盐池长五十一里，广六里，周围一百一十四里。鹽字从盐省形，读"古"声。吕忱《字林》说："炎帝时诸侯宿沙氏煮海为盐，河东盐池所产称为鹽。"如今池水东西七十里，南北十七里，水色紫而清，深静不流。水中出石盐，是自然形成的。早上采取，晚上又有了，一点也不减少。只有在大雨如注，山洪暴发，积水猛涨，奔流横溢，盐水被冲淡时，盐池才因而耗损。所以官民共同筑堤阻断水路，防止泛滥。所以称之为盐水，也叫作渴水。所以《山海经》叫作"盐贩之泽"。

泽南面对层层山峦，山岩高耸天际，像云彩般秀丽，地面的沟谷如同深渊。左右两侧石壁峭立，中间容不下车辆并行，称为石门。一条小路出于其中，叫作白径。南通上阳，北达盐池。盐池西边又有一池，称为女盐泽，其面积东西二十五里，南北二十里，在猗氏县故城南边。……当地人的习俗，引水灌麻田，分别灌满田野，畦中的水减少而干枯，泥土自然凝结成盐，叫作盐蹉，然而味苦。这些田地称为盐田，盐盬的名称就是从此得来的。

[解说]

盐池，又称解池、河东盐池，在今山西运城市，地处中条山北麓、运城盆地之南。据1964年测量，盐池东西长约25—30公里，南北宽3—5公里，面积130平方公里。比《水经注》所记缩小许多。山西盐池自古以来即为我国北方著名产盐区，春秋战国时已经开发，汉代设专门机构管理。所产盐称解盐、潞盐、河东盐，秦汉时已运销今山西、河北、陕西、甘肃等地。该盐是池盐，有别于海盐、井盐、岩盐，是用卤水经日光暴晒后形成，色白味正，杂质很少。今天的盐池，已经成为我国重要化工原料产地，除食用盐、工业用盐外，还制成元明粉、硫化碱，出口量居全国首位。（参见1994年版《运城市志》）

本文记述盐池的地理位置、周围山川环境、盐的生产，下面还涉及盐池防护和管理情况，并追溯历史，考订名称，缕述各端，详明有序。

[集咏]

宋王禹偁《盐池》诗（摘句）："极望似江沱，漫漫起素波。两地泉不竭，千古利还多。场吏输年额，畦夫举月课。收时车并载，种处地先磨。碎颗珠零乱，乾声玉切磋。岸平开雪花，群羊自寝讹。本源皆泻卤，异号亦咸蹉。……"

明王翰《盐地晓望》："涿鹿城头分曙色，素地如练迥无尘。屏风倒浸山光净，银汉横铺月影新。五月南风凝雪面，四时飞鸟避云津。应须静待调羹手，拟共江梅入八珍。"

明朱裳《采盐八章》之二:"两州十县,盐丁万余,夏五六月,临池吁且。临池吁且,炎暑熏灼,且勤且慎,手足俱剥。……"

清景定成《安邑盐池咏》(摘句):"盐梅作调羹,盐花灿如玉。曾无盆镬劳,曝晒凭烈日。昔闻有高僧,采盐术神秘。验质只一瞥,侯风无少失。及时督盐丁,指挥随劳逸。功成憩茅庵,遗惠在安邑。……"

七、大明湖

济水[①]又东北,泺水[②]入焉。水出历城县[③]故城西南,泉源上奋,水涌若轮[④]。《春秋·桓公十八年[⑤]》:"公[⑥]会齐侯于泺"是也。俗谓之娥英水,以泉源有舜妃娥英庙[⑦]故也。城南对山[⑧],山上有舜祠,山下有大穴,谓之舜井[⑨],抑亦茅山禹井之比矣[⑩]。《书》"舜耕历山",亦云在此[⑪],所未详也。

其水北为大明湖,西即大明寺[⑫],寺东北两面侧湖[⑬],此水便成净池也。池上有客亭[⑭],左右楸桐负日[⑮],俯仰目对鱼鸟[⑯],水木明瑟[⑰],可谓濠梁之性,物我无违[⑱]矣。湖水引渎东入西郭[⑲],东至历城西,而侧城北注陂水[⑳],上承东城历祠下泉[㉑],泉源竞发[㉒]。其水北流,径历城东。又北引水为流杯池[㉓],州僚宾燕[㉔],公私多萃其上[㉕]。分为二水,右水[㉖]北出,左水西径历城北,西北为陂。谓之历水,与泺水会。又北,历水枝津,首受历水于历城东,东北径东城,而西北出郭,又北注泺水,又北,听水[㉗]出焉。泺水又北流,注于济,谓之泺口[㉘]。

济水又东北,华不注山[㉙],单椒秀泽[㉚],不连丘陵以自高[㉛];虎牙桀立㉜，孤峰特拔以刺天㉝。青崖翠发㉞，望同点黛㉟。山下有华泉，故京相璠《春秋土地名》曰㊱："华泉㊲，华不注山下泉水也。"

——《济水》二

[注释]

①济水——源出山东河南济源市王屋山，下游水道古今有变迁。北魏时，在今河南温县西南注入黄河，略与今水道同。

②泺（luò）水——源出济南市西南趵突泉，北流至泺口入古济水（此段古济水即今黄河）。

③历城县——古县名，又名历下，现在是济南市一个区。

④水涌若轮——泉水涌出，如车轮翻滚。此即指趵突泉，趵突泉的名称首见宋曾巩《齐州二堂记》，又叫瀑流泉。历代记述形容甚多，清代乾隆皇帝曾封之为"天下第一泉"。

⑤桓公十八年——公元前694年。

⑥公——即鲁桓公。因《春秋》以鲁君纪年，凡鲁君皆尊称公。

⑦舜妃娥英庙——舜：即虞舜。传说他即帝位之前曾耕于历山。娥英庙：又名罗姜庙。娥英，娥指娥皇，英指女英，尧之二女，同为舜之妃。

⑧城南对山——历下城正南所对之山，即历山，或曰舜耕山。山巅岩上刻凿大小佛像数以千计，故又名千佛山，现已辟为公园。

⑨舜井——据唐人余坚《初学记》卷八引晋人郭缘生《续述征记》说："历山有井，无底，与城西南涌泉相通。"但未明言即舜井。北宋乐史《太平寰宇记》卷十九《齐州》认为："舜井在（历城）县东一百步，舜所穿之井也。"其说与《水经注》不一。现在的舜井泉在济南市旧南门舜井街。

⑩抑亦茅山禹井之比矣——茅山：或作苗山，即会稽山，在浙江中部

绍兴、嵊州、诸暨、东阳间,主峰在绍兴南与诸暨、嵊州二市交界处。禹井:又称禹穴,在茅山之东。据本书《浙江水》:"山东有湮井,去庙七里,深不见底,谓之禹井,云东游者多探其穴也。"之比:之类。

⑪《书》"舜耕历山",亦云在此——《书》:指《尚书·大禹谟》。关于舜所耕之历山,历代有不同说法:一、即本文所指。二、在山东菏泽市东北,见《水经注·瓠子河》:"雷泽西南十许里,有小山,孤立峻上,亭亭杰峙,谓之历山,有陶墟,为舜陶耕所在。"三、在山西垣曲县东北,为中条山主峰之一,山上有舜王坪。四、在山西永济市东南,据《括地志》说:"雷首山亦名历山"。五、在浙江余姚市西北。六、在浙江永康市南,一名釜山,圆峰屹立,状如覆釜,山岭有田、井、潭,皆以舜名。七、在湖南桑植县东北。对于这种远古传说,本来无可确考,故郦道元以"所未详也"表示存疑。

⑫大明寺——据济南大学李鑫教授函告:大明寺在五龙潭畔,大明湖即大明寺的佛教设施净地。后唐胡国公建宅于净地旁,即因大明寺为国公府。"文革"前石碑尚在。

⑬侧湖——临湖、傍湖。

⑭池上有客亭——大明湖上亭台甚多,据金人元好问《济南行记》所记,有历下、环波、北渚、岚漪、水香、水西、凝波、狎鸥、鹊山、绣江、饮江等多处。杨守敬认为是北渚亭。然而据《济南府志》,北渚亭乃北宋熙宁五年曾巩任齐州时所建。我认为,本文所指应是古历下亭,北魏时建,杜甫诗《陪李北海宴历下亭》中诗句"海右此亭古",即咏此亭。原亭在五龙潭,今历下亭在湖中,为清代所建。

⑮左右楸(qiū)桐负日——楸:落叶乔木,叶似桐,夏开花。桐:即梧桐。负日:遮住日光。《水经注》多此用法。如本书《八公山》篇"长林插天,高柯负日"即是。

⑯俯仰目对鱼鸟——意即俯视游鱼,仰观飞鸟。

⑰水木明瑟——水明木瑟。句法有如"林渊锦镜""风泽清旷"。谭元春说:"'明'字连'瑟'字,意颇深密。"

⑱濠梁之性,物我无违——《庄子·秋水》篇:"庄子与惠子游于濠梁之上。庄子曰:'儵鱼出游从容,是鱼之乐也。'惠子曰:'子非鱼,安知鱼之乐?'庄子曰:'子非我,安知我不知鱼之乐?'"二人展开了一场辩论。此后人们常借用这个典故,说明观游鱼之乐,忘却物我之别,人和自然融为一体。

⑲西郭——西边的外城。

⑳陂水——指左水,又名历水,出历祠下泉,与泺水同入鹊山湖。

㉑历祠下泉——疑即前文所谓舜井。郭缘生《续述征记》认为此井与城西南涌泉相通。历祠:疑指历山舜祠。

㉒泉源竞发——指众泉竞相奔涌之奇观。济南城多泉水,因有泉城之称。其中著名的除趵突泉外,尚有珍珠泉、黑虎泉、濯缨泉、金线泉、跑马泉等七十二处。近年来抽取地下水过量,许多名泉今已无水。

㉓流杯池——凿石为曲水以浮杯,游客随流取饮,故号流杯池。北京故宫、中南海、潭柘寺和河北承德避暑山庄、浙江绍兴兰亭内皆有遗址。济南流杯池在今大明湖南曲水亭街。

㉔州僚宾燕——州郡官僚宴请朋友宾客。燕:同"宴"。

㉕公私多萃其上——公:指官府。私:指百姓。萃:聚集。

㉖右水——指历水枝津。

㉗听水——杨守敬按:"《齐乘》:听水即今响河。(清)《一统志》文:在历城县东北二十里。"见《水经注疏》750页。

㉘泺口——即今济南市东北二十里洛口,为泺水入古济水(此段古济水即今黄河)之口。居民筑堰以分其流,故亦称堰头镇、下泺镇、泺

口镇。

㉙华不（fū）注山——也叫华山、金舆山、靡笄山，在今济南市北。从大明湖上遥望，其山峰若在水中。旧时亦曾与大明湖、趵突泉合称历下三大名胜。有金牛洞、回车涧等古迹。春秋时齐晋鞌之战即发生在此山附近。

㉚单椒秀泽——单椒：孤峭的山峰。椒，山巅。秀泽：秀丽而有光泽。

㉛不连丘陵以自高——周围无山陵相连，独自高耸。

㉜虎牙桀立——像老虎的牙齿一样尖锐突出。唐杜佑《通典》说："华不注山直立如笋。"明王思任《游历下诸胜记》说："华不注、大明湖、趵突泉，济南之三誉也。而华不注虎齿刺天，肥而锐。"

㉝孤峰特拔以刺天——孤峭的山峰拔地而起，仿佛要刺破青天。

㉞青崖翠发——青色的山崖焕发着翠玉般的光彩。李白曾有诗形容此山："兹山何峻秀，青翠似芙蓉。"

㉟望同点黛——看上去像在天幕上点染一笔青黛的颜色。朱之臣认为以上二句是"赋中极工语"。钟惺称赞说："小赋中有此数语，便觉通篇警妙。"

㊱京相璠《春秋土地名》——京相璠：西晋人，著名地图学家裴秀的门客。《春秋土地名》：京相璠所著的一部解释《春秋》地名的书，已佚。

㊲华泉——据李鑫教授函告，此泉今已干涸。其旁原有华阳宫，已废。泉旁山下野草蔓生如旋螺，俗云晋国郤克逐齐侯兵车绕曲所致。

[今译]

济水又流向东北，泺水汇入。泺水发源于历城县旧城西南，源头有一眼泉水，不断向上冒水，有如车轮翻滚。《春秋·桓公十八年》记："鲁桓公会齐侯于泺水"，就是此水。民间称之为娥英水，因为泉源有舜妃娥皇女英庙的缘故。城南对着历山，山上有舜祠，山下有个大洞穴，叫作舜井。或许与茅山的禹井相类似，皆出于传说吧。《尚书》记载"舜耕于历山"，也说是在这里，具体情况不详。

济水北面是大明湖，西面是大明寺。大明寺东、北两侧临湖，这水便成佛教徒的净地。池上建有客亭，亭左右种植楸树和梧桐，林荫遮蔽日光，俯视游鱼，仰看飞鸟，湖水明静，林木萧瑟，有庄子濠梁之游的情趣，外物与自我融合，两无违碍了。从大明湖经过引水渠向东流，入西城城郭，向东到历城之西，然后侧过城墙，北注入陂水。陂水上头承接东城的历祠下泉，泉源争涌。这条水又向北流，经历城东。又向北，引水成为流杯池，州里官僚宴请宾客，无论官府或者民间，大多集中在这里。到此又分为二水，右水（即历水枝津）向北流出，左水向西径历城北，西北是陂池，叫作历水，与泺水汇合。又向北流历水枝津上口在历城东边承接历水，向东北流经东城，而后向西北出城郭，又向北流，注入泺水。又向北流，听水从此分流而出。泺水又北流，注入济水，汇流处称为泺口。

济水又向东北，有华不注山，孤峭的山峰，秀丽而有光泽，周围没有山陵相连，独立高耸；像老虎牙齿般尖锐突出，孤峰挺拔直刺青天。青色的山崖发出翠玉般的光辉，远远望去，如同在天幕上点染一笔青黛的颜色。山下有华泉，所以京相璠《春秋土地名》说："华泉，是华不注山下的泉水。"

[解说]

大明湖是我国著名风景区之一，唐时名历水陂、莲子湖，宋时名西湖，金元时称大明湖。在今山东济南市西北隅，为小清河上源，原占全城三分之一，由许多泉水汇集而成。湖光浩渺，水平如镜，附近有千佛山、趵突泉，湖区有历下亭、汇泉寺、汇陂楼、北极阁、南丰祠、小沧浪亭明湖居、铁公祠等名胜古迹，备受历代文人游客赞咏。诗词不计其数，著名散文有：宋曾巩《齐州北水门记》，金元好问《济南行记》，明李裕《游济南大明湖记》、袁中道《大明湖记》、王思任《游历下诸胜记》，清王士禛《泛明湖记》、许宗衡《记大明湖》、姚鼐《游大明湖记》、宋恕《明湖记游》、吴友松《月夜游大明湖记》，近代林纾《明湖泛雨记》，以及德国汉学家卫礼贤（1873—1930）的《大明湖风光》等。可是由于大明湖长期没有得到治理，到20世纪30年代，据老舍的《大明湖之春》记："它既不大，又不明，也不湖。""而是用坝划开的多少块'地'。'地'外留着几条沟，游船顺沟而行，即是逛湖。"中华人民共和国成立后，经过多次疏浚整修，已成为闻名中外的园林式游览胜地。

郦道元此文是研究济南地方史的重要资料，大明湖的名称即第一次出现于此。作者对大明湖的景况作了具体的描述，"客亭"一段尤其富于诗情画意。1989年、1997年、2008年，笔者曾三次与朋友游览大明湖，观赏并讨论郦道元所记各处古今之变，留下的印象是大明湖越来越优美了。

[集咏]

　　唐杜甫《陪李北海宴历下亭》（摘句）："东藩驻皂盖，北渚凌青荷。海右此亭古，济南名士多。云山已发兴，玉佩仍当歌。修竹不受暑，交流空涌波。"

　　唐李白《华不注山》（摘句）："昔曾游历下，登华不注峰。兹山何峻秀，青翠如芙蓉。"

　　金元好问《趵突泉》："白烟消尽冻云凝，山月飞来夜气澄。且向波间看玉塔，不须桥畔觅金绳。"（指金线泉）

　　明王象春《大明湖》："万派千波竞一门，冈峦四合紫云屯。莲花水底危城出，略似镂金翠玉盆。"

　　清王士禛《郡城北路作》："齐州南北千峰绝，中有明湖一镜分。今日雪中更奇绝,华山云接鹊山云。"

大明湖对联:

"四面荷花三面柳,一城山色半城湖。"

"荷花如城月如斗,名流作主泉作宾。"

"佛脚清泉,飘飘飘飘,飘下两条玉带;源头活水,冒冒冒冒,冒出一串珍珠。"

历下亭对联:

"有亭翼然,纤尘不染;高山仰止,清光大来。"

"李北海亦豪哉,杯酒相邀,顿教历下古亭,千古入诗人咏歌;杜少陵已往矣,湖山如昨,试问济南过客,有谁继名士风流。"

八、清水、天门山

清水出河内修武县之北黑山①。黑山在县北,白鹿山②东,清水所出也。上承诸陂散泉,积以成山,南流,西南屈,瀑布乘岩,悬河注壑③,二十余丈,雷扑之声④震动山谷。左右石壁层深,兽迹不交⑤。隍中散水雾合⑥,视不见底。南峰北岭,多结禅栖之士⑦;东岩西谷,又是刹灵之图⑧。竹柏之怀,与神心妙远⑨;仁智之性,共山水效深⑩,更为胜处也。其水历涧流飞,清泠洞观⑪,谓之清水矣。溪曰瑶溪,又曰瑶涧。

…………

有丁公泉⑫,发于焦泉之右⑬,次东⑭,又得焦泉。泉发于天门之左,天井固⑮右。天门山石自空,状若门焉,广三丈,高两匹,深丈余，更无所出，世谓之天门也。东五百余步，中有石穴西向，裁得容人。自平地东南入，径至天井⑯，直上三匹有余，扳蹑而升，至上平，东西二百步，南北七百步，四面险绝，无由升陟矣。上有比丘释僧训精舍⑰，寺有十余僧，给养难周，多出下平，有志者居之。寺左右杂树疏挺⑱，有一石泉，方丈余，清水湛然⑲，常无增减，山居者资以给饮。北有石室二间，旧是隐者念一⑳之所，今无人矣。泉发于北阜，南流成溪，世谓之焦泉也。

——《清水》

[注释]

①河内修武县之北黑山——河内：郡名，辖境相当今河南省黄河以北，京汉铁路以西地区。西晋后治所在野王（今沁阳市）。修武县：旧县名，在河南省北部，1960年并入焦作市。黑山：在今焦作市东，原修武县北。

②白鹿山——在河南修武县。隋卢思道《西征记》："孤岩秀出，上有石自然为鹿形，远视皎然独立，厥状明确，有类人工，故以白鹿名。"

③瀑布乘岩，悬河注壑——瀑布依顺山岩之势飞流倾泻，下注山沟。悬河：如河流倒悬，比喻倾泻不止。朱之臣评："乘岩，即《汉书》'乘城'意，《淮南子》'乘襄而流'是也。近见豫章本改作'垂岩'，俗子擅易古文，良可憎恶。"

④雷扑之声——瀑布声如雷击。雷扑：雷击、雷鸣。

⑤兽迹不交——兽类足迹所不曾至。交：接触。

⑥隍中散水雾合——沟壑之中许多山泉喷洒如雾汇合。隍：壑。雾合：喷洒如雾而下落汇合。陈仁锡评："动水，寂水，散水，俱在指掌。"

⑦多结禅栖之士——意即聚集着许多皈依佛教的僧人。结：集结，聚集。禅栖之士：指佛教徒。

⑧又是刹（chà）灵之图——刹灵：指佛寺。图：浮图，宝塔。

⑨竹柏之怀，与神心妙远——意思是像竹柏那样清高拔俗的胸怀与禅思静虑的心志相得而更加深妙。妙远：深远。

⑩仁智之性，共山水效深——是说仁智之士对山水之乐的情性与自然山景水情结合而更见幽雅。语出《论语·雍也》："子曰：'智者乐水，仁者乐山。智者动，仁者静。智者乐，仁者寿。'"

⑪清泠洞观——清凉澄澈，洞察一切。

⑫丁公泉——据《辉县志》："丁公泉在县西五十里，东过蔺桥，入卫河。"

⑬焦泉之右——据《辉县志》："焦泉在县西六十里，灌田数十顷。"右：指南面。

⑭次东——再往东。杨守敬认为："东当作西。"

⑮天井固——天井：指四壁直立、形如深井的地方。下文所说"天井"，也就是天井固。固：当作"崮"。

⑯径至天井——径：直接。据《太平御览》卷四十五《地部·天门山》条引《水经注》："天门山俗谓之百家岩，下可容百家，故以为名。山有石穴，状如门，才得通人，自平地东南入，便至天井。"此段文字不见于今本，可能是佚文。又据明人李濂《济源游记》："修武之北五十里，有曰百家岩者，以岩首稍平，可容百家也。"其上有寺，有泉，风景与郦道元所记相近，似乎是同一个地方，而且从辉县（今辉县市）看，正在其西北。

⑰比丘释僧训精舍——比丘：通常指和尚。释僧训：一位高僧的名字。和尚无姓，往往在名前冠以"释"字，表示为佛教僧徒。精舍：僧

道居住或讲道说法之所，有时也泛指书斋和讲堂。据李濂《济源游记》，此寺"土人谓之百家岩寺，创于高齐，唐稠禅师益拓大之，台殿寮宇咸壮丽"。可能北魏时已初具规模。

⑱杂树疏挺——戴震改"挺"作"颂"。杨守敬说："挺字诚不可解，戴不以为讹，而改作颂，是据何书？亦不可解，此必（永乐）大典本之讹文。"我认为，"疏挺"非不可解，疏挺即稀疏挺拔之意。朱之臣评赞说："'疏挺'二字森然。"

⑲湛然——水澄清的样子。据李濂《济源游记》："泠然自山而下，溅溅有声，穿佛殿之础，流入僧厨者，玉女泉也。一泓湛然，影沉沉绀寒，在佛殿之后者，明月池也。"玉女泉、明月池今尚存。

⑳念一——在道家思想体系中，"一"即"道"，《老子》说："天得一以清，地得一以宁……王侯得一以为天下贞。"念一：即修道。

[今译]

清水源出河内郡修武县北之黑山。黑山在县之北，白鹿山之东，即清水所出处。清水上接许多湖泊和分散的泉水，积聚而成河流。向南流，再向西南折流。瀑布依顺山岩悬垂，下注山壑，如同河水倒悬，高二十余丈，声如雷击，震动山谷。清水左右，石壁高而深，野兽所不能至。山壑之中，散开的水喷洒如雾而下落汇合，深不见底。南峰北岭，集结许多修禅之士；东岩西谷，显现一处处宝塔寺庙。像竹柏那样清高拔俗的胸怀，与禅思静虑的心志相得而更加深妙；仁人志士欣赏山水之乐的情性，与山景水态结合而更见幽远，实为形胜之处也。这条水经历山涧，奔流如飞，清凉澄澈，一眼看到水底，所以名叫清水。这条溪又叫瑶溪，又名瑶涧。

…………

有一处叫丁公泉，发源于焦泉的南边。再往东，又到了焦泉。焦泉发源于天门山的北边，天井崮的南边。天门山有巨石，自然中空，形状像门，宽三丈，高八丈，深一丈有余，再没有出口，世人叫作天门。天门之东五百余步，中间有石洞朝西，才可容一人。从平地东南进山，走到天井崮，直上十二丈有余，攀崖蹑足而登，到上面是平顶，东西二百步，南北七百步，四面高峻，没有路可上。顶上有释僧训住持的寺庙，庙中有十余位僧人，给养难以满，许多僧人离开此寺下山到平地区，有坚定意志的修行者住下来。寺庙左右各种树木稀疏、挺拔，有一眼石泉，一丈见方，泉水澄清，经常保持不增不减，在山上居住的人赖以饮用。其北有石室二间，从前是隐居者修道之处，现在没有人了。泉水发源于天门山北岭，南流成溪，世人叫作焦泉。

[解说]

　　清水，古水名，其上游即今河南卫辉市以上卫河，汉魏以前在今淇县（朝歌镇）南入黄河。晋后改道，东会淇水入白沟。隋后自新乡以下河道成为永济渠的一部分，清水之名渐废。文中提到的白鹿山，即天门山之东峰，其东即清水之源。隋唐时名士翟良佐、杜鹏举、卢藏用等曾隐居此山。天门山是太行山的支脉之一，在河南修武县北部，又名云台山、石门山、林虑山、苏门山，自古即为豫北名胜地。据元代许有壬《林虑记游》，他曾经在该地区游览九天，行程四百里，所记述的景观极为丰富。现在该地区是豫北著名的风景区，被国家旅游局评为AAAAA级。区内有许多山涧、峡谷、瀑布、名泉、奇石、洞穴、寺庙等。例如：泉瀑峡中有落差三百一十四米的"云台天瀑"；青龙峡中的"五级瀑"；小寨沟内更是"三步一泉，五步一瀑，十步一潭"，沟内还有水帘洞、蝴蝶石、不老泉、唐王试剑石等。本文第二段所描写的情况，明人李濂认为就是后来的百家岩，相传是竹林七贤隐居之地，至今还有"孙登啸石""刘伶醒酒台""嵇康淬剑池"等遗迹。附近寺庙有万善寺、明月寺、百岩寺、崇明寺、西瀛观、崇阳阁、玄帝宫等。泉水有明月泉、王烈泉、玉女泉。洞穴则有观音洞、石青洞、药王洞等。(参见1986年版《修武县志》) 2009年10月，笔者曾随同中国社会科学院学者们到此地考察，在夹壁的峡谷之中，有的游客故意高声呼喊，只听得回音返响在山谷中传扬。到这种境地，才领略到古人所称道的"苏门长啸"确是一种美学享受。

在第一段文字中，郦道元吸收了骈文的四六句法，描绘出一个情景交融、清幽意远的境界。幽静的山水，吸引禅客息心；隐现的塔寺，增添泉石雅趣。在和尚聚居之处，既可领略"竹柏之怀，与神心妙远"；又能体会"仁智之性，共山水效深"。这反映出当时儒释两家山水美学观的融合。这两句话概括精妙，为《水经注》研究者所重视，常被引用。下面一段，纯用散句，着重描天井崮上环境之艰苦与修道者的坚持，风格与前段有别。

[集咏]

唐冷朝阳《天门瀑布泉》："风激珠光碎，山欹练影偏。激流难起浪，凄凉一片泉。"

唐顾非熊《题马儒义石门山居》："寻君石门隐，山近渐无青。鹿迹入柴户，树身穿草亭。云低收药径，苔惹取泉瓶。此地客难到，夜琴谁共听。"

唐贾岛《阮籍啸台》："如闻长啸春风里，荆棘丛生访旧踪。地接苏门山近远，荒台突兀低高峰。"

宋晁冲之《怀苏门山》："昔在新中日，苏门岁一游。石连沙凿凿，水绕竹悠悠。丘壑从兹得，江山及此不（与'否'音同）。吾衰思卜筑，城阙恨淹留。"

九、黄金台

濡水①又东南,径樊於期馆西,是其授首于荆轲处也②。濡水又东南流,径荆轲馆③北。昔燕丹纳田生之言,尊轲上卿,馆之于此④。二馆之域,涧曲泉清,山高林茂,风烟披薄⑤,触目怡情⑥,方外之士⑦,尚凭依旧居⑧,取畅林木。

濡水又东,径武阳城⑨西北旧堨。濡水枝流,南入城,径柏冢⑩西。冢垣城侧,即水塘也。四周茔城深广,有若城焉。其水侧有数陵坟,高壮,望若青丘⑪。询之古老,访之史籍,并无文证,以私情求之,当是燕都之前故坟也。或言燕之坟茔,斯不然矣。

其水之故渎⑫南出,屈而东转,又分为二渎。一水径故安城⑬西,侧城南注易水⑭。夹塘崇峻,邃岸高深⑮,左右百步,有二钓台,参差交峙,迢递相望⑯,更为佳观矣。其一水东出,注金台陂⑰。陂东西六七里,南北五里,侧陂西北有钓台,高丈余,方可四十步。

陂北十余步,有金台⑱。台上东西八十步许,南北如减⑲,高十余丈。昔慕容垂之为范阳也⑳,戍之,即此台也。意欲图还上京㉑,阻于行旅造次㉒,不获遂心㉓。北有小金台㉔,台北有兰马台㉕,并悉高数丈,秀峙相对,翼台左右㉖。水流经通,长庑广宇㉗,周旋陂浦㉘,栋堵咸沦㉙,柱础尚存,是其基沟,可得而寻。访诸耆旧㉚,咸言昭王礼宾,广延方士㉛,至如郭隗、乐毅之徒㉜,邹衍、剧辛之俦㉝,宦游历说之民㉞,自远而届者多矣㉟。不欲令诸侯之客，伺隙燕邦[36]，故修建下都[37]，馆之南垂[38]。言燕昭创之于前，子丹踵[39]之于后，故雕墙败馆，尚传镌刻之石，虽无经纪可凭，察其古迹，似符宿传矣。

——《易水》

[注释]

①濡（nuán）水——又名北易水，源出河北易县西北马头山南谷，东流汇南易水后注入拒马河。

②“樊於期馆西”二句——樊於（wū）期（jī）：战国末年秦国将军，因得罪秦始皇，逃亡至燕，燕太子丹厚遇之。荆轲谋刺秦王，谓樊於期曰：“愿得将军之首以献秦王，秦王必喜而见臣，臣左手把其袖，右手刺其胸。然则将军之仇报，而燕见凌之愧除矣。”樊於期遂自刎，授首于荆轲。荆轲乃得见秦王，献督亢之地图，图穷匕首见。荆轲引匕首以刺秦王，未中，被杀。事详见《战国策·燕策》。今有樊馆山，在易县西南，传说是樊於期授首荆轲处。

③荆轲馆——荆轲：战国时著名刺客，又称荆卿，事迹已见上注。据《太平寰宇记》卷六十七《易州》：“荆轲城在（易）县西九里，周回二里。”又《易州志》：“州西五里有荆轲山。”

④“昔燕丹纳田生之言”三句——燕丹：燕太子丹，燕王喜子，曾质于秦，后亡归，谋报秦仇，派荆轲刺秦王而未遂。秦怒攻燕，太子丹为燕王喜所斩。田生：即田光，太子丹曾与之密谋报秦，田光荐荆轲于太子丹，并自刎以激荆轲。事详见《战国策·燕策》。馆之：把他安置在客馆里。馆，在这里作动词用。

⑤风烟披薄——云烟披拂缭绕不去。薄：附着。

⑥触目怡情——观赏之后，心情愉快。朱之臣认为以上数句“小语

温丽"。

⑦方外之士——超脱于世俗礼教之外的人。

⑧凭依旧居——凭依：倚靠。旧居：指古迹。

⑨武阳城——故燕国之下都，燕昭王所筑，在今易县城东南。

⑩柏冢——指松柏丛生的坟地。

⑪青丘——青山。

⑫其水之故渎——指濡水支流之旧河道。

⑬故安城——在今易县东南，京广铁路有故安站。

⑭侧城南注易水——侧城：流经城侧。易水：这里指中易水，源出河北易县，东流与北易水汇合后，注入拒马河。

⑮夹塘崇峻，邃岸高深——水塘两岸，陡峭高深。

⑯迢递相望——远远地互相可以看得见。迢递：联绵词，辽远的样子。

⑰金台陂——湖泊名。在今易县东南，因附近有黄金台而得名。

⑱金台——即黄金台，传说有多处，宋时已有东台西台两说。后世咏赞甚多。

⑲如减：杨守敬认为："如减谓约略减之也。"

⑳"昔慕容垂"句——慕容垂：鲜卑族人，十六国时期后燕的建立者，公元384—394年在位。杨守敬引明本《十六国春秋》。"慕容评谋诛（慕容）垂，垂微服出邺，将趋龙城，至邯郸。少子麟，素不为垂所爱，逃还，以状告，垂之左右多亡叛。评白（慕容）㬨，遣西平公强率精骑追之，及于范阳。世子令断后，强不敢逼。垂乃散骑灭迹，傍南山，复还邺，隐于赵之显陵。"杨氏认为下文所言即指此事。范阳，郡名，三国魏置，治所在今河北涿州市，辖境相当于今北京市房山区以南，河北保定市以北，河北永清县以西地区。为范阳：当作"奔范阳"。

㉑上京——这里指龙城（今辽宁朝阳市），十六国时前燕在此建都，称上京。

㉒阻于行旅造次——碍于旅途匆忙。造次：当"匆忙"讲，此处指慕容垂逃奔范阳又被追逼得紧张窘困的那段经历。

㉓不获遂心——未能实现回到上京的心愿。

㉔北有小金台——据《太平寰宇记》卷六十七《易州》："小金台在易县南十五里，燕昭王所造，即郭隗台也。"

㉕兰马台——在易县东南。

㉖翼台左右——指小金台和兰马台分别位于金台左右，如鸟之两翼。翼：这里作动词用。

㉗长庑广宇——长长的廊屋，宽广的屋檐。宇：屋檐。

㉘周旋陂浦——周围萦绕着水池和河滩。陂：杨守敬《水经注疏》作"被"，依《太平御览》改。浦：水滩。

㉙栋堵咸沦——栋：栋梁。堵：墙壁。咸沦：全部沦落破败了。

㉚耆（qí）旧——这里泛指老人。耆：指六十岁以上的老年人。

㉛昭王礼宾，广延方士——昭王：燕王哙子。公元前315年，齐破燕，燕王哙被杀。公元前311年，燕昭王即位，招徕人才，改革政治。二十八年后，破齐雪耻。据《春秋后语》："燕昭王曰：安得贤士以报齐仇？郭隗曰：王能筑台于碣石山前，尊隗为师，天下贤士必自至。如其言，作台，以金玉崇之，号黄金山。"礼宾：礼敬宾客。广延：广泛延揽。方士：四方之才士。

㉜郭隗、乐毅之徒——郭隗：事迹见上注。乐毅：战国时燕国将军。闻燕昭王招贤，自魏往，公元前284年，率兵破齐，连下七十余城，封昌国君，后被谮奔赵。

㉝邹衍、剧辛之俦——邹衍：战国末期齐国人，先秦著名思想家，阴

阳学派的代表人物，曾游历魏、齐、燕、赵等国。剧辛：战国末期燕将，原为赵人，后奔燕，燕王喜时率兵击赵，后败被杀。一说为燕昭王时臣。俦：同辈人，这里指情况相同的人。

㉞宦游历说（shuì）之民——宦游：为求官而游历各地。历说：游历四方，向当权者出谋献策。

㉟自远而届者多矣——从远方来的人很多。届：至。《战国策·燕策》："昭王为（郭）隗筑宫而师之，乐毅自魏往，邹衍自齐往，剧辛自赵往，士争凑燕。"

㊱伺隙燕邦——窥测燕国可乘之机。

㊲下都——本文之前曾提到，武阳城为战国燕之下都。相传燕昭王所筑，今河北易县东南，有武阳台村，是其故址。已发掘，东西八公里，南北四公里。

㊳馆之南垂——安置在南面边境上。垂：同"陲"，边境。按：武阳故城，在燕之南鄙。

㊴踵——本指脚后跟，引申为追随。

[今译]

濡水又流向东南，经过樊於期馆之西，这里就是樊於期自刎后把头交给荆轲的地方。濡水向东南流，经过荆轲馆之北。从前燕太子丹接纳田光的建议，尊荆轲为卿，在此建馆招待他。上述二馆附近地区，溪流曲折，泉水清澈，山高林茂，云烟披拂缭绕，观赏此景，心情愉快。那些超脱于礼教之外的人士，凭吊和倚依这些古迹，在林木之间求得舒畅。

濡水又流向东，经过武阳城西北旧堤。有条濡水支流，向南流入武阳城，经过柏树丛生坟地之西。坟地在城边，靠近水塘。坟茔之墙高而宽，像座城的样子。此水之侧有数座坟陵，高大雄壮，看上去像青山。询问当地老年人，访查历史典籍，都找不到文字可证。依照我的认识推测，应当是燕国建都之前的古墓。有人说是燕国的坟茔，那是不对的。

濡水支流的旧河道向南流出，曲折而向东转，又分为两条水。一条水流经故安城西，经城侧之南注入易水。水塘两岸高峻，崇深，其左右百步，有二钓台，参差交错对峙，远远地互相可以望见，更加美观了。另一条水向东流出，注入金台陂。此陂东西六七里，南北五里。靠近陂边的西北有钓台，高丈余，方圆约四十步。

陂北十余步，有金台。台上东西八十步左右，南北稍减少些，高十余丈。从前慕容垂逃奔范阳时，在此地戍守，曾靠近此台。慕容垂打算回到龙城上京，途中遭到敌人追击，紧张窘迫，没有完成心愿。台北有小金台，其北又有兰马台，都有几丈高，秀出对峙，如鸟之双翼附于黄金台之左右。水流经直通过。从前那些长长的走廊，宽阔的屋宇，周围环绕着水池与河滩，一座座栋梁和墙壁，都沦落破败了，只有柱子的础石还存在，那些原来的屋基和水沟，如今还可以寻找到。访问此地老年人，都说从前燕昭王礼贤下士，广招四方人才。像郭隗、乐毅、邹衍、剧辛这样的人，为谋求官职游说各地的人士，从远方来到燕国的甚多。燕君不想让来自诸侯各国的客人打听燕国的秘密，寻找可乘之机，于是建武阳城为燕国下都，把客人安置在都城南边。据说是燕昭王创建于前，燕太子丹接着修筑于后。古旧的凋零墙壁和破败的馆舍，还流传着当年雕刻的石头。虽然没有经籍记载可以作为依据，考察这些古迹，似乎符合旧时的传说。

[解说]

今天的北京市以及河北省北部地区，在春秋战国时代属于燕国。燕昭王筑黄金台延揽天下贤士以图恢复国势，燕太子丹礼待荆轲谋刺秦王以报国仇的历史故事，在这一带广为流传。因而关于黄金台的故址也就产生了不同的记载和附会。晋孔衍《春秋后语》说在碣石山前，南朝梁任昉《述异记》说在幽州燕王故城中，隋《上谷图经》说在易水东南十八里，晋王隐《晋书》说故安县有太子丹黄金台。此外，在今北京市大兴区和河北保定市徐水区、满城区，定兴县皆有台以黄金命名。定兴县高里乡陈村西南，有黄金台旧遗址，明正德年间重修，万历年间复建昭王祠，后来逐渐荒废，1947年以后台基变为民宅，今唯存古井一口。学者认为，郦道元《水经注》所记在今易县东南，比较可靠。郦氏为范阳涿县（今河北涿州）人，对自己家乡的历史古迹是熟悉的，而且他曾经考察过。本文详细记述了有关的遗迹，描绘了濡水沿岸的不同风光，其中糅合了郦氏本人的感受和体会，兼具诗人的情致和学者的缜密。谭元春说它"文辩而有采"。

[集咏]

唐陈子昂《燕昭王》："南登碣石山，遥望黄金台。丘陵尽乔木，昭王安在哉！霸图怅已矣，驱马归复来。"

唐柳宗元《咏史》（摘句）："燕有黄金台，远致望诸君。嗛嗛事强秦，三岁有奇功。悠哉辟疆理，东海漫浮云。……"

宋苏轼《黄金台》："燕山不改色，易水无新声。谁知数尺台，中有万古情。"

佚名氏《咏史·黄金台》："北乘赢马到燕然，此地何人复礼贤。若问昭王无处所，黄金台上草连天。"

佚名氏《黄金台歌》（摘句）："燕王新筑黄金台，台上梧桐并醴泉。九垓云动曙色开，玉龙提携光照跃，千金马骨焚作灰。君不见，高祖辍洗敬狂客，亚夫行揖辨婴孩。宝剑双龙当际会，无使轻之生尘埃。"

易州十景：太岚烟岚、洪崖积雪、孔山星月、太宁叠翠、紫荆残月、易水秋风、雷溪春涛、候台清晓、金台夕照、狼山竞秀。[见明弘治十五年（1502）刊《易州志》]

十、阳城淀

博水①又东南,径縠梁亭南,又东径阳城县②,散为泽渚。渚水潴涨③,方广数里。匪直蒲笋是丰,实亦偏饶菱藕④。至若娈婉丱童⑤,及弱年崽子⑥,或单舟采菱,或叠舸折芰⑦,长歌《阳春》⑧,爱深《渌水》⑨。掇拾者不言疲,谣咏者自流响。于时行旅过瞩,亦有慰于羁望矣⑩,世谓之为阳城淀也。阳城县故城近在西北,故陂⑪得其名焉。《郡国志》⑫曰:"蒲阴县⑬有阳城"者也。今城在县东南三十里⑭。其水又伏流循渎⑮,届清梁亭⑯,重源又发。

——《滱水》

[注释]

①博水——今名九龙河,源出河北望都县境,东流至高阳入唐河。

②阳城县——古县名,其故治在今河北顺平县东南,北齐废。按:今河北清苑县西有阳城镇,在顺平县东南,或是其故址所在地。

③渚水潴(zhū)涨——湖水汇聚而增涨。潴:水汇聚。

④"匪直蒲笋是丰"二句——不止香蒲和芦笋丰饶,也到处盛产菱角。匪直:非但,不止。蒲:即香蒲,多年生草本植物,生长在水边或池沼内,叶细长而尖,可制席、扇等。偏:同"遍"。

⑤娈(luán)婉丱(guàn)童——相貌俊俏的儿童。娈婉:相貌俊秀。丱:古时儿童束发成两角的样子。

⑥弱年崽子——弱年:少年。崽子:男童。崽,今长江南北各地仍用

以称呼男孩，含有亲切的情味。

⑦叠舸折芰（jì）——并船同采菱角。芰：四角之菱，这里泛指菱角。

⑧《阳春》——指古代楚国歌曲，属于高级音乐。

⑨《渌水》——古曲名。这句与上句是较为工整的对偶句，与《阳春》对文互义。戴震改为"绿水"，显然因未明句意而失之武断。

⑩亦有慰于羁望矣——对羁旅思乡者也有所慰藉。钟惺评论这段文字说："每于小景细事，口角回翔，便觉无限。"

⑪陂——这里指阳城淀。阳城故城当在今清苑县阳城镇附近。

⑫《郡国志》——指司马彪《续汉书·郡国志》，梁刘昭将其补入范晔《后汉书》中。

⑬蒲阴县——即西汉之曲逆县，东汉章帝巡北岳，以曲逆名不善，因县在蒲水之阳，故改名蒲阴。故治在今河北顺平县东南。

⑭今城在县东南三十里——从上下文看，此处的"县"当指蒲阴县故治。

⑮伏流循渎——沿着沟渠潜流。

⑯届清梁亭——届：至。清梁亭：地名，又名清梁。

[今译]

博水又流向东南，经穀梁亭南，又东经阳城县，散开形成湖泊。湖水聚集增涨，方圆数里。其中不但香蒲芦笋丰富，而且也盛产菱角莲藕。至于那些相貌俊俏，头上束起角辫的孩子，未成年的少年儿童，有的单舟采菱，有的连船折芰，长时间地歌唱《阳春》之曲，沉醉于《渌水》之歌，使得采摘者乐而忘疲，歌唱者自然响应。此时过往行人看到这种情景，对羁旅他乡者也有所慰藉。世人称此地为阳城淀，阳城县故城近在西北，所以此湖便以阳城为名。司马彪《郡国志》说的"蒲阴县有阳城"，即此。

如今阳城故城，在蒲阴县城东南三十里。博水又潜流地下，循着沟渠，到清梁亭西北，其水又重出地面。

[解说]

  阳城淀故址，2013年新版《清苑县志》认为在今河北保定市清苑区西南阳城镇附近。据唐代的《元和郡县志》卷十八说："阳城淀在望都县东南七里，周围四十里，莞蒲菱茨，麋所不生。"它是一个很大的湖泊，北宋尚有记载，后来逐渐干涸，今已不可确指。望都县东北与清苑区西南相邻，所以，两种说法其实指的是一个地方。

  郦道元这篇短文虽不过百余字，却是《水经注》中精彩的片段之一。其重点在于描写了有似江南水乡盛产蒲笋菱藕的北方湖泊，还传神地再现了青少年男女劳动的身影和活泼的歌声，使整个文章充满勃勃生气。再衬以行旅的羁望，更显得动中有静，苦中有乐。与其他北方山水之雄奇壮观相比，此处别具轻柔妩媚之美。阳城淀地处郦道元所任冀州附近，由此可以推知，本文当出于直接体验，否则很难写得这样瞩目情深。

  由于阳城淀在宋以后已逐渐干涸，所以尚未找到历代文人题咏的作品。只有2013年新修的《清苑县志·艺文志》中，全文引述《水经注》关于阳城淀的这段文字，并用白话文加以赞美，文长不具引。

十一、云水洞

  圣水出上谷①——故燕地②，秦始皇二十三年置上谷郡③。王隐④《晋书·地道志》曰："郡在谷之头⑤，故因以上谷名焉。"王莽更名朔调也。水出郡之西南圣水谷⑥，东南流，径大防岭⑦下。

岭之东首山下有石穴⑧，东北洞开，高广四五丈，入穴，转更崇深⑨，穴中有水。耆旧传言：昔有沙门释惠弥者⑩，好精物隐⑪，尝篝火寻之⑫，傍水入穴三里有余。穴分为二⑬：一穴殊小，西北出，不知趣诣；一穴西南出，入穴，径五六日方还⑭，又不测穷深。其水夏冷冬温⑮，春秋有白鱼⑯出穴，数日而返。人有采捕⑰食者，美珍常味，盖亦丙穴嘉鱼⑱之类也。是水东北流入圣水。

圣水又东，径玉石山⑲，谓之玉石口，山多珉玉燕石⑳，故以玉石名之。其水伏流里余，潜源东出。又东，颓波泻涧，一丈有余，屈而南流也。

——《圣水》

[注释]

①圣水出上谷——圣水：即今北京市西南的大石河，下游称琉璃河，发源于房山区百花山霞云岭，于河北涿州市入拒马河。上谷：郡名，战国置。辖境相当今河北张家口、小五台山以东，赤城、北京市延庆区以西，及内长城和昌平区以北地区。杨守敬认为：圣水与上谷无关，"经文不知何时误为'圣水出上谷'。郦氏所见如此，故其注亦就上谷注之，而不能明驳经文之误"。

②故燕地——古代燕国之地。燕：周初分封的诸侯国，姬姓。地在今河北北部和辽宁西部，都蓟（今北京城西南），战国时成为七雄之一。

③秦始皇二十三年置上谷郡——实际上燕已置上谷郡，见《史记·匈奴列传》。秦始皇二十三年，相当于公元前224年，此时还称秦王政，其自称始皇帝在三年之后。

④王隐——字处叔，东晋人，博学多闻，晋元帝大兴初召为著作郎。

他在庾亮支持下，写成《晋书》，原书已佚。

⑤郡在谷之头——是说郡治沮阳（今河北怀来县东南）在郡的山谷之上游。郡：指郡治，而非指郡的辖境。

⑥水出郡之西南圣水谷——圣水谷：即今北京市房山区之圣水峪村。按：源出圣水谷之水，乃圣水支流，今称牤牛河，与圣水正源大石河不是同一条水。

⑦大防岭——亦作"大房岭"，即今北京市房山区大房山。

⑧石穴——又名孔水洞，今名云水洞，详见"解说"。

⑨入穴，转更崇深——入洞穴后曲折而行，更加高阔深邃。

⑩昔有沙门释惠弥者——沙门：梵语出家修道者之称，即和尚。释：佛号释迦，故称僧徒为释子，僧人以释为姓氏。

⑪好精物隐——精：用作动词，精研，探究。隐：几微，预兆，引申为奥秘。

⑫尝篝火寻之——曾经提着灯笼去探寻。篝火：本指用竹笼罩着的火，此指灯笼。

⑬穴分为二——今洞中只有一条通道，另一穴可能已崩塞。

⑭五六日方还——五六日才回来。如今参观云水洞，只需一个多小时可以出来。

⑮其水夏冷冬温——据明末刘侗、于奕正《帝京景物略》记，洞中尚有水流作声。今已干涸，全洞罕见水滴。

⑯白鱼——旧传此鱼为白龙所化。《大明一统志》卷一说："孔水洞在大房山东北，上有悬崖千余尺，下有石窟，阔二丈许。泉水从中涌出，深不可测，时有白龙出现，辄化为鱼。又尝闻音乐之声。"唐胡詹《孔水洞记》："尝有人篝火浮身探之，行五六日，莫究其源，但见仙鼠昼飞，赪鳞时现……泰（太）和中，忽有桃花流出，其瓣如当五钱许。"近经北

京市文物局实地考察，证实洞中无水流，不可能行船，绝无鱼类生存条件，也没有"仙鼠（蝙蝠）昼飞"。

⑰采捕——捕捉。朱之臣评："鱼说'采捕'亦新。"

⑱丙穴嘉鱼——丙穴：地名，在今陕西略阳县东南大丙山，与勉县接境。《水经注·沔水上》："襃水又东南，得丙水口，水上承丙穴，穴出嘉鱼，常以三月出，十月入地。穴口广五六尺，去平地七八尺，有泉悬注。鱼自穴下透入水，穴口向丙（南方），故曰丙穴。"

⑲玉石山——在今北京市房山区良乡镇西北，又名玉山。

⑳珉（mín）玉燕石——珉玉：稍次的玉石。或谓即今之汉白玉，为房山名贵石材。燕石：有花纹的似玉之石。

[今译]

圣水出于上谷郡，此处从前是燕国属地，秦始皇二十三年设置上谷郡。王隐《晋书·地道志》说："郡治在山谷之上游，因而以上谷为郡名。"王莽称帝时改名为朔调。圣水出于郡西南圣水谷，向东南流，经过大防岭下。岭的东头山下有石洞，门朝东北开，高度约四五丈，进洞穴后，曲折而行，更为高深，洞中有水。老人传说，从前有个和尚名叫释惠弥，喜欢探究事物的奥秘，曾经提着灯笼进洞寻找，沿着水流入穴，走了三里多。洞分为二：一个洞极小，向西北去，不知通到哪里；一个洞通向西南，进洞后，过了五六天才回来，无法测知深处的尽头。洞中的水夏天冷冬天温，春秋天有白色的鱼从洞中顺水而出，数日后又回到洞里。附近有人捕捞而食，味道鲜美胜过平常的鱼类，大概也与陕西略阳丙穴之鱼一类吧。这条水向东北流入圣水。

圣水又向东流，经过玉石山，叫作玉石口。此山多产珉玉燕石，所以名为玉石山。圣水在地下伏流一里多，潜伏地下的水源又在东边出现于地面。又向东，水流下泻，注入山涧，一丈有余，曲折而向南流。

[解说]

　　本文中所记"石穴",今名云水洞,或称孔水洞。在北京市房山区岳各庄乡西北上方山上。明蒋一葵《长安客话》卷五说:"上房山毗卢顶之右,有陡泉,望海峰,左有小摘星峰,极高。峰后有云水洞,奇邃殊甚。"清顾祖禹《读史方舆纪要》卷十一说:"又有孔水洞,在(大房)山之东北,今讹为云水洞。石窦如门,悬崖千尺,深不可测。"现在是京郊著名的游览胜地之一。上方山有十二峰、七十二庵、九洞。云水洞为九洞之一,民间多称之为水帘洞,是华北地区最大的溶洞。云水洞全长 620 余米,由一个狭长入洞廊道和 7 个洞穴组成。第一洞较大,长 50 余米,宽 40 余米,高 58 多米。第二洞有高达 37 米的擎天石柱,其傍有敲击作声的倒挂石钟。明刘侗、于奕正《帝京景物略》说:"秉炬而入……有黄龙、白龙盘水畔,焠炬其上,杖之而石声,取石左右击,得钟声、鼓声、木鱼声。"还有双狮斗牛、二龙戏珠、象驼玉瓶、十八罗汉听经等钟乳石,形象千姿百态。明袁宗道的《上方山四记》、曹学佺的《游房山记》,对洞中景物皆有具体的描述。附近还有朝阳洞、九迎洞、金刚洞、天王洞、华严洞等。有多处佛教建筑设施,大悲庵中有明代壁画,为难得的艺术珍品。后人题咏甚多。

　　郦道元这段文字,是关于云水洞的最早记录。云水洞地区经过近年修整之后,有旅游专线可达。我曾于 2009 年 10 月游览此洞,并未见到古人所描写的那么多奇形怪状之物,也未听说洞里有鱼。由于洞穴开发已有一千多年,洞中景物、水流有所变化,以及观察方位的不同,古今记述或有差异,这是可以理解的。

[集咏]

　　明曹学佺《游房山记》(摘录):"又下五里入洞,如一城。僧家依洞为窟,石床茅扉可掬。……寻缚枯藤为炬,鳞次而进。第一洞犹隐隐见影,二洞以内,即黯无光。三洞是一小窦,围可三四尺,深五六丈。伏地匍匐,束身蛇行。……入三洞,忽高广,燎炬不见顶。傍有一潭,石蜿蜒如双龙状,其中圆光如珠,于是取水焉。抵九洞,无路,有穴如井,入者后人蹑前人背。丈余,复空阔,但雾气瀸寒,履滑衣湿,不易前进。……十三洞约有六七里,洞中之石,玉白镜莹,铲为琉璃,逾寸明彻。其境之最著者,曰莲花山,片片如青莲瓣;曰龙虎,宛肖龙虎;曰长眉祖师,兀坐岩畔,眉修然垂;曰吕纯阳,俨然具道者衣冠;曰石塔,层层笔立;曰石钟鼓,叩之作钟鼓声。此非历三洞穿窦之苦,不能得也。又其最著者,曰须弥山,一山甚大,行良久难尽;曰雪山,焱如积雪,扣之如刺;曰万花楼,山之上有重楼焉,以雪为地,吐花如灵芝者数万朵;曰仙人侨,跨清溪而渡;曰十八罗汉,为修短欹正各状貌;曰接引幡,从顶倒悬,缥缈如拂。此非历九洞入井之危不得也。……"

十二、居庸关

漯余水①出上谷居庸关②东。关在沮阳③城东南六十里居庸界④,故关名矣⑤。更始使者⑥入上谷,耿况⑦迎之于居庸关,即是关也。其水导源关山,南流历故关⑧下。溪之东岸,有石室⑨三层,其户牖扇扉⑩,悉石也,盖古关之侯台⑪矣。南则绝谷⑫,累石为关址,崇墉峻壁⑬,非轻功可举。山岫层深⑭,侧道褊狭⑮,林障邃险,路才容轨⑯。晓禽暮兽,寒鸣相和⑰。羁官游子⑱,聆之者莫不伤思矣⑲。其水历山南,径军都县⑳界,又谓之军都关。《续汉书》㉑曰:"尚书卢植㉒隐上谷军都山㉓。"是也。其水南流出关,谓之下口㉔,

水流潜伏十许里也㉕。东流过军都县南，又东流过蓟县㉖北。

——《㶟余水》

[**注释**]

①㶟（Lěi）余水——据明万历《顺天府志》：㶟又作"湿"。"湿余水，昌平州东南六十里，出军都山，折而入潞河。"今名关沟，南流东折注入温榆河。

②居庸关——位于今北京市昌平区西北。关城为明洪武元年（1368）徐达所建，"土木之变"后重修。《读史方舆纪要》卷十："关门南北相距四十里，两山夹峙，下有巨涧，悬崖峭壁，称为绝险。"

③沮（jù）阳——古县名，治所在今河北怀来县东南，官厅水库附近，北魏时并入居庸县。

④居庸界——居庸县境。居庸县，西汉初设置，唐以后废。

⑤故关名矣——所以关以居庸为名。郦氏此说不确。按：居庸关之名始于战国；或谓起于秦始皇修筑长城时，将强征民夫士卒迁居于此，即所谓"徙居庸徒"；或谓因居庸山而得名。居庸县之设在西汉，关之命名不当在置县之后。下文"又谓之军都关"，恐亦非因县，而系因山得名。

⑥更始使者——指刘玄称帝后派往各地招降的使臣。"更始"为新末刘玄年号。刘玄本西汉远支皇族，王莽末年参加平林军，推为更始将军，后合入绿林军，公元23年称帝，年号更始，都长安。三年后为赤眉军所杀。

⑦耿况——东汉功臣耿弇的父亲。王莽时任朔调连率（即上谷太守），后归刘秀。据袁宏《后汉纪》："更始初立，遣使者徇诸国，先降者复爵位。上谷太守耿况出迎使者，上印绶。"又《后汉书·寇恂传》："更始使者徇郡国，恂从耿况迎于界上。"均未提及居庸关，郦说或别有所据。

水经注 | 59

⑧故关——旧关城。按：旧关城和边墙今已不完整，只是在关沟口的两旁山脊上，还可以看出城墙的痕迹。

⑨石室——杨守敬本作"石台"。朱谋㙔《水经注笺》作"石室"。下文有"户牖扇扉"，作"石室"是。

⑩户牖（yǒu）扇扉——这里泛指门窗。牖：窗。扉：门扇。

⑪侯台——瞭望警戒敌情的高台。侯：这里同"堠"。

⑫绝谷——山岩断裂而形成的山谷。

⑬崇墉（yōng）峻壁——高墙峭壁。墉：城墙。

⑭山岫（xiù）层深——山峦层叠深邃。岫：峰峦。

⑮侧道褊（biǎn）狭——岩侧之路狭窄。侧道：指岩侧之路或倾斜的山路。褊：狭隘。

⑯路才容轨——《说文义证》："两轮间者，谓八尺之道。"这句是说，道路极狭，刚能容下一辆车子通过。轨：两轮间的距离。

⑰寒鸣相和——和：读去声，应和。钟惺评赞说："非'寒鸣'二字，说不出相和之妙。"

⑱羁（jī）官游子——羁官：指旅居外地做小官而不得意的人。游子：离家远游的人。

⑲聆（líng）之者莫不伤思矣——聆：听。伤思：伤心。朱之臣评论说："杜诗'两边山木合，终日子规啼'，而人情之感在于言外。此注叙林障，叙禽鸟，又叙及聆之者不妨伤神，亦见诗文微异处。"

⑳军都县——古县名，汉置。故城在今北京市昌平区西。

㉑《续汉书》——西晋司马彪撰，原为八十三卷，已佚。其中八志三十卷由南朝梁刘昭抽出补入范晔《后汉书》中。

㉒尚书卢植——尚书：官名，东汉时为协助皇帝处理政务的官吏，隋唐以后权渐重。卢植：东汉涿县人，灵帝时任尚书，后因得罪董卓，隐遁

于上谷，刘备曾师事之。《后汉书》卷四十六有传，但未提到隐居军都山事，郦氏所据当是司马彪原本。

㉓军都山——一称南口山，在今北京市西北部。主峰为八达岭，内长城即沿山岭修筑。《太平寰宇记》卷六十九《幽州》："昌平县，本汉军都县。军都山，又名居庸山，在县西北十里。"

㉔下口——即今南口。居庸关有南北两个外围关口，岭北叫北口，岭南叫南口。

㉕水流潜伏十许里也——溪水在地下伏流十里左右。现在实际情况并非如此。

㉖蓟县——古县名，秦置，治所在今北京城西南。

[今译]

　　瀔余水源出上谷郡居庸关之东。居庸关在沮阳城东南六十里居庸县境内，所以名叫居庸关。史书上说，两汉末年，更始将军刘玄派使者进入上谷郡，郡守耿况在居庸关迎接，就是这座关了。这条水发源于关上之山，向南流，经过旧的关城之下。溪水的东岸，有石砌房屋三层，门窗都是石头做的，大概是古代瞭望敌情的侯台。溪水之南是陡绝的山谷，用石头垒成关城的基础。高墙峭壁，不是轻易的功夫可以完成的。山峦层叠深邃，倾斜的山路很狭窄。林木障蔽，深邃险阻，道路只能容纳一辆车子通过。早晨的鸟叫，黄昏时的兽鸣，互相应和。旅居羁留在外的官吏和远行之人，听到鸟兽鸣声莫不伤心，动起思乡的念头。这条溪水经过山南，再流经军都县境，所以此关又叫军都关。《续汉书》说："尚书卢植隐居于上谷军都山。"就是这地方。这条河向南流，出关口，那里叫作南口，溪水在地下伏流十里左右。向东流，经过军都县，再向东流经过蓟县北。

[解说]

　　居庸关是京北长城线上的著名古关城之一，始筑于战国，《吕氏春

水经注 | 61

秋·有始览》已将其列为九塞之一。古名军都关，北齐改为纳款关，唐称蓟门关。关城在八达岭长城脚下，两山夹峙，峭壁险绝，控军都山隘道（军都陉）中枢，与河北西部的紫荆关、倒马关，合称"内三关"，是华北平原通往塞外的咽喉，北京的门户。元郝经《居庸关铭序》说："中原能守，则为阳国北门；中原失守，则为阳国南门。故自汉唐辽金以来，常宿重兵，以谨管钥。"

关口在岗峦之间，山花野草，葱茏郁茂，登高远眺，碧波翠浪，景色幽美，因此被称作"居庸叠翠"，列为燕京八景之一。原来的通道十分狭窄，今天已有铁路和高速公路可以抵达。古居庸关关楼早已平毁，20世纪90年代重建，成为新的观光点。现在居庸关与八达岭合为一个风景区，一个在关沟西北，一个在关沟东南。

[集咏]

唐高适《使清夷军入居庸关三首》之二："古镇青山上，寒风落日时。岩峦鸟不过，冰雪马堪迟。出塞应无策，还家赖有期。"

金蔡珪《出居庸作》："乱石妨车毂，深沙困马蹄。天分斗南北，人间自东西。侧脚柴扉短，平头土舍低。山花两三树，笑煞武陵溪。"

元刘秉忠《过居庸关》："车箱来往若流泉，绝壁崭岩绮倚烟。限破中州四十里，凿开大路几千年。函关不谓平如地，蜀道无如险似天。万里挥鞭犹咫尺，谁能掌上保燕然。"

元陈孚《居庸叠翠》："断崖万仞如削铁，飞鸟不度苔石裂。嵯岈古木无碧柯，六月太阴飘急雪。寒沙茫茫出关道，骆驼但鸣黄云老。征鸣一声起长空，风吹草低山月小。"

元柳贯《居庸关》："云梯忽断山峻平，雾雾初寒林岭明。两都扼喉南北锁，九州通道东西行。巅崖巨擘凿佛屋，壁门遗筑关军城。当时苦诧天下险，一卒前临强万兵。"

清朱彝尊《出居庸关》："居庸关上子规啼，饮马流泉落日低。雨雪自飞千嶂外，榆林只隔数峰西。"

十三、桑干泉、天池

㶟水①又东北流，左会桑干水②。县西北上下③，洪源七轮④，谓之桑干泉，即索涫水⑤也。耆老云：其水潜承太原汾阳县北燕京山之大池⑥。池在山原之上，世谓之天池⑦，方里余。其水澄渟镜净，潭而不流⑧，若安定朝那之湫渊⑨也。清水流潭，皎然冲照⑩，池水曾无片草⑪。及其风箨有沦⑫，辄有小鸟，翠色，投渊衔出，若会稽之耘鸟⑬也。其水阳燠不耗⑭，阴霖不滥⑮，无能测其渊深也。古老相传言：尝有人乘车于池侧，忽过大风⑯，飘之于水，有人获其轮于桑干泉，故知二水潜流通注⑰矣。池东隔阜又有一石池⑱。方可五六十步，清深镜洁，不异天池。

桑干水自源东南流，右会马邑川水⑲。水出马邑西川，俗谓之磨川矣。盖狄语音讹，马磨声相近，故尔。其水东径马邑县⑳故城南。干宝《搜神记》㉑曰："昔秦人筑城于武周塞㉒内以备胡，城将成而崩者数矣。有马驰走一地，周旋反复。父老异之，因依以筑城，城乃不崩，遂名马邑。"或以为代之马城㉓也。诸记纷竞，未识所是。

——《㶟水》

[注释]

①㶟水——即今永定河。又称治水、清泉河、芦沟河、浑河、小黄

河、无定河，下流也叫桑干河。发源于山西代县累头山，由山西省东流，经过河北省、北京市，在天津市东流入海河。

②桑干水——即桑干河，流经当时的桑干郡，故名桑干水。桑干水与灢水在今山西应县西北白狼堆附近交汇，桑干水在北，故说"左会"。

③县西北上下——县：指阴馆县，故治在今山西代县西北。上下：或上或下，指不止一处。

④洪源七轮——洪：大。源：泉水。杨守敬据《名胜志》，认为"洪源七轮"，指桑干河上流七源：一、上源；二、玉泉；三、三泉；四、司马洪涛；五、金龙池；六、小卢；七、小浦。七泉合而为一，为桑干之源。又据《人民画报》1981年第3期报道：桑干河发源于山西朔州市东北三十五里神头泉，泉水由七十二眼组成，水温终年保持在10摄氏度左右。

⑤索（suǒ）涫（guàn）水——即桑干河。

⑥"其水潜承"句——潜承：暗接。太原：指太原郡，郡治在今太原市西南。汾阳：古县名，故城在今山西阳曲县城西北。燕京山：即山西管涔山，在山西静乐县东北，自静乐跨宁武县、岢岚县、朔州市，方圆数百里。

⑦天池——在今山西宁武县西南，又名马营海，面积不到一平方公里，平均水深十米，至今湖水清碧如镜。

⑧潭而不流——积聚而不流动。潭：名词用作动词。朱之臣评："摹写景物，每以单词取胜，读善长妙言要语，不欲其烦。"

⑨若安定朝那之湫渊——安定：郡名，十六国时郡治在今甘肃泾川县北。朝那：县名，故治在今宁夏回族自治区固原市东南。湫渊：湖名，在朝那县内，方圆二十公里，四山环抱，停水不流，冬夏不增不减，不生草木。此言天池与湫渊相似。

⑩皎然冲照——这是倒装句,连同上句是说:清水流入潭中,在阳光下银光闪闪。钟惺说:"妙语居要,苦不肯多,便觉奇文满楮。"皎然:洁白光亮的样子。冲:水注入曰冲。照:阳光照射。

⑪曾无片草——曾无:竟然没有。这句说,湖中没有一点点草叶。这种现象他处亦有,笔者1990年9月游广东湛江市湖光岩,该湖四周森林环抱,而湖中未见片叶。湛江师范学院的朋友说,怀疑为湖中磁场吸沉。

⑫风箨(tuò)有沦——风:风吹,名词用作动词。箨:竹笋的皮壳,这里泛指小草树叶。沦:微波,这里指水面因落下草叶而产生的波纹。

⑬若会稽之耘鸟——会稽:郡名,治所在今浙江绍兴市,因其东南有稽山得名。耘鸟:鸟名。耘,除草。据《水经注·渐江水》:"山上有禹冢,昔大禹即位十年,东巡狩,崩于会稽,因而葬之。有鸟来为之耘,春衔拨草根,秋啄其秽,是以县官禁民不得妄害此鸟,犯则刑无赦"。

⑭阳爆不耗——长期干旱而湖水不见消耗。

⑮阴霖不滥——久雨不止而不泛滥。此句与上句对举。

⑯忽过大风——他本"过"作"遇"。朱之臣说:"'过'字好。子美诗'身轻一鸟过'是也,俗本改作'遇',失古人用字之意矣。"

⑰故知二水潜流通注——杨守敬据《太平广记》引《洽闻记》:"燕原山与桑干泉通。后魏孝文帝以金珠穿鱼七头,于此池放之,后于桑干泉得穿鱼。犹为不信,又以金缕拖羊箭射着此大鱼,久之又于桑干河得所射箭。"即二水潜通之证。

⑱石池——天池附近有大小湖泊十五个,未知孰是。谭元春评这段文字说:"附此乃更佳。"

⑲马邑川水——河名,又名恢河,发源于山西宁武县之分水岭。马邑是地名,秦时筑城,汉置县,东晋废。马邑川水流经马邑南,故名。

⑳马邑县——即今山西省朔州市。

㉑干宝《搜神记》——干宝：东晋史学家、文学家，字令升，新蔡（今属河南）人。晋元帝召为著作郎。曾著《晋纪》，时称良史；又编集神怪灵异故事为《搜神记》。

㉒武周塞——武周：即武州，县名，故址在今山西左云县南。塞：要塞。武周塞是长城上的一处要塞。

㉓代之马城——代：即代郡，原是春秋时一个国家，为赵襄子所灭。郡治在今山西大同市东北。马城在大同市东北境内。据《搜神记》所记，该地亦有依马迹筑城之传说。

[今译]

㶟水又向东北流，北汇桑干水。阴馆县西北上下，有七处大泉水，叫作桑干泉，也就是索涫水。老年人说：此水暗接太原郡汾阳县北燕京山的大池。大池在山原之上，世人叫作天池。方圆一里有余。池水平静澄清，明洁如镜，聚积而不流动，如同安定郡的朝那湫一样。清水冲入潭内，在阳光照射下银光闪闪，池中竟然没有一片草。每当风吹落叶产生波纹，总是有翠色小鸟，飞向水面将它叼走，如同会稽禹冢上的耘鸟一样。池水遇长期干旱并不耗减，久雨不停也不泛滥，无法测量其深度。旧时老人传说：曾经有人乘车经过池傍，忽然过来一阵大风，把车子吹到水中。不久有人在桑干泉找到这辆车的轮子，由此得知天池之水与桑干泉在地下潜流相通连。天池东边隔着高冈，又有一处石池，方圆约五六十步，深而清，洁如镜，不亚于天池。

桑干水从源头向东南流，南会马邑川水。此水出自马邑西川，俗称磨川，或因北方少数民族发音有差错，"马"与"磨"读音相近，所以叫作磨川了。桑干水向东，经过马邑县旧城之南。干宝《搜神记》说："从前秦人在武周塞修筑城堡以防胡人侵扰，好几次城将要筑成又崩塌了。有匹马跑到一处地方，来回打圈子。当地父老觉得奇怪，于是依照马跑的路线筑城，城堡于是不再崩塌，因此叫作马邑。"也有人认为那传说是指代郡的马城。各种记述纷持异说，不知哪种说法正确。

[解说]

　　本文着重记述的天池，在今山西宁武县西南五十里的管涔山上，俗称祁连池，又名马营海，它是一个高原湖泊，为许多山泉汇聚而成。其特点：一是净，没有一片草叶；二是深不可测；三是无论旱涝水量不增不减；四是与桑干水潜通；五是有小鸟自动衔去草秽的神奇传说。隋炀帝曾到此巡游，建宫殿。旧时每年农历六月十五日，附近百姓在湖滨举办庙会。

　　郦道元对此湖饶有兴趣，旁征博引，考校比类，足可裨益智海。他多次从平城（今大同）南下，这个地区应是他亲身经历之路，所以情注笔端，真切动人。

　　中国各地号称天池者甚多。据《中国历史地名大辞典》（史为乐主编，邓自欣、朱玲玲副主编，中国社会科学出版社2005年出版）所记，古代有八处。其中最著名的有新疆天池，我于1996年参观过。在乌鲁木齐市东，博乐市西南，又名赛里木湖。元代著作《长春真人西游》说它："方圆几百里，雪峰环之，倒影湖中，师名之曰天池。"还有吉林天池，在吉林省东南，称长白山天池。白头山天池，我于1983年去过，是旧火山口所形成的高山湖泊。此外有广西昭平县北陀山天池、河南渑池县天池、四川奉节县天池、四川雷波县天池（亦称马湖）、四川宜宾市天池（又名凌波池）、四川江油市石人山天池、甘肃文县西北天魏山天池（又名洋汤池），还有浙江天目山天池、青海孟达山天池、云南中甸天池、内蒙古兴安盟阿尔山天池、贵州遵义博雅天池、海南乐东天池、北京延庆燕山天池、台湾高雄天池……这些天池如今多是旅游景点。

至于两水潜通现象和走马筑城的传说，在《水经注》和后世地方志书中记述颇多，其真实性尚待探讨。

[集咏]

唐贾岛《渡桑干》："客舍并州已十霜，归心日夜忆咸阳。无端更渡桑干水，却望并州是故乡。"

清秦雄褒《天池记》（摘录）："楼烦僻处北边，地极苦寒，而管涔山之天池，真天设之灵区也。汾为冀、并巨川，遍流晋境，直至西南汾阳入河。桑干亦为大川，流绕云中、雁门二郡，直达神京。二水之源，具浚于是，钟秀毓奇，不可限量。池周五里，水清若镜，泓亭澄静。临池憩息，气凝心静，上与天游。天地之气，翕能致僻，静能含动。向使兹池汹涌浩瀚，跳沫驰流，行一二百里，未必不竭，安能灏洋二三千里，通流河海哉！惟其静而有常，蓄之愈深，流之愈远，经险百折而不回也，履盛满而不盈也。君子于此可以观德矣。……"

十四、平城建筑

羊水①又东，注于如浑水②，乱流径方山③西。岭上有文明太皇太后陵④。陵之东北有高祖陵⑤。二陵之南有永固堂⑥。堂之四隅，雉列⑦、榭阶、栏槛及扉户、梁壁、椽瓦，悉文石也。檐前四柱，采洛阳之八风谷⑧黑石为之，雕镂隐起，以金银间云矩⑨，有若锦焉。堂之内外四侧，结两石趺张⑩，青石屏风⑪，以文石为缘，并隐起忠孝之容，题刻贞顺之名。庙前镌石为碑兽⑫，碑石至佳。左右列柏，四周迷禽暗日。院外西侧，有思远灵图⑬，图之西有斋堂⑭。南门表二石阙⑮,阙下斩山累结御路⑯。下望灵泉宫池⑰,皎若圆镜矣。……

一水⑱南径白登山⑲西。服虔⑳曰:白登,台名也㉑,去平城七里。如淳㉒曰:平城旁之高地,若丘陵矣。今平城东十七里有台,即白登台也。台南对罡阜㉓,即白登山也。故《汉书》称㉔:"上㉕遂至平城,上白登"者也。为匈奴所围处㉖。孙畅之《述画》㉗曰:"汉高祖被围七日,陈平㉘使能画作美女,送与冒顿。阏氏恐冒顿胜汉㉙,其宠必衰,说冒顿解围于此矣㉚。"……

其水又南径平城县故城东,司州代尹治㉛,皇都洛阳㉜,以为恒州㉝。水左有大道坛庙㉞。始光二年㉟,少室道士寇谦之所议建㊱也。兼诸岳庙碑,亦多所署立㊲。其庙阶三成㊳,四周栏槛,上阶之上,以木为圆基㊴,令互相枝梧㊵,以板砌其上㊶,栏陛承阿上圆㊷,制如明堂㊸,而专室㊹四户。室内有神坐,坐右列玉磬。皇舆亲降㊺,受箓灵坛㊻,号曰天师㊼,宣扬道式㊽,暂重当时㊾。坛之东北,旧有静轮宫㊿,魏神䴥四年㈤造,抑亦柏梁㈥之流也。台榭高广,超出云间,欲令上延霄客,下绝嚣浮。太平真君十一年,又毁之㈦。物不停固㈧,白登亦继褫矣㈨。

水右有三层浮图,真容鹫架㈩,悉结石也㈪。装制丽质,亦尽美善也㈫。东郭外,太和中,阉人宕昌公钳耳庆时㈬,立祇洹舍于东皋㈭。椽瓦梁栋、台壁櫺陛、尊容圣像㈮,及床坐轩帐㈯,悉青石也。图制可观,所恨惟列壁合石㈰,疏而不密,庭中有祇洹碑,碑题大篆㈱非佳耳。然京邑帝里㈲,佛法丰盛,神图妙塔㈳,桀崎相望,法轮东转㈴,兹为上矣。

其水自北苑南出,历京城内。河干两湄㈵,太和十年㈶,累石结岸。夹塘之上，杂树交荫。郭南结两石桥，横水为梁。又南，径藉田及药圃⑦西，明堂东。明堂上圆下方，四周十二户九室⑪，而不为重隅也⑫。室外柱内，绮井之下⑬，施机轮⑭，饰缥碧⑮，仰象天状⑯，画北道之宿焉⑰，盖天也⑱。每月随斗所建之辰，转应天道⑲，此之异古也。加灵台⑳于其上，下则引水为辟雍㉑，水侧结石为塘。事准古制，是太和中之所经建也㉒。

——《漯水》

[注释]

①羊水——今名得胜河，出平城县之西苑外武周塞。

②如浑水——今名御河，在山西大同市东北，南流至大同市东南注入桑干河。

③方山——在今山西大同市北。

④文明太皇太后陵——文明太后姓冯，北魏文成帝拓跋濬之后，献文帝拓跋弘之母，孝文帝元宏之祖母。据《魏书·文成文明皇后冯氏传》："太后与高祖（指孝文帝）游于方山，顾瞻川阜，有终焉之志。因谓群臣曰：'舜葬苍梧，二妃不从。岂必远祔山陵，然后为贵哉！吾百年之后，神其安此。'高祖乃诏有司营建寿陵于方山，又起永固石室，将终为清庙焉。太和五年起作，八年而成。"其陵又称永固陵，俗称祁皇陵。据2000年版《大同市志》，永固陵在大同市北25公里西寺儿梁山（俗称方山）南部，1976年曾发掘。现存封墓冢，封土高大，高22米，南北长117米，东西宽124米，墓室建于墓冢中心，由墓道、墓门、前室、甬道、后室组成，全长23米，主室长6.4米，宽6.8米，高7.3米。此墓曾遭破坏，残存有石门框、拱形门楣、虎头门石墩等实物。

⑤高祖陵——高祖：指北魏孝文帝。按：此陵实为虚宫。据《魏书·孝文帝纪》：高祖"太和二十三年崩，葬长陵"。长陵在今河南洛阳。又《魏书·文成文明皇后冯氏传》："初，高祖孝于太后，乃于永固陵东北里余，预营寿宫，有终焉瞻望之志。及迁洛阳，乃自表瀍西以为山园之所，而方山虚宫至今犹存，号曰'万年堂'云。"据2000年版《大同市志》，万年堂位于永固陵之北，1976年曾进行勘测，墓冢封土高13米，边宽60米，与永固陵结构相同，但略小。前室及甬道在"文革"中遭破坏，现残存后室，南北5.68米，东西5.69米，高6.7米。

⑥永固堂——即永固陵前之清庙，全部用石料筑成，故又称永固石室。太和五年建。

⑦雉（zhì）列——排列整齐的城上女墙。雉：女墙。

⑧八风谷——又称八凤山，在今河南登封市西。

⑨雕镂隐起，以金银间云矩——隐起：浮雕。间：间隔，引申为镶嵌。云矩：云形图案。

⑩趺张——一种石刻帷、帐，今云冈石窟及大同魏墓中多有。

⑪屏风——放在室内挡风或隔断视线的家具。一般用竹木制成，或单扇，或多扇。

⑫镌石为碑兽——用石头凿成碑及负碑之兽。据《魏书·文成文明皇后冯氏传》："高祖刊石立碑，颂太后功德。"

⑬思远灵图——即思远寺。（见《魏书·释老志》）灵图：即浮屠。浮屠，既指佛塔，又是寺庙之别称。据2000版《大同市志》，思远寺位于大同市北郊25公里西寺儿梁山（古称方山）前崖地之中部。该遗址南北长86米，东西宽55米，依南北高低地形建二层平台，第一层外侧有石墙，今仅存南墙。第二层平台上原建有佛塔，塔基实心，残高1—2米。

⑭斋堂——皇帝斋戒之所，又称斋宫。

⑮南门表二石阙——表：外。阙：门而无楣者，多以木石筑成高台，立于宫殿、祠庙或陵墓之前。

⑯斩山累结御路——斩山：劈山。累结：连结。御路：皇帝专用的路。

⑰灵泉宫池——在大同市北。据《魏书·文成文明皇后冯氏传》："太后曾与高祖幸灵泉池，燕群臣及藩国使人、诸方渠帅，各令为其方舞。"

⑱一水——熊会贞认为，此即如浑水正流。

⑲白登山——据2000年版《大同市志》，今在大同市东北9公里的马铺山，古称白登山，居御河东岸，是一座孤立的黄土山，周围10公里，高300米，山上建有白登台。

⑳服虔——字子慎，东汉荥阳人，曾任尚书侍郎、高平令、九江太守，《汉书》注者之一。下面的话见《汉书·韩王信传》注引。

㉑白登，台名也——《汉书·韩王信传》颜师古注："白登台在平城东山上，去平城十余里，今台犹存。"

㉒如淳——《汉书》注者之一，三国魏人，曾任陈郡丞。他的话见《汉书·韩王信传》注引。

㉓罡（gāng）阜——罡：同岗。阜：土山。

㉔《汉书》称——以下几句话，见《汉书·韩王信传》。

㉕上——皇上，原书中指汉高祖刘邦。

㉖为匈奴所围处——公元前200年，汉高祖刘邦亲率大军北进，抗击匈奴南侵，为匈奴冒顿单于骑兵围困于平城白登山。

㉗孙畅之《述画》——孙畅之：南朝宋人，曾官奉朝请，《隋书·经籍志》曾著录其《毛诗引辨》《毛诗序义》《述艺叙略》等著作，但未录其《述画》。《太平御览》卷七百五十九曾引用，《历代名画记》引作

《述画记》。

㉘陈平——汉初名臣。少时家贫，初从项羽，后归刘邦，多出奇计，惠帝、吕后时任丞相。吕后死，与周勃合谋，铲除诸吕集团，迎立文帝。

㉙阏（yān）氏（zhī）恐冒（mò）顿（dú）胜汉——阏氏：汉代匈奴称君主的正妻。冒顿：西汉初年匈奴君主的名字。阏氏害怕匈奴胜汉之后，得汉之美女而失宠。

㉚说冒顿解围于此矣——据《汉书·韩王信传》："上乃使厚遗阏氏，阏氏说冒顿曰：'今得汉地，犹不能居，且两主不相厄。'居七日，胡骑稍稍引去。"

㉛司州代尹治——司州：北魏置，治所在代郡平城。代：代都。尹：太守。治：治所。

㉜皇都洛阳——北魏太和十七年（493），孝文帝从平城迁都洛阳，故称皇都。

㉝恒州——太和中，改司州为恒州。

㉞大道坛庙——道教的神庙。谭元春很欣赏上面这段文字，评点说："满幅宏规丽制，匠石之谱，赋家之材。"

㉟始光二年——公元425年。始光：北魏太武帝年号。

㊱少室道士寇谦之所议建——少室：山名，在今河南登封市北。寇谦之：北魏时期著名道士。《魏书·释老志》记："世祖（太武帝）时，道士寇谦之，字辅真，南雍州刺史赞之弟，自云寇恂之十三世孙。始居华山，继居嵩山，始光初，举图箓真经，献之世祖。世祖遂起天师道场于京城之东南，重坛五层，遵其新经之制。"太和十五年（491），移道场于"南郡桑干之阴，岳山之阳，仍名为崇虚寺"。熊会贞按：此道场在大同县（今大同市）南。议建：提议修建。

㊲兼诸岳庙碑，亦多所署立——兼：连同。诸岳庙碑：指五岳庙中的

道教碑文。多所署立：大多是寇谦之所撰写、树立的。熊会贞按：嵩岳谦之碑尚存，华岳谦之碑虽毁，尚有拓本传世。

㊳三成——三层。

㊴以木为圆基——用木料做成圆形的基础。圆：杨守敬本作"员"，据戴震本改。

㊵互相枝梧——用梁柱斜撑使互相结合。

㊶以板砌其上——用木板砌在地面。此种建造法的实物在日本飞鸟时代建筑中常用，东汉画像石亦有此形象。朱之臣评："叙碑事极典。"

㊷承阿上圆——承阿：即上部屋顶。今民间称天花板为承尘。上部屋顶为圆形，正合明堂古制。

㊸明堂——古代天子宣明政教之处，凡朝会、祭祀、庆赏、选士、教学等大典，均于其中举行。

㊹专室——小屋。《淮南子·本经训》："民之专室蓬庐，无所归宿。"或谓"专"读如团，训为圆。专室即圆形之室。北京市古建筑研究所王世仁所长函告，专室是指该庙一所通敞的专用大房子，不像明堂有九室，而它只有四户，即四面各一门。明代所建北京天坛祈年殿即是如此。前面几句的诠释，也参考了王世仁先生的意见。

㊺皇舆亲降——皇帝乘车亲临。

㊻受箓灵坛——接受道教的神符于灵坛之上。《魏书·释老志》："真君三年，谦之奏曰：'今陛下以真君御世，建静轮天宫之法，开古以来，未之有也。应登坛受符书，以彰圣德。'世祖从之，于是亲至道坛，受符箓。备法驾旗帜尽青，以从道家之色也。自后诸帝，每即位皆如之。"

㊼天师——本为东汉张道陵的称号，后世多用以尊称道教首领，这里指寇谦之。

㊽道式——道法。

㊾暂重当时——一时间异常隆重。朱之臣评："'暂重'二字有书法。"

㊿静轮宫——寇谦之所建，故址今已不详。

(51)神䴥（jiā）四年——公元431年。神䴥：北魏太武帝年号。

(52)柏梁——指柏梁台，汉武帝元鼎元年（前116）建于长安。据《三辅黄图》说："以香柏为梁也。（汉武）帝尝置酒于其上，诏群臣贺诗，能七言诗者乃得上。"

(53)太平真君十一年，又毁之——据《魏书·释老志》："恭宗见谦之奏造静轮宫，必令其高不闻鸡鸣狗吠之声，欲上与天神交接，功役万计，经年不成。乃言于世祖曰：'……今谦之欲要以无成之期，说以不然之事，财力费损，百姓疲劳，无乃不可乎?'……世祖曰：'……吾亦知其无成，事既尔，何惜五三百功。'"可见当时宫尚未建成。太平真君九年，寇谦之卒，世祖旋悔而毁之。太平真君十一年：公元450年。

(54)物不停固——事物不会停止不前，凝固不变。朱之臣评："四字抵后人多少怀古诗。"

(55)白登亦继褫（chǐ）矣——继而又被白登宫所取代。褫：褫夺，引申为取代。据《魏书·明元帝纪》："泰常四年，筑宫于白登山。"

(56)真容鹫架——真容：真像，佛教用语，指佛的本来面目。这里泛指佛像。鹫架：佛座处。相传佛说法处有山如鹫，称鹫岭，故其居室亦称鹫室、鹫窟，坐处为鹫架。

(57)悉结石也——全部用石头垒成。据《魏书·释老志》："皇兴中，构三级石浮图，榱栋楣楹，上下重结，大小皆石，高十丈，镇固巧密，为京华壮观。"

(58)装制丽质，亦尽美善也——制作美观大方，尽善尽美。语出《论语·八佾》："子谓韶，尽美矣，又尽善也。"

(59)阉人宕昌公钳耳庆时——阉人：伺候皇帝的宦官。宕昌公钳耳庆时：即宦官王遇。《魏书·阉官传》：“王遇，字庆时，本名他恶……自云其先姓王，后改氏钳耳，世宗时复改为王焉。”“始遇与抱嶷并为文明太后所宠……迁散骑常侍、安西将军，进爵宕昌公。”“遇性巧，强于部分。北都方山灵泉道俗居宇及文明太后灵庙，洛京东郊马射坛殿，修广文昭太后墓园，太极殿及东西两堂、内外诸门制度，皆遇监作。”可见王遇是一位杰出的建筑设计师。

(60)立祇洹舍于东皋——祇洹舍：即祇洹精舍，为佛说法处。后来泛指寺庙。皋：山冈。陶渊明《归去来兮辞》：“登东皋以舒啸。”

(61)圣像——这里指佛像。

(62)床坐轩帐——床坐：指佛像的座位。轩帐：即垂挂于轩内的帷幔。轩，有窗栏的小室，此处用来供佛。

(63)所恨惟列壁合石——遗憾的是，只有四周墙壁用石块拼合而成。

(64)大篆——汉字形体的一种，狭义专指籀文，广义指甲骨文、金文、籀文和春秋战国时六国文字。此处指籀文。

(65)京邑帝里——指首都。

(66)神图妙塔——神奇巧妙的佛塔。图、塔：实为一物，析而为二，古书中多有此例。

(67)法轮东转——意即佛教从西方流传到东方。法轮：是佛法的别名，此处代指佛教。佛法能摧破众生之恶，如法王宝轮能碾摧一切，所以比作法轮。

(68)河干两湄（méi）——河干：河畔。湄：水边。

(69)太和十年——公元 486 年。

(70)藉田及药圃——藉田：天子亲耕之田，用以劝农事。药圃：种药的园子。

㉛上圆下方，四周十二户九室——古人认为天圆地方，筑室上圆以法天；下方以法地。十二户，法一日十二辰；九室，法九州。中间为大厅，四周共八室，四角四室每室二户。

㉒而不为重隅也——而不再在四角建角屋。重隅：指角屋。

㉓室外柱内，绮井之下——室外柱内：此处指八室之外的廊檐下。绮井：藻井，即天花板。

㉔施机轮——设置可以转动的机械。

㉕饰缥（piāo）碧——装饰淡青色的丝织物作为天幕。缥：青白色的丝织品。碧：碧落、碧虚。

㉖仰象天状——顶部象征天穹的形状。

㉗画北道之宿（xiù）焉——朱谋㙔认为，当作"画北辰列宿象"，北辰即北斗星座。列宿：指群星。

㉘盖天也——以上所饰即成为天空。

㉙每月随斗所建之辰，转应天道——北斗星每岁转一周，每月斗柄所指之星辰不同。室内机械转动，使图上之斗柄每月指十二户中的一户，与天体运行轨道相应。显然，这是一座古代天象馆。

㉚灵台——台名，用以观测天象。

㉛辟雍——本为西周天子所设大学，东汉以后仅为祭祀之所。

㉜是太和中之所经建也——经建：经营建造。据《隋书·牛弘传》，北魏明堂系李冲监造。

[今译]

　　羊水又向东流，注入如浑水。如浑水乱流而经方山之西。方山岭上有文明太皇太后陵墓。陵的东北，有高祖的陵墓。二陵之南，有永固堂。堂的四角，整齐地排列着女墙、台榭、石阶和栏杆，还有门扇、窗户、栋梁、墙壁、椽子、屋瓦，都是用有花纹的石料制成的。屋檐前的四根柱子，是采用洛阳八风谷的黑石做的。以浮雕刻成图案，用金银镶成云矩，如同锦绣一般。永固堂的内外四侧各砌有两座石刻帷帐和两座青石屏风，用文石为边缘，屏风上用浮雕刻出忠臣、孝子的图像和节妇、贞女的姓名。庙前雕塑石碑石兽，碑石极好。碑的左右植有一排排的柏树，四周阴暗，使得太阳被遮蔽，飞鸟迷失方向。院外西侧，有思远宝塔，塔西有斋堂。南门外有二石阙，阙下劈山连接御道。从山上下望灵泉宫池，水面皎洁，如同圆镜。……

有一条水向南经过白登山之西。汉代服虔《汉书注》说：白登是一座台的名字，离平城七里。据三国时如淳说：白登山是平城旁边一处高地，像丘陵一般。如今平城之东十七里有个台子，就是当年的白登台。台南面对着冈峦，那就是白登山。所以《汉书》说：高祖于是来到平城，上白登山。这就是汉高祖被匈奴围困的地方。南朝孙畅之的《述画》说："汉高祖被匈奴围困七天，大臣陈平让善于绘画的人作美女图，送给匈奴王冒顿。冒顿的妻子担心战胜汉王，冒顿得美女，对其恩宠必然衰减，就劝说冒顿解除包围，故事即发生在此处。"……

其水又南流经过平城旧城之东，那是司州代尹的治所，皇魏迁都洛阳后，以该地为恒州州治。水左边有大道坛庙，是始光二年，来自少室山的道士寇谦之设计建造的，连同岳庙中的道教碑文也多是由他撰写并竖立的。大道坛庙的庙阶有三层，四周有栏杆，上层台阶之上，用木料筑成圆形基座，使木料互相支撑，再用木板铺在上面。栏杆与阶石承接转角处，上部呈圆形，体制如同明堂正殿，圆形房子有四扇窗户，室内有神座，座右陈列玉磬。皇帝曾亲临此庙接受道教的神符于灵坛之上，尊称寇谦之为天师。他在这里宣扬道法，一时间异常隆重。坛庙的东北，旧时有静轮宫，魏神䴥四年造，也属于汉代柏梁台之类。台榭高广，超出云间，幻想上面可以延揽天上神仙做客，下面与喧嚣的尘世隔绝。太平真君十一年，拆毁此庙。事物不会停止凝固不变，此庙继后又被白登宫所取代了。

其水之右有三层宝塔，佛像和佛座都用石块砌成，制作装饰富丽，也可算是尽善尽美了。东郭之外东边的山冈上，有太和年间宦官宕昌公钳耳庆时所建佛寺。寺中的椽瓦、栋梁、台壁、栏杆、佛像、佛座及床帐，都是用青石雕刻制作的。其体制很可观，遗憾的是四壁用石料合成，疏而不密。庭院中祇洹碑，用大篆题写，书法不算好。但是在京城帝都之中，佛法盛行之时，各种寺塔，高耸相望之际，弘扬佛法东来，这样的建筑可算是上等的了。

其水从北苑向南流出，经历京城之内。河水两侧，在太和年间，用石块砌岸。夹着河塘之上，各种树木交错成荫。城郭之南连接两座石桥，横架水上。再往南，经过藉田和药圃之西，明堂之东。明堂上圆下方，四周有十二窗九室，不再在四角建角屋。室外的柱内和天花板之下，设置可以转动的机械，蒙着碧纱，仰望如同天空，画着北辰的星宿，这就成为天象了。每月随北斗星所指的时日，与天象相应而旋转，这就是与古代明堂不同之处。又在明堂上增建灵台，下面引水环绕，成为古代的辟雍，水边用石块砌成池塘。设计其事皆以古制为准，这些都是太和年间所建造的。

[解说]

　　平城，即今山西大同市。公元398年，北魏道武帝从盛乐（位于今内蒙古和林格尔境内）迁都平城。次年，在汉平城县基础上建宫殿，称平城宫。公元406年，在宫城之南建京城，主要由居民区和商业区组成，面积约20平方公里，又在京城与宫城之间建中央衙署和官吏宅邸。后来陆续建平城外郭，周32里，将衙署与京城包在一起。在南郭建明堂、圆丘和藉田。在城北方山，有冯太后的永固陵和文帝的寿陵（万年堂）。在武周山、方山兴建并开凿以云冈石窟为代表的一批窟寺，四郊还有庞大的高官、贵族墓葬群。据历史学家估计，当时平城人口近百万，是中国北方的

政治、军事、文化中心。(参看 2000 年版《大同市志》)

郦道元在平城仕宦多年，长期居住。《水经注·㶟水》对平城记述极其详备，举凡宫殿、楼台、观阁、庙坛、佛寺、园林、池沼、水流、桥梁、道路、陵墓等的兴废、规模和特点，刻绘得相当精细而准确，是有关平城建筑最可信的第一手材料。

本文摘录其中若干段，特别值得注意的是关于"大道坛庙"的木质建筑史料，它是中国最早的一批有史可考的道观。北魏太武帝受道士寇谦之的影响，曾灭佛兴道，平城佛寺，莫不毁夷。而寇谦之为道教所设计的"静轮宫"却投资巨大，高出云间，企图"上延霄客"，幻想请天上神仙下凡来相会，结果因工程浩大，没有完成而停工。太武帝死后不久，佛教又再度兴盛，建筑成果就是著名的云冈石窟。本段文字还记述了全部用石材建造的佛寺，以及"明堂"，其实际上是一座古代天文馆，其中有自动旋转的装置，模拟星宿运行。这些史料在中国科技史上具有重要的价值。

[集咏]

北魏王肃《悲平城》："悲平城，驱马入云中。阴山常晦雪，荒径无罢松。"

唐胡曾《咏史诗·平城》："汉帝西征陷虏尘，一朝解围议和亲。当时已有吹毛剑，何事无人杀奉春。"

唐李贺《平城下》（摘句）："饥寒平城下，夜夜守明月。别剑无玉花，海风断鬓发。塞长连白空，遥见汉旗红。青帐吹短笛，烟雾湿画龙。……"

清霍鹏《白登台怀古》："荒台犹著白登名，一望长沙万里明。尚想精兵围汉帝，翻怜奇计出陈平。云中冒顿曾鸣镝，塞下阏氏有废城。顾我筹边多古意，谁持铁骑复西征。"

无名氏《永固陵》："云中北顾是方山，永固名陵阆夜关。淑魂已消黄壤下，荒坟犹在翠微间。"

十五、火井、石窟寺

黄水①又东，注武周川②；又东，历故亭北，右合火山西溪③水。水导源火山，西北流。山上有火井④，南北六七十步，广减尺许，源深不见底；炎势上升，常若微雷发响⑤，以草爨⑥之，则烟腾火发。东方朔《神异传》⑦云："南方有火山焉，长四十里，广四五里，其中皆生不烬之木⑧，昼夜火燃，得暴风不猛⑨，猛雨不灭。火中有鼠，重百斤，毛长二尺，细如丝，色白，时时出外，以水逐而沃之⑩，则死。取其毛，绩⑪以为布，谓之火浣布⑫。"是山亦其类也。但卉物则不能然⑬。其山以火从地中出，故亦名荧台⑭矣。

火井东五六尺，有汤井⑮，广轮⑯与火井相状，热势又同。以草内⑰之，则不燃，皆沾濡露结⑱，故俗以汤井为目。井东有火井祠，以时祀祭焉。井北百余步，有东西谷，广十许步。南崖下有风穴⑲，厥大容人，其深不测。而穴中肃肃⑳，常有微风，虽三伏盛暑，犹须袭裘㉑，寒吹凌人㉒，不可暂停。而其山出雏乌，形类雅乌㉓，纯黑而姣好㉔，音与之同，缋采绀发㉕，咀若丹砂㉖，性驯良而易附。屮童㉗幼子，捕而执之，曰赤咀乌，亦曰阿雏乌。……

武周川水又东南流，水侧有石祇洹舍㉘，并诸窟室㉙，比丘尼㉚所居也。其水又东转，径灵岩㉛南。凿石开山，因崖结构㉜，真容巨状㉝，世法所稀㉞。山堂水殿㉟，烟寺相望㊱，林渊锦镜㊲，缀目新眺㊳。

——《漯水》

[注释]

①黄水——源出山西左云县南黄阜山下,东流注入武周川,今名七磨河,在山西大同市西。

②武周川——"周"或作"州"。水源出左云县西南溪谷中,东流注入浑水。据《乾隆重修大同府志》:"武周川,俗名十里河,源发塞外菱角海,由左云内城入朔平府北之杀虎口,东南经左云县云冈石窟南,注入御河。"即今廖家河。

③火山西溪——今名马脊梁沟。火山:地名,在今大同市西。关于本文所记火山,苏联学者列别金斯基所著《大同火山群》(1958年出版),认为不是死火山,而是休眠火山。我国学者曾予以反驳。(见《文物》1976年第2期《关于大同火山问题的座谈纪要》)

④火井——煤层自燃井口。列别金斯基据此认为大同火山尚在活动。我国科学工作者认为,本文所描述的现象属于煤层自燃,这一地区并无现代科学意义上的火山。(见《关于大同火山问题的座谈纪要》)

⑤常若微雷发响——大同矿务局蔡忠信工程师函告:这是由于煤层已经发火或温度很高,炎势就要上升,而产生自然抽空作用,加速空气对流而发出响声。1952年、1953年、1971年在大同矿区都曾发现井口冒出烟气,地下发出微雷响声的现象。(参见《文物》1976年2期报道)

⑥爨(cuàn)——本指烧火煮饭,这里的意思是点火。

⑦东方朔《神异传》——东方朔(前154—前93):西汉文学家,汉武帝时任太中大夫,性诙谐滑稽,善辞赋,后世关于他的传说甚多。《神异传》:即《神异经》,是后人托名于他的一部志怪之书,体例仿《山海经》。

⑧不烬之木——烧完后没有灰烬的木头。又叫不灰木，实为杂石。

⑨得暴风不猛——遇到暴风其火势并不更加猛烈。

⑩以水逐而沃之——拿水紧追着浇。沃：灌溉，引申为浇。

⑪绩——纺织。

⑫火浣布——即石棉布，用石棉织成，耐高温，可用火燃法除去布上污渍。并非如传说用火鼠之毛织成。浣：洗涤。

⑬卉物则不能然——花草之类却不能燃烧。卉物：指花卉类植物。然：通"燃"。

⑭荧台——即喷火井。荧：本指火光微弱。前秦王嘉《拾遗记》："连浑府姑衍州，遥火山西有火井，深不可见底。炎气上升，常若微雷，以草爨之，则烟腾火发，其山似火从地中发，故名荧台。"《拾遗记》原书早佚，这段文字似乎经过后人改动。

⑮汤井——蔡忠信先生函告：由于煤层裂缝尚未与自然区串通，煤层温度很高但尚未自燃，所以只往上冒气。

⑯广轮——地形东西曰广，南北曰轮。这里指汤井口的长度与宽度。

⑰内——同"纳"，投入。

⑱沾濡露结——沾濡：沾湿。露结：凝结成露珠。

⑲风穴——生风的洞穴。蔡宗信先生认为，很可能是一个小窑进风洞口。

⑳肃肃——形容空气寒冷。《庄子·田子方》："至阴肃肃。"成玄英疏："肃肃，阴气寒也。"

㉑袭裘——袭：衣上加衣。裘：皮衣。

㉒寒吹凌人——寒气侵人。朱之臣评下句"不可暂停"说："看其接叙之妙。"

㉓雅乌——即乌鸦。雅：通"鸦"。

㉔纯黑而姣好——全身皆黑而无杂色。一般乌鸦身黑而颈白,这种乌鸦的毛色与之不同。姣好:美丽好看。

㉕缋(huì)采绀(gàn)发——这句是说乌鸦的羽毛光泽鲜美,呈现出苍青色。缋:同"绘",色彩鲜艳。采:文采。绀:苍青色。

㉖咀若丹砂——嘴巴红得像朱砂。朱砂是一种药用矿物,呈朱红色。

㉗丱童——即幼童。见本书《阳城淀》注。

㉘石祇洹舍——即石筑寺庙。在大同市郊今吴官屯附近。

㉙并诸窟室——连同各石窟石室。云冈石窟现存洞窟五十三座(主洞二十一座),小龛一千一百多个,东西绵延约一公里。

㉚比丘尼——本指已受具足戒的女性,俗称尼姑。这里似乎泛指僧人。据《广弘明集》载,云冈"谷深三十里,东为僧寺,名灵岩,西头尼寺,各凿石为龛,容千人"。

㉛灵岩——此处实指武周山,又名武州塞、云冈,在今大同市西北十余公里处,北魏时筑有灵岩寺。

㉜因崖结构——凭借山崖构筑。从现存石窟推测,当时的建筑布局都是前建木构寺院,后接石凿窟室。

㉝真容巨状——佛像高大。据《魏书·释老志》:"沙门昙曜白帝(禀告高宗),于京城西武州塞凿山石壁,开窟五所,镌建佛像各一,高者七十尺,次者六十尺,雕饰奇伟,冠于一世。"云冈石窟现存大小佛像五万一千余尊。最大的高达十七米。昙曜所凿五窟,即今第十六至第二十窟,其中第十九窟释迦坐像,高16.8米。

㉞世法所稀——世界上一切事物中所罕见的。法:佛教概念,通指一切事物和现象。

㉟山堂水殿——山中之堂,水滨之殿。山指武周山,水指武周川。

㊱烟寺相望——香烟缭绕的寺庙互相可以看得见。形容寺院多而

相邻。

㊲林渊锦镜——林美如锦,渊清似镜。此句四字二喻。

㊳缀目新眺——目中印象难忘,眼界为之一新。朱之臣评:"四字劲甚,然不觉其尖。"

[今译]

黄水又向东流,注入武周川;又向东流,经过故亭之北,右合火山西溪水。此水发源于火山,向西北流。山上有火井,南北长六七十步,宽度至少一尺,其源头深不见底;有热气上升,常常像有轻微的雷声作响,拿小草去点燃,就冒烟着火。东方朔所著《神异经》说:"南方有火山,长四十里,宽四五里,其中生长着燃烧之后不成灰的树木。火焰日夜燃烧,刮狂风而火不猛,下大雨而火不灭。火中有老鼠,重约百斤,毛长二尺多,鼠毛细如丝,白色,时时走出井外,用水追赶浇它,就会死掉。取火鼠毛织成布,叫作火浣布。"武周川的火山也是东方朔所记一类,但是花草类植物在此则不会燃烧。这座山因为火从地中冒出,所以又叫荧台。

火井之东五六尺,有汤井,长宽与火井相同,热气也相同。可是把草木投入,并不会燃烧,仅在草木上沾满水珠如结露水,所以人们以汤井作为它的名称。井之东有火井祠,人们会按时祭祀。火井百余步外,有东西二谷,宽十余步。南崖下有风洞,其大小可以容纳一人出入,其深不可测。洞中常有微风,寒气萧瑟,即使在三伏炎热的夏天,进去还需衣上加衣再穿皮袍子,其中寒风吹拂刺人,停留一会儿就受不了。这座山上有一种雏鸟,形状像乌鸦,毛色纯黑,体型好看,鸣叫的声音与乌鸦相同,羽毛光泽鲜艳,呈现出苍青色,嘴巴红得像丹砂,性情温顺,容易接近。常被儿童们捕捉,叫作赤嘴乌,也叫阿雏乌。……

武周川水又向东南流,水边有石筑寺庙和许多石窟,是僧尼所居住的地方。此水又向东转,经过灵岩之南。此处凿石开山,依照山岩体势建构寺庙。其中佛像巨大，为世上所罕见。山上之庙堂，水边之佛殿，香烟与寺舍连绵相望。林如锦，渊如镜。观览此地景色，目中印象深刻，眼界为之一新。

[解说]

在这段文字中，郦道元记述了平城附近几种奇特的自然现象和人文景观。

一是关于"火井"的描述。我曾经查阅有关资料并专门致函向大同矿务局的专家请教，承蒙蔡忠信工程师复函见告：大同附近煤炭蕴藏丰富，《水经注》此处的"火井"，属于煤层自燃而形成的裂缝，不是活火山口，也不是像四川各地那种天然气井。其火力虽不大，但确是风吹不猛，雨淋不灭。只能点燃小草，不能点燃更粗大的植物。至于"汤井"，有人认为可能是天然蒸汽井，投以草木，不能燃烧，只能沾上蒸汽凝结成的水珠。此段文字稍后还提到"火山有石炭，火之热同樵炭"。"石炭"即煤，"樵炭"即木炭。郦氏的这些记载，对于研究大同矿区的地质构造很有历史价值。

二是关于全身纯黑的红嘴乌鸦。郦道元在《水经注》中时常随文考证，在此段文字之后，他饶有兴趣地详细分辨了各种不同毛色不同名称的乌鸦，并指出自恒山以北皆有赤嘴乌，文繁不具录。据说现在大同市马脊梁沟一带，还可以看到这种红嘴乌，可见郦氏当年的记录是准确的。

三是关于石窟的记载。虽然文字不多，却是世界文化遗产、我国四大石窟之一的云冈石窟的最早记录。云冈主要洞窟开凿于北魏迁都洛阳之前的四五十年，即和平元年（460）至太和十八年（494），这正是郦道元青少年时代，他曾长期居住平城，是这一伟大工程的目击者。此文比魏收所著《魏书·释老志》的记载要早几十年。史料价值弥足珍贵。

[集咏]

宋昱《题石窟寺》:"梵宇开金地,香龛凿铁围。影中群像动,空里众灵飞。帘牖笼朱旭,房廊挹翠微。瑞莲生佛步,宝树挂天衣。邀福功虽在,兴王代久非。谁云朔方外,更睹化胡归。"

胡文烨《游石窟寺》:"西林天竺迹,春日上方游。片石三千界,微臣四部洲。香花金粟现,钟磬白云悠。俯此群生动,何缘彼岸舟。"

王度《云岗佛阁》:"耸峰危阁与天齐,俯瞰尘寰处处低。亿万化身开绝巘,三千法海作丹梯。乾坤再辟雪初奋,海岳重光月指迷。我欲凌虚朝玉阶,好从灵鹫问金猊。"

上引三首诗见《大同市志》下册附《云中诗抄》,中华书局 2000 年出版。作者时代待考。

十六、碣石山

濡水①又东南,至絫县②碣石山。文颖③曰:"碣石在辽西④絫县,王莽之选武也。絫县并属临渝⑤,王莽更临渝为凭德⑥。"《地理志》曰:"大碣石山⑦在右北平骊成县⑧西南,王莽改曰碣石也。"汉武帝亦尝登之以望巨海⑨,而勒其石于此。今枕海有石如甬道⑩数十里。当山顶,有大石如柱形,往往而见,立于巨海之中,潮水大至则隐,及潮波退,不动不没,不知深浅,世名之天桥柱也。状若人造,要以非人力所就。韦昭⑪亦指此以为碣石也。《三齐略记》⑫曰:"始皇于海中作石桥,海神为之竖柱,始皇求与相见。神曰:'我形丑,莫图我形,当与帝相见。'乃入海四十里,见海神。

左右莫动手，工人潜以脚画其状。神怒曰：'帝负约，速去。'始皇转马还，前脚犹立，后脚随崩，仅得登岸，画者溺死于海，众山之石皆倾注⑬，今犹岌岌东趣⑭。"疑即是也。

——《濡水》

[注释]

①濡水——即今河北东北部的滦河。其上源闪电河出丰宁县，绕经内蒙古自治区东南，缘多伦县北，折向东南流，始称滦河。中游穿流燕山山地，下游在乐亭、昌黎两县之间入渤海。

②絫（lěi）县——古县名，故城在今河北昌黎县南。

③文颖——东汉人，字叔良，曾注《汉书》。下面两句话，见《汉书·武帝纪》元封元年注。

④辽西——郡名，秦汉时治所在阳乐（今辽宁义县西）。

⑤临渝——旧县名，治所在今河北北戴河西北榆关。

⑥凭德——旧县名。《水经注·大辽水》注说："白狼水西南巡山，径一故城西，世以为河连城，疑是临渝县之故城，王莽曰凭德者矣。"临渝故城凭德，在今辽宁义县。

⑦大碣石山——杨宁敬认为，即今河北昌黎县碣石山。有人认为或当另有小碣石山。

⑧右北平骊成县——右北平：战国燕置郡名，秦治无终（今天津市蓟州区），汉以后治所屡迁。骊成县：古县名，西汉属右北平郡，东汉废。

⑨汉武帝亦尝登之以望巨海——《汉书·武帝纪》：元封元年，"行自泰山，复东巡海上，至碣石，自辽西历北边九原，归于甘泉"。

⑩枕海有石如甬道——枕海：靠海。"枕"在此处作动词用。甬道：两旁有墙的通道。

⑪韦昭——三国时吴人,孙皓时领国史,以持正不阿为皓所杀。曾注《孝经》《论语》《国语》《汉书》。

⑫《三齐略记》——晋时伏琛撰,原书已佚,今存者为后人辑本。

⑬倾注——倒塌坠落。

⑭岌(jí)岌东趣——岌岌:很危险的样子。东趣:朝东倾斜。趣,同"趋",向。

[今译]

濡水又向东南流,至絫县碣石山。东汉文颖说:碣石山在辽西絫县,王莽时改为选武县。后来絫县并入临渝,王莽后又改临渝为凭德。《汉书·地理志》说:"大碣石山在右北平郡骊成县西南,王莽时改为碣石县。"汉武帝曾经登碣石山以望大海,并刻石于此。如今靠海处有长石,像甬道,长数十里。登山顶望有大石,形状像柱子,立于巨海之中,时常显现,潮水大时就淹没了,等到潮退之后,它不动也不被淹没,不知其深浅,世人称之为天桥柱。样子像是人工所造,实非人力可成。三国时韦昭也指认此地就是碣石。《三齐略记》说:"秦始皇在海上造石桥,海神为他立柱,始皇要求与他相见。海神说:'我形貌丑陋,不要画我的形状,当与皇帝相见。'始皇乃入海四十里,见到海神。左右之人没有动手,有一工人偷偷地用脚画海神之像。海神发怒,说:'皇帝违背诺言,快走!'秦始皇转过马头就往回跑,马的前脚刚跳上岸,后脚所踩之处就崩塌了。始皇仅仅能够登岸,而后随的画工竟溺水死于海中。其傍诸山之石都倾斜,至今这些石头仍然岌岌可危地倒向东方。"有人怀疑书中的神话传说就发生在这里。

[解说]

"山不在高,有仙则名。"碣石山并不高大,可是因为有历代许多名王登临和离奇的神话传说而在历史上大有名气。秦始皇于公元前215年,汉武帝于公元前110年，曹操于公元207年，北魏文成帝于公元458年，北齐文宣帝于公元553年，唐太宗于公元645年……均曾东临碣石，以观沧海。毛泽东于1954年到秦皇岛北戴河，曾写下著名的诗句："往事越千年，魏武挥鞭，东临碣石有遗篇。萧瑟秋风今又是，换了人间。"然而，其山究竟何在？历来有不同说法。《中国历史地名大辞典》（史为乐主编，邓自欣、朱玲玲副主编，中国社会科学出版社2005年出版）主张，碣石山在河北昌黎县西北仙台山。该山距渤海约15公里，其主峰高约700米，主要景点有仙台顶、天桥柱、五峰山、龙潭洞、碣阳湖、水岩寺等。此外，还有些人主张：在河北乐亭县西南渤海中，在河北卢龙县，在山海关附近，在北戴河……（参见冯君实《"东临碣石"的"碣石"在哪里》，载吉林师范大学学报1978年第3期）其他地方（如河北藁城、辽宁朝阳、朝鲜平壤、广东陆丰等）名为碣石山的还有多处。郦道元《水经注》并未明确指认。除本段文字之外，书中其他地方亦有疑似的记述。本文转述《三齐略记》中的神话故事十分有趣，该书专记齐地，所谓"石桥"乃指山东威海市文登区之石桥。清人杨守敬认为，郦氏引此，仅作类比而已，并没有确指就发生在这里。

[集咏]

魏曹操《观沧海》："东临碣石，以观沧海。水何澹澹，山岛竦峙。树木丛生，百草丰茂。秋风萧瑟，洪波涌起。日月之行，若出其中；星汉灿烂，若出其里。幸甚至哉，歌以咏志。"

唐李世民《碣石望海》（摘句）："有形非易测，无源讵可量。洪涛经变野，翠岛屡出桑。芝罘思汉帝，碣石想秦皇。霓裳非本意，端拱自图王。"

唐刘叉《爱碣石山》："碣石何青青，挽我双眼睛。爱尔多古峭，不到人间行。"

明李攀龙《碣石篇》其一："碣石中怒，沧海北倚。元气吐合，若偃复起。长风相薄，波涛千里。悬跃冒颠，天汉外纪。地轴高标，毂转白日。与齐俱入，与汨俱出。慎甚至哉，歌以咏志。"

十七、洛阳华林园、白马寺

（谷水①）又东，历大夏门②下，故夏门也。陆机《与弟书》③云："门有三层，楼高百尺，魏明帝④造。门内东侧际城⑤，有魏明帝所起景阳山⑥，余基尚存。"孙盛《魏春秋》⑦曰："景初元年⑧，明帝愈崇宫殿，雕饰观阁，于太行、谷城之山⑨取白石英及紫石英⑩及五色文石，起景阳山于芳林园⑪，树松竹草木，捕禽兽以充其中。于时百役繁兴，帝躬自掘土，率群臣三公⑫以下，莫不展力。"山之东，旧有九江。陆机《洛阳记》曰："九江直作圆水，水中作圆坛，三破之，夹水得相径通⑬。"《东京赋》⑭曰："濯龙、芳林、九谷、八溪⑮。芙蓉覆水，秋兰被涯。"今也山则块阜独立，江无复仿佛矣⑯！

渠水⑰又东，枝分南入华林园，历疏圃⑱南。圃中有古玉井，井悉以珉玉为之⑲，以缁石⑳为口，工作精密，犹不变古，璨焉如新。又径瑶华宫㉑南，历景阳山北。山有都亭，堂上结方湖，湖中起御坐石也㉒。御坐前建蓬莱山㉓，曲池接筵，飞沼拂席，南面射侯夹席，武峙背山㉔。堂上则石路崎岖，岩嶂峻险，云台风观㉕，缨峦带阜㉖。游观者升降阿阁㉗，出入虹陛㉘，望之状鸟没鸾举矣㉙。其中引水飞皋，倾澜瀑布。或枉渚声溜㉚，潺潺不断。竹柏荫于层石,绣簿丛于泉侧㉛。微飙暂拂,则芳溢于六空㉜,实为神居矣。

……………

谷水又东,经白马寺东。昔汉明帝㉝梦见大人,金色,项有白光,以问群臣。或对曰:"西方有神,名曰佛,形如陛下所梦,得无是乎?于是发使天竺㉞,写致经像,始以榆档㉟盛经,白马负图,表之中夏㊱,故以白马为寺名。此榆档后移在城内愍怀太子㊲浮图中,近世复迁此寺。然金光流照,法轮东转㊳,创自此矣。"

——《谷水》

[注释]

①谷水:即今河南渑池县南渑水及其下游涧水,东流至洛阳市西注入洛河。

②大夏门——在洛阳市西北,汉代叫夏门,所以下句说"故夏门也"。

③陆机《与弟书》——陆机:西晋文学家,字士衡,吴郡华亭(今上海市松江区)人,祖逊、父抗,皆三国吴名将。太康末,与弟云同至洛阳,文才倾动一时,时称"二陆"。曾官平原内史,世称陆平原。《与弟书》今存35通。

④魏明帝——曹叡,文帝子,在位13年,曾大起宫苑。

⑤东侧际城——东边与城墙毗连。际:接。

⑥景阳山——魏明帝在华林园内所筑的假山,濒临谷水,景色优美。

⑦孙盛《魏春秋》——东晋孙盛撰著的编年史,记曹魏一代之史实。

⑧景初元年——公元237年。景初:魏明帝年号。

⑨太行、谷城之山——太行山和谷城山。谷城山:一名黄石山,在今

山东东阿县东北。

⑩白石英及紫石英——石英：矿物名，颜色不一，乳白色的称乳石英或白石英，紫色的称紫水晶或紫石英。

⑪芳林园——东汉宫苑名，在故洛阳城内之步广里。曹魏正始初，因避齐王芳讳，改称华林园。东魏天平二年（535）毁于兵灾。

⑫三公——东汉及魏晋时以太尉、司徒、司空合称三公，为共同负责军政的最高长官。

⑬"九江直作圆水"四句——九江：指景阳山东面人工开凿的九条小河。直：同"值"，遇。清华大学建筑系陈志华教授函告：这几句是说，九条小河相汇处成为一圆形水池，水中间筑成圆坛，形成环水（"圆水"），再筑三条堤分割水面，隔水可以相通连。

⑭《东京赋》——东汉张衡作，是其《两京赋》中的一篇。

⑮濯龙、芳林、九谷、八溪——濯龙：宫苑名，又名濯龙园，在洛阳西北角。九谷、八溪：皆养鱼池名。

⑯"今也山则块阜独立"二句——山：指景阳山。江：依上文当指九江。朱之臣评："殊有深感。"陈仁锡评："萧条是山川本色。"

⑰渠水——即谷水，自大夏门东支分入城。

⑱疏圃——即菜园，在华林园中。疏：与"蔬"通。

⑲悉以珉玉为之——完全用珉玉砌成。珉玉：似玉的美石。

⑳缁石——黑色的美石。缁：黑色。

㉑瑶华宫——宫殿以白玉建成，故名。

㉒"山有都亭"三句——都亭：原是秦汉时郡县所设维持地区社会治安与传邮的官衙馆舍，此处泛指厅堂亭阁。据《洛阳记》，当年洛阳有都亭二十四处。方湖：指天渊池。御坐石：三月三日御坐之处。在今洛阳市东汉魏旧城之北。

㉓蓬莱山——传说中的蓬莱，与方丈、瀛洲并称为三座神山。后用来泛指想象中的仙境。这里指筑于天渊池御座前的假山，北魏宣武帝所造。

㉔射侯夹席，武峙背山——射侯：箭靶。武峙：犹"雄峙"，形容森然屹立。

㉕云台风观（guàn）——云飘台上，风生观中，极言台观之高。观：楼观、宫观。

㉖缨峦带阜——如彩缕之峰峦，似长带之土山。以上二句为对偶句。

㉗阿（ē）阁——有四柱之阁。阿：屋栋。

㉘虹陛——似虹的弧形高阶。陛：升高之阶。

㉙望之状凫没鸾举矣——远远望去，游观者升降的形态，有如野鸭潜入水中，鸾鸟展翅飞翔。鸾：传说中凤凰一类的鸟。

㉚或枉渚声溜——或者曲折流经盘曲的小洲，水声圆润。枉：曲。朱之臣评点说："'声溜'，奇。"

㉛竹柏荫于层石，绣簿丛于泉侧——竹柏覆蔽在层层的山石之上，花草丛生于泉溪的近旁。绣簿：指各种花草。绣，华丽的画，这里指五颜六色的花。簿，花草丛生曰簿。

㉜微飙（biāo）暂拂，则芳溢于六空——微风偶尔吹拂，花草的清香充溢在四周和上下。飙：本指暴风，这里指风。六空：指四面上下六个方位。

㉝汉明帝——东汉第二位皇帝刘庄，公元58—75年在位。

㉞天竺——古印度别称，一名身毒。

㉟榆档——朱之臣认为，乃以榆木为经函。

㊱中夏——中原，华夏，当时指中国。

㊲愍怀太子——晋惠帝长子司马遹，后被贾后陷害，废为庶人。

㊳法轮东转——法轮：佛法的别称，佛教徒认为，佛教不停滞于一人

一处，辗转相传，如车轮。东转：指传播于东土。

[今译]

　　谷水又向东流，经过大夏门之下，此门就是汉代的夏门。陆机在写给弟弟陆云的信中说："大夏门有三层，门上的楼高百尺，魏明帝所建造。门内东侧靠近城墙的地方，有魏明帝时堆造的景阳山，山基的遗址还存在。"孙盛的《魏春秋》说："景初元年，魏明帝大肆扩建宫殿，装饰楼观台阁，派人到太行山、谷城山，采取白石英、紫石英和有五色花纹的石头，在芳林园中造起景阳山，种植松、竹、草、木，捕捉飞禽走兽投放园中。当时许多项工程纷纷兴建，皇帝亲自挖山，带领群臣，三公以下官员，没有不出力的。"景阳山的东边，旧时有人工开凿的九流小河。陆机的《洛阳记》说："九流小河相聚汇成圆形水池，水中建圆坛，再筑三条堤分割水面，隔水可以互相通连。"张衡《东京赋》说："濯龙池、芳林园、九谷、八溪。荷花覆盖水面，秋兰布满涯岸。"如今，所谓景阳山只剩下孤零零的山丘，九条江的轮廓再也看不清楚了。

　　渠水又向东流，它的分支向南流入华林园，经过菜园之南。菜园中有口古玉井，井栏全部用珉玉砌成，用墨石为井口，做工精巧细密，至今没有改变旧时样子，明亮光洁如同新制。渠水又流经瑶华宫南，经过景阳山之北。山上建有馆舍，堂上连接方湖，湖中建造御坐石。御坐石前建假山象征蓬莱山。弯曲的池水与座位相接，飘洒的飞泉溅落在筵席旁边。南面的箭靶左右相夹，背倚假山，威武屹立。厅堂之上还有崎岖的石径、险峻的山峰，云浮台上，风生观中，峰峦如缨，岗阜如带。游览观赏的人在楼阁之间上下，在弯曲如虹的阶梯上出入，远远望去，如同野鸭出没于水中、鸾鸟腾舞于天际。园中引水飞向高岗，形成倾注的瀑布。有时曲折流经小洲，水声溜溜，潺潺不断。竹柏遮蔽着层石，花草丛生于溪边。微风偶尔吹拂，香气充满四面八方，实在是神仙之居啊！

……………

　　谷水又向东流,经过白马寺东。从前汉明帝夜梦大人,浑身金色,颈项有白光,第二天问群臣所梦为何人。有人回答:"听说西方有神灵,名叫佛,其形态正如同陛下所梦者,是否就是呢?明帝于是派使者到天竺,抄写佛经与佛像,以榆木为函盛经,用白马驮佛经与佛像,佛教于是流传、散布于中原,所以建佛寺以白马为名。这批榆木经书后来移到洛阳城内愍怀太子所建塔中,近代又迁到这座寺内。以后佛光普照,佛法东传,就是从这里创始的。"

[解说]

　　洛阳是中国六大古都之一,(另五座古分别是:西安、开封、杭州、南京、北京)历史上有九个王朝以洛阳为京城。北魏从平城迁都洛阳后,郦道元曾长期在洛阳生活,担任过河南尹,即洛阳最高行政长官,相当于今天的首都市长;还担任过御史中尉,相当于今天的首都公安局局长和检察院检察长。因此,他对于洛阳的地理、历史等非常熟悉。在《水经注》中,他记录的城市地理,以洛阳最为详细,篇幅最大,笔墨远远超过其他处。不难看出,他对洛阳怀有特殊的感情。

　　本篇文章主要选录《水经注·谷水》中两段:第一段是关于华林园的。这是一座著名的皇家园林,全部由人工建造,鼎盛期在三国魏明帝时代,曾动用一万多名劳力,连太学生也参加劳动。其中景阳山、九江水、天渊池等虽然不是自然形成,却富于自然的情趣。由于战乱,郦道元所见景物已不复有魏晋风貌,所以他不得不发出"今也山则块阜独立,江无复仿佛矣"。

　　第二段是关于白马寺的。洛阳白马寺是中国第一座佛教寺院,始建于东汉明帝永平十一年(68),距今两千余年,被尊称为汉传佛教的"祖庭"。相传汉明帝夜梦金人,或告为佛,遂派使臣西行求法,于月氏(今阿富汗一带）遇天竺高僧摄摩腾、竺法兰，乃以白马载负佛经佛像，同返洛阳。明帝建白马寺，命二僧翻译佛经，佛教从此传布于中土。现在的白马寺位于洛阳旧城东十二里处，虽然几经兴废，但基址源于汉代，格局无大变化。现存建筑乃金、元、明、清历代修缮扩建而成，为长方形院落，依次为山门、天王殿、大佛殿、大雄殿、接引殿、毗卢阁。山门之内，东西两侧有"二僧墓"，分别是摄摩腾、竺法兰埋骨之处，是该寺最古老的文化遗存。山门前有两匹石马，为北宋所刻造。寺东侧有齐云塔，五代始建，北宋毁于火，金大定十五年（1175）重建，是洛阳现存最古老的建筑物之一。

我曾经于1996年、2009年两度游览洛阳白马寺。据介绍，寺内原有的泥塑佛像，在"文化大革命"中全部被捣毁，大部分经卷被焚，其中包括三十余片贝叶经，相传是天竺二僧当年携来的。我和同游的朋友们，都感到无限惋惜和愤慨。现在，白马寺的建筑和有关设施已得到了保护和修缮，成为洛阳最热门的旅游景点之一。

《水经注》记白马寺的文字虽然简短，但从中不难看出郦道元对这一宗教文化圣地的敬重之心。

[集咏]

唐王昌龄《东京府县诸公与綦毋潜、李颀相送至白马寺宿》（摘句）："月明见古寺，林外登高楼。南风开长廊，夏夜如凉秋。"

唐许浑《白马寺不出院僧》："禅空心已寂，世路任多歧。到院客长见，闭关人不知。寺喧听讲绝，厨远送斋迟。墙外洛阳道，东西无尽时。"

宋曾极《华林园》："葆羽来临鼓吹停，华林畅饮倒长瓶。万年天子朦腾眼，错认长星作酒星。"

现代老舍《白马寺》："中州原善土，白马驮经来。野鹤初闻磬，明霞照古台。疏钟群冢寂，一梦万莲开。劫乱今犹昔，焚香悟佛哀。"（《弹

花》三卷一期，1939 年 11 月出版)

白马寺对联：

"读书台高，浮屠地迥；金人入梦，白马驮经。"

"五湖十岛，谈经白马寺庙；四海九洲，闻道河洛梵宫。"

"寺也好，景也好，进门一笑无烦恼；来亦匆，去亦匆，相逢片刻各西东。"

十八、泰山

汶水又南，右合北汶水。水出分水溪，源与中川分水①，东南流径泰山东，合天门②下溪水。水出泰山天门下谷③，东流。古者帝王升封④，咸憩此水，水上往往有石窍存焉，盖古设舍所跨处也。

马第伯⑤书云："光武封泰山，第伯从登山。去平地二十里，南向极望无不睹：其为高也如视浮云；其峻也石壁窅窱⑥；仰视岩石松树，郁郁苍苍，如在云中；俯视溪谷碌碌⑦，不可见丈尺。直上七里至天门，仰视天门，如从穴中视天矣。"应劭《汉官仪》⑧云："泰山东南山顶，名曰日观⑨。日观者，鸡一鸣时，见日始欲出，长三丈许，故以名焉。"

其水自溪而东，浚波注壑，东南流径龟阴⑩之田。龟山在博县⑪北一十五里。昔夫子伤政道之陵迟，望山而怀操，故《琴操》有《龟山操》焉⑫。山北即龟阴之田也。《春秋·定公十年》⑬：齐人来归龟阴之田⑭，是也。

又合环水⑮，水出泰山南溪，南流，历中下两庙⑯间。《从征记》曰:"泰山有上中下三庙,墙阙严整。庙中柏树夹两阶,大二十围[17],盖汉武所植也[18]。赤眉[19]尝斫一树,见血而止,今斧创犹存。门阁三重[20],楼榭四所,三层坛一所,高丈,广八尺。树前有大井,极香冷,异于凡水,不知何代所掘,不常浚渫[21],而水旱不减。库中有汉时故乐器及神车木偶,皆靡密巧丽。又有石虎建武十三年永贵侯张余上金马一匹,高二尺,形制甚精。中庙去下庙五里,屋宇又崇丽于下庙,庙东西夹涧。上庙在山顶,即封禅处[22]也。"

——《汶水》

[注释]

①水出分水溪,源与中川分水——熊会贞说:"中川水出山东茌县(故城在今山东济南市长清区东北)之分水岭,溪一源两分,谓分为中川水、北汶水也。故此叙北汶水出分水溪,谓源与中川分水。今水曰泮河,出岳西北桃花谷。"

②天门——此指南天门,泰山之一峰,海拔1640米。因两旁石壁高叠如门,故称为天门。

③水出泰山天门下谷——此水在汶水之东,又名漆河。

④古者帝王升封——古代有些儒士认为五岳中泰山最高,帝王应到泰山祭祀。登泰山筑坛祭天曰"封",在泰山之南梁父山辟基祭地曰"禅"。秦始皇二十八年(前219)举行封泰山、禅梁父大典,以后历代帝王也在此举行祭祀。升封:即登山以封禅。

⑤马第伯——东汉人,光武帝侍从,曾随从光武帝刘秀封禅泰山,著有《封禅仪记》,是中国最早的山水游记。下面的话即摘自该文。

⑥宵寤——同"窈窕",深邃的样子。

⑦碌碌——多石的样子。谭元春评以上写山之高一段说:"大境界,大眼孔,大手笔。"朱之臣评点说:"极其形容,心目灵甚。"

⑧应劭《汉官仪》——应劭:东汉末年人,曾任泰山太守。《汉官仪》是应劭所著,专记汉代官职名称、职掌、俸禄等制度,已佚。

⑨日观:日观峰,又称天柱峰、玉皇顶,是泰山顶上观看日出的地方。李白有诗赞曰:"平明登日观,举手开云关。精神四飞扬,如出天地间。"1994年9月初,注者曾到该处观日出,气温比山下低得多,山下穿短袖,山上需穿棉大衣。

⑩龟阴——邑名,在今山东新泰市西南,泗水县东北。

⑪龟山在博县——龟山:在今山东泗水县境内。博县:故治在今山东泰安市东南。

⑫"昔夫子伤政道之陵迟"三句——按《琴操》云:"《龟山操》,孔子作。季桓子受齐女乐(歌舞伎),孔子欲谏不得,退而望鲁龟山作此曲,喻季氏若龟山之蔽鲁。"陵迟:犹陵夷,渐趋衰败之意。操:琴曲的一种。

⑬定公十年——公元前500年。定公:鲁定公,名宋,襄公之子,昭公之弟。

⑭齐人来归龟阴之田——由于孔子在夹谷会上力争,齐国不得不把侵占多年的龟阴以及郓、欢之田归还给鲁国。

⑮环水——环水总名中溪,又叫梳洗河,源于泰山南黄岘岭。

⑯中下两庙——中庙距下庙五里,殿宇较下庙更富丽雄伟。下庙即岱庙,在泰安市城内,是历代帝王祭祀泰山的场所。初建于汉,历代扩建,殿宇雄伟,缭以周垣,楼堞百雉。内有秦汉石刻、汉柏、唐槐、李斯篆、蔡邕隶,以及宋代壁画等古迹。中华人民共和国成立后加以修葺,设立博

物馆。

⑰围——古时计量圆周的约略单位，通常指两手合拱为一围。

⑱盖汉武所植也——今泰山岱庙东院为汉柏院，有五株古柏，据说是汉武帝于元封元年（前110）封泰山时所栽种的。

⑲赤眉——赤眉军，新莽末年的农民起义军。其首领为樊崇、逢安、谢禄等。

⑳三重——三层。今天的岱庙殿宇楼堂，有150多间，占地10公顷，比郦氏所记大得多。

㉑浚（jùn）渫（xiè）——清除井中淤泥。浚渫：今岱庙大殿前有古井二口，西井水味甘美，俗称香井。

㉒封禅处——指泰山之顶玉皇顶，顶上有庙曰玉皇宫，宫中有极顶石，是泰山最高点，古代帝王封禅，在此处设祭坛。

[今译]

汶水又向南流，右面汇合北汶水。北汶水出于分水溪，一源分两水，即北汶水和中川水。北汶水向东南流，经过泰山之东，汇合天门下溪水（今漆河）。此水源出泰山天门下谷，向东流。古时帝王升泰山以封禅，都在这条河边休息，河边往往留有石孔，是古时架设临时房舍所留下的柱梁之洞孔。

东汉马第伯《封禅仪记》说："光武帝封禅于泰山，第伯随从登山。距离平地二十里，向南极目远望，无所不睹：泰山之高，如视浮云；泰山之险，石壁深邃；向上望，岩石、松树茂盛苍翠，如在云中；向下看，溪谷中多石，不知其深有多少丈尺。直上七里，至天门。仰视天门峰，好像从洞中看天。"东汉应劭的《汉官仪》说：泰山东南山顶，名叫日观峰。登日观峰者，黎明晨鸡开始打鸣时，可以看见太阳刚要升起，长三丈（"丈"疑作"尺"）左右，所以此峰名为日观峰。

北汶水从溪谷向东流,迅急的水流,流向谷沟,向东南流,经过龟阴之田。有龟山,在博山县北十五里。从前孔夫子忧伤时政世道日趋衰败,仰望龟山而构思作琴曲,所以《琴操》书中有孔子所作《龟山操》。龟山之北就是龟阴之田。《春秋·定公十年》记:齐人来归还龟阴之田,就是这个地方。

北汶水又汇合环水。环水源出泰山南溪,向南流,经过泰山之中庙和下庙之间。《从征记》说:"泰山有上、中、下三庙,院墙殿宇庄严、整齐。下庙中柏树分列阶级两侧,柏树大的圆径二十余围,据说是汉武帝时所种植。西汉末年的赤眉军来到泰山,曾砍伐其中一棵,发现树身流出血来,乃停止砍伐,如今那棵柏树被斧子砍过的伤痕还存在。下庙门阁有三重,楼榭有四所,三层坛一所,高一丈有余,宽八尺。柏树林之前有大井,井水特别香冷,与普通的水有别,不知哪个时代开凿的,并不经常淘井,清除淤泥,然而无论旱涝,井水皆不减少。庙中的仓库中有汉代古乐器和迎送神灵的车辆与木偶,雕造细密精巧。又有后赵武帝石虎建武十三年永贵侯张余献给泰山之神的金马一匹,高二尺有余,其形状制作很精致。中庙距离下庙五里,殿宇之高大壮丽,又超过下庙。中庙分东西,夹建于溪涧之上。上庙在泰山之顶,就是帝王封禅之处。"

[解说]

泰山,在山东省中部,从东平湖东岸向东北延伸至淄博市南和鲁山相接,长约200公里。主峰玉皇顶在泰安市城北,海拔1545米,古称"东岳",又称"岱宗""岱山"。山峰突兀峻拔,雄伟壮丽。有南天门、日观峰、经石峪、黑龙潭等名胜古迹。泰山是我国最富有民族文化色彩的山,所谓"五岳独宗"。自古以来,为历代帝王所尊重,从秦始皇开始,不少帝王到泰山封禅,表示改制应天,以求太平。不少文人学者也慕名而来,如春秋时期的孔子,汉代的司马相如、司马迁,唐朝的李白、杜甫……都曾登临泰山，发表赞颂之辞。泰山文化底蕴极为丰富，名胜古迹之多，居全国名山首位。1987年，被联合国列入《世界自然与文化遗产名录》，现在是世界著名的游览胜地。

本文属于较早介绍泰山的文章，作者按照水流的顺序，以宏放含情的笔触，描述了泰山的雄伟高峻及几处名胜古迹。先以俯仰所见为线索，后以下中上三庙为轴心，把山水与景物古迹，连缀为一体，虽然只记录几个景点，但语言简要，条理清晰，描述生动。桐城派散文家姚鼐的《登泰山记》，似乎借鉴了本篇的笔法。

[集咏]

晋陆机《泰山吟》："泰山一何高，迢迢造天庭。峻极周以远，层云郁冥冥。梁父亦有馆，蒿里亦有亭。幽岑延万鬼，神房集百灵。长吟泰山侧，慷慨激楚声。"

晋谢道韫《泰山吟》："峨峨东岳高，秀极冲青天。岩中间虚宇，寂寞幽以玄。非工复非匠，云构发自然。器象尔何物？遂令我屡迁。逝将宅斯宇，可以尽天年。"

唐杜甫《望岳》："岱宗夫如何？齐鲁青未了。造化钟神秀，阴阳割昏晓。荡胸生曾云，决眦入归鸟。会当凌绝顶，一览众山小。"

元张养浩《登泰山》："风云一举到天关，快意平生有此观。万古齐州烟九点，五更沧海日三竿。向来井处方知隘，今后巢居亦觉宽。笑拍洪崖咏新作，满空笙鹤下高寒。"

明杨继盛《登泰山》："志欲小天下，特来登泰山。仰观绝顶上，犹有白云还。"

明钟惺《登泰山玉泉顶》："朝登泰岳望蓬莱，晚带斜阳兴未回。一路草香都是药，千年树老尽生苔。浮云似水流将去，怪石如人立起来。不是此生君国有，探奇直上舍身台。"

十九、孔庙

周公台①高五丈，周五十步，台南四里许则孔庙，即夫子之故宅也。宅大一顷，所居之堂，后世以为庙。

汉高祖十二年，过鲁②，以太牢③祀孔子。自秦烧《诗》《书》，经典沦缺④。汉武帝时，鲁恭王坏孔子旧宅⑤，得《尚书》⑥《春秋》《论语》《孝经》⑦。时人已不复知有古文⑧，谓之科斗书⑨。汉世秘之，希有见者。于时闻堂上有金石丝竹之音，乃不坏。庙屋三间，夫子在西间东向，颜母⑩在中间南面，夫人⑪隔东一间东向。夫子床前有石砚一枚，作甚古朴，云平生时物也。鲁人藏孔子所乘车于庙中，是颜路所请者也⑫，献帝⑬时庙遇火烧之。永平⑭中，钟离意⑮为鲁相，到官，出私钱万三千文⑯，付户曹⑰孔䜣治夫子车，身入庙拭几席剑履。男子张伯除堂下草，土中得玉璧七枚，伯怀其一，以六枚白意，意令主簿⑱安置几前。孔子寝堂床首有悬瓮。意召孔䜣，问："何等瓮也？"对曰："夫子瓮也，背有丹书⑲，人勿敢发也。"意曰："夫子圣人，所以遗瓮，欲以悬示后贤耳。"发之，中得素书⑳。文曰："后世修吾书，董仲舒㉑；护吾车，拭吾履，发吾筒，会稽钟离意；璧有七，张伯藏其一。"意即召问，伯果服焉㉒。

魏黄初元年㉓，文帝令郡国㉔修起孔子旧庙，置百石卒史㉕。庙有夫子像，列二弟子执卷立侍㉖，穆穆有询仰之容㉗。汉魏以来，庙列七碑㉘，二碑无字，桧柏犹茂。

庙之西北二里，有颜母庙，庙像犹严㉙，有修桧五株。孔庙东南五百步，有双石阙㉚，即灵光㉛之南阙。北百余步，即灵光殿基，东西二十四丈，南北十二丈，主丈余，东西廊庑别舍，中间方七百余步。阙之东北有浴池，方四十许步。池中有钓台，方十步，池台之基岸，悉石也，遗基尚整。故王延寿赋㉜曰"周行数里，仰不见日"者也。是汉景帝程姬子鲁恭王之所造也㉝。殿之东南，即泮宫㉞也，在高门㉟直北道西。宫中有台，高八十尺，台南水东西一百步，南北六十步；台西水南北四百步，东西六十步。台池咸结石为之，《诗》所谓"思乐泮水㊱"也。

——《泗水》

[注释]

①周公台——即周公庙。周公：即西周初年政治家周公旦。其庙在曲阜城北高阜上，原为鲁国太庙旧基，北宋时建周公庙，后荒芜，今已修葺，成为文物保护单位和旅游点。

②汉高祖十二年，过鲁——汉高祖十二年：公元前195年。鲁：指曲阜。

③太牢——古代帝王、诸侯祭祀社稷时，祭品中牛、羊、豕三牲全备称为"太牢"，属于最高规格。其次者用猪、羊，称"少牢"。

④"自秦烧《诗》《书》"二句——秦始皇三十四年（前213），采纳李斯的建议，下令焚烧《秦记》以外的列国史记，对不属于博士官的私藏《诗》《书》等，亦限期缴出烧毁，儒家经典因被毁而沦丧缺失。

⑤鲁恭王坏孔子旧宅——鲁恭王刘余，西汉景帝之子，初封淮阳王，吴楚七国之乱平后，徙为鲁王，死后谥曰恭王。他好治宫室，相传曾破坏

孔子旧宅以广其宫，在壁中得到大批古文经书。

⑥《尚书》——此指古文《尚书》，儒家经典《尚书》的一种抄本，较今文《尚书》多十六篇，因用秦汉以前的"古文"书写，故又名《古文尚书》。

⑦《孝经》——儒家经典之一，共十八章，孔门后学所作。汉代列为《七经》之一，学童必读之教材。

⑧古文——广义指甲骨文、金文、籀（zhòu）文（大篆）和战国时通行于六国的文字。狭义指战国时通行于六国的文字。

⑨科斗书——也叫"科斗文""科斗篆"，书体的一种，因头粗尾细，形似科斗（蝌蚪），故名。

⑩颜母——孔子的母亲颜氏，名征在。

⑪夫人——孔子的夫人，姓氏未详。

⑫是颜路所请者也——颜路是颜渊的父亲。《论语·先进》记："颜渊死，颜路请孔子之车以为之椁。"

⑬献帝——汉献帝刘协，公元189—220年在位。

⑭永平——东汉明帝刘庄的年号。

⑮钟离意——字子阿，东汉山阴（今浙江绍兴）人。明帝时征为尚书，正直敢言，慷慨助人，后任鲁国国相。

⑯文——古时钱币一枚叫一文。

⑰户曹——太守属官，职掌官府总务。

⑱主簿——官名。汉代中央各部门及郡县官署均设主簿，以典领文书，办理总务，相当于现在的秘书长。

⑲丹书——用朱砂书写的字。

⑳素书——本指用洁白生绢写的文字，这里指写在生绢上的带有迷信色彩的预言。钟惺评："素书转韵，似古逸诗，质甚，奇甚！"

㉑董仲舒——西汉哲学家，今文经学大师，广川（今河北景县西南）人。他主张罢黜百家，独尊儒术。为汉武帝所采纳，开此后两千余年封建社会以儒学为正统的先声。

㉒"意即召问"二句——这个故事出自《钟离意别传》，见《后汉书·钟离意传》注和《搜神记》卷三，这是东汉时期谶纬学者编造的故事，意谓孔子能预测几百年后之事，显然是无稽之谈。

㉓黄初元年——公元220年。黄初：是魏文帝曹丕的年号。

㉔郡国——魏晋南北朝仍沿郡、国并置之制，郡之行政长官为太守，国之行政长官为国相或内史，而鲁地在汉时为"国"，西晋改为"郡"。这里"郡国"混称，实际指三国时之鲁国国相。

㉕百石（dàn）卒史——官名，何焯指出："百石卒史掌领礼器，选年四十以上，经通一艺，杂试通制，能宏先圣之礼，为众所归者，乃是孔氏子孙为之。"（《水经注批校》）。

㉖庙有夫子像，列二弟子执卷立侍——今孔庙内孔子塑像塑于清雍正七年（1729），1966年11月"文化大革命"中被毁，1984年重塑。孔子居中，左右四配为颜渊、曾参、子思、孟轲，两侧有十二弟子像。

㉗穆穆有询仰之容——端庄而带有请教和敬仰的表情。穆穆：容止端庄恭敬的样子。钟惺说："'询仰'二字，说出画家性情。"

㉘庙列七碑——今孔庙内有北魏以前碑二十四石，所谓"七碑"，其中有字者五。据施蛰存《水经注碑录》考证为：百石卒史碑一石、礼器碑一石、尚有二碑不可考。

㉙庙像犹严——庙里的塑像依然令人感到庄严。颜母庙今已不存。

㉚双石阙——两相对称的宫门外之望楼。据《阙里文献考》，古阙里即以双石阙得名。

㉛灵光——宫殿名，为汉景帝子鲁恭王刘余所建。东汉作家王延寿有

著名的《鲁灵光殿赋》，其序云："鲁灵光殿者，盖景帝程姬之子恭王余之所立也。……遭汉中微，盗贼奔突，自西京未央、建章之殿皆见毁坏，而灵光岿然独存。"在今孔庙东南，故址今已不存。

㉜王延寿赋——指王延寿《鲁灵光殿赋》。王延寿：东汉南郡宜城（今属湖北宜城市）人，著名学者王逸之子。曾游鲁，作《鲁灵光殿赋》，蔡邕奇之。后渡湘水溺死，年仅二十余岁。

㉝"是汉景帝程姬子"句——此句引自王延寿《鲁灵光殿赋》序文。

㉞泮宫——西周诸侯所设官学。一说乃建在泮水边的鲁侯之宫，在今曲阜市东南角，"古泮池小学"附近。

㉟高门——鲁国南门，本名稷门，鲁僖公更高大之，与诸门不同，故改名高门。

㊱思乐泮水——这是《诗经·鲁颂·泮水》中的诗句。思：语词。泮水：半圆形水池，各地学宫前往往有之。鲁国泮池今尚保存，在曲阜城东南角内，中间有小块陆地，有堤向北连通池外。句意是说在泮水边很快乐。

[今译]

周公台高五丈，周长五十步，台南四里左右就是孔庙，原为孔夫子的故居。院子大约占地一顷，孔子当年所居住的正房，后世改为庙。

汉高祖即位后十二年，经过曲阜，以太牢之礼隆重祭祀孔子。自从秦始皇烧毁《诗经》《尚书》等儒家文化著作，经典沦丧缺失。到汉武帝时，鲁恭王刘余破毁孔子旧居扩建新的府第，得到《尚书》《春秋》《论语》《孝经》等一批书，当时人已经不认古文，叫作科斗书。汉代把这些书视为秘籍，很少有人见过。在鲁恭王破坏孔宅时，听到堂上有金石丝竹各种乐器演奏的声音，鲁恭王害怕了，便停止拆毁工程。当时孔庙有房屋三间，孔夫子住在西边向东一间，孔母颜氏住在中间向南一间，孔夫人住在隔东一间，朝东方向。孔夫子床前有石砚一方，制作十分古朴，据说是他当年所用过的东西。鲁国人曾把孔子所乘的车子收藏在庙里，就是当年颜路请求孔子将其乘车的木料做颜渊棺材外椁的那辆车，到东汉献帝时孔庙遭火灾，车子被烧毁了。东汉明帝永平年间，钟离意任鲁国国相，到任后，拿出自己的钱一万三千文，交给担任户曹的下属孔䜣，让其修复孔子的车辆。钟离意亲自进入孔庙，擦拭孔子用过的物品：几案、座席、佩剑、鞋子等。一个名叫张老大的男性工人在孔庙堂下除草，从土中挖出玉璧七枚。张老大私藏一枚，把其余六枚报告钟离意。钟离意命令秘书长安放在孔子几案之前。孔子寝室床头悬挂着一口瓮。钟离意找来孔䜣，问："这是什么瓮?"回答说："这是孔子用的瓮，背面有朱砂写的红字，人们不敢打开此瓮，不知其中所藏何物。"钟离意说："孔夫子是圣人，他之所以遗留此瓮，是希望用以垂示后世贤士罢了。"于是打开瓮，其中有生绢写的文字，说："后世整理我的书，是董仲舒；保护我的车，擦拭我的鞋，打开我的箱子，是会稽人钟离意；我的玉璧本有七枚，张老大私藏一枚。"钟离意找来张老大询问，张老大果然承认了。

　　三国魏黄初元年，魏文帝下令鲁郡修缮孔子旧庙，设置百石卒史的官吏管理孔庙。庙中有孔夫子塑像，有二位弟子手执书卷侍立于孔子像侧，面容肃穆并带有请教和敬仰的表情。从汉魏以来，孔庙内陈列有七块碑，其中二碑无字，庙中的桧树和柏树至今仍然生长茂盛。

　　孔庙之西北二里，有孔子之母颜氏庙，庙中塑像颇为庄严。庙中有修长的桧树五株。孔庙之东南五百步，有一双石阙，就是鲁灵光殿的南阙。其北百余步，就是灵光殿的殿基。此殿东西二十四丈，南北十二丈，高一丈余，东西有走廊和供休息用的便舍，院子中间约七百步见方。双阙的东北，有浴池，方圆约四十步。池中有钓台，方圆约十步。台之基，池之岸，全部用石头砌成。此处遗基还算整齐。东汉王延寿的《鲁灵光殿赋》

说"沿着殿堂周围行走数里，尽是树木，抬头看不见太阳"，描写的就是这里。鲁灵光殿是汉景帝程氏姬所生子鲁恭王刘余所建造的。此殿之东南，就是鲁国的学校泮宫，在高门正北道西。泮宫中有台，高八十尺，把水池一分为二。台南水池东西长一百步；南北宽六十步；台西水池南北长四百步，东西宽六十步；这座台和水池之岸，都用垒石砌成。这就是《诗经·泮水》所谓"思乐泮水"的地方。

[解说]

孔庙是纪念和祭祀孔子的庙宇，中国各地均有，而以山东曲阜孔庙为最早、最大。庙址原为孔子故宅，据说自鲁哀公（前494—前477年在位）时立庙，历代叠加增修，至明中叶毁于兵灾，后来重建并不断扩展至现存规模，占地近十公顷，前后有八进庭院，房屋六百二十多间。主要建筑物有金、元两代的碑亭，明代建造的奎文阁和清代重修的大成殿。殿之前廊石柱上刻有生动的蟠龙，是优秀的石雕。大成殿前院有杏坛，传为孔子讲学处。曲阜三孔由孔庙和孔府、孔林构成，其是中国四大建筑群之一，已被列入《世界文化遗产目录》。

本文是较早较详地介绍孔庙的文字。《水经注》卷二十四《泗水注》说："余昔因公事沿历徐沇，路经洙泗，因令寻其源流。"可见，郦道元曾经因公考察过洙泗一带，同时参考大量古籍，而后写成文章。着重介绍有关孔庙的历史传说、庙宇布局、重要建筑和著名古迹。本段文字之前还记述了孔子墓地状况，虽然简略，但不失为珍贵的历史资料。

注者曾于1990年、1997年、2008年由曲阜师范大学张元勋教授、陈克守教授等陪同，多次参观"三孔"，并就《水经注》中所记史实就地考察，求教。本文注释中有些资料系他们所提供。

[集咏]

唐李隆基《经邹鲁祭孔子而叹之》："夫子何为者，栖栖一代中。地犹鄹氏邑，宅即鲁王宫。叹凤嗟身否，伤麟怨道穷。今看两楹奠，当与梦时同。"

唐张九龄《奉和圣制经孔子旧宅》："孔门泰山下，不见登封时。徒有先王法，今为明主思。恩加万乘幸，礼致一牢祠。旧宅千年外，光华空在兹。"

元杨奂《谒圣庙》："会见春风入杏坛，奎文阁上独凭栏。渊源自古尊洙泗，祖述何人似孟韩。竹简不随秦火冷，楷林空倚鲁城寒。飘流足迹千年后，无分东家老一箪。"

元周伯琦《释奠孔子庙》（摘句）："阙里宣尼宅，儒林礼乐区。右文昭代盛，报德圣恩殊。……庙宫参象纬，书阁压城闉。反宇周阿峻，迥廊百步纡。蛟鳞蟠玉柱，螭首响金铺。庭迥桧千丈，坛虚杏数株。……"

明戴璟《谒夫子庙诗》："千年礼乐归东鲁，万古衣冠拜素王。泰岱巍巍垂俎豆，秋阳皜皜照华墙。堂虚似有弦歌响，桧老真看手泽长。用世自怜经术拙，羞称弟子及门行。"

大成殿对联："气备四时，与天地日月鬼神合其德；教垂万世，维尧舜禹汤文武作之师。"

杏坛对联："泗水文章昭日月，杏坛礼乐冠华夷。"

奎文阁对联："夫子贤于尧舜远，至诚可与天地参。"

二十、熏冶泉、石膏山

巨洋水自朱虚北入临朐县①，熏冶泉水注之。水出西溪，飞泉侧濑于穷坎之下②。泉溪之上，源麓之侧③，有一祠，目④之为冶泉祠。按《广雅》⑤："金神谓之清明⑥。"斯地盖古冶官⑦所在，故水取称焉。水色澄明而清泠特异，渊无潜石，浅镂沙文⑧。中有古坛，参差相对。后人微加功饰，以为嬉游之处。南北辽岸凌空⑨，疏木交合。先公以太和中作镇海岱⑩，余总角之年⑪，侍节东州⑫。至若炎夏火流⑬，闲居倦想，提琴命友，嬉娱永日，桂楫寻波，轻林委浪，琴歌既洽，欢情亦畅。是焉栖寄，实可凭衿⑭。小东有一湖，佳饶鲜笋，匪直芳齐芍药，实亦洁并飞鳞⑮。其水东北流入巨洋⑯，谓之熏冶泉。……

巨洋水又东北，经委粟山⑰东。孤阜秀立，形若委粟⑱。又东北，洋水注之。水西出石膏山⑲西北石涧口，东南径逢山祠⑳西。洋水又东南，历逢山㉑下，即石膏山也㉒。山麓三成㉓，壁立直上。山上有石鼓，鸣则年凶。郭缘生《续述征记》㉔曰：“逢山在广固㉕南三十里，有祠并石人石鼓。齐地㉖将乱，石入辄打石鼓，声闻数十里。”洋水历其阳而东北流，世谓之石沟水㉗。东北流，出于委粟山北，而东注于巨洋，谓之石沟口。

——《巨洋水》

[注释]

①巨洋水自朱虚北入临朐县——巨洋水：即今河，源出山东临朐县南沂山北麓，东北流注于渤海。朱虚：古县名，西汉置，相传为帝尧之子丹朱之墟，故名，治所在今山东临朐县东南，北齐废。临朐县：在山东省中部，鲁中丘陵北缘。

②飞泉侧濑于穷坎之下——侧：倾斜。濑：急流，此处用如动词。穷坎：深坑。

③源麓之侧——熏冶泉源头西溪山旁边。

④目——名称，这里用如动词。

⑤《广雅》——训诂书，三国魏张揖撰。篇目次序依据《尔雅》。意在增广《尔雅》所未备，故名《广雅》。

⑥金神谓之清明——金神的名字叫作清明。见《尔雅·释天》。

⑦冶官——古代职掌冶炼的衙门。

⑧浅镂（lòu）沙文——镂：雕刻。文：同"纹"。朱之臣评点说："渊无潜石，可对潭不掩鳞。皆是形容水色清照，今古独绝。"

⑨邃岸凌空——深谷的崖岸高耸于空中。

⑩先公以太和中作镇海岱——郦道元之父郦范于太和年间任青州刺史。先公：先父，指已死的父亲。海岱：指青州。海，指今渤海。岱，即泰山。青州为汉武帝所置十三刺史部之一，东汉治所在临淄（今山东淄博市临淄区北），东晋移治东阳城（今山东青州市）。

⑪总角之年——即幼年时期。总角：古时儿童束发为两结，向上分开，形状如角，故称总角。郦道元之父亲郦范于太和八年（484）再度任青州刺史，段熙仲教授据引推算，郦道元生于公元469年前后。

⑫侍节东州——侍节：意即伺候做官的父亲。节，符节，古代朝廷用作凭证的信物。符以竹、木或金属为之，上书文字，剖分为二，各执其一，使用时以两片相合为验。东州：青州在中原东部，故称东州。

⑬炎夏火流——指炎热的夏历六七月份。火：星名，或称"大火"，即心宿。流：向下降行。每年夏历六月，此星见正南，方向最正，而位置最高。七月以后，偏西而下行，所以说是"流"。

⑭凭衿——表达人生理想抱负。后人于此建亭曰凭衿。清王渔洋有《凭衿亭》诗："万竹阴中置一亭，四围碧玉响清泠。我来想见凭衿日，纱帽笼头注水经。"

⑮"匪直芳齐芍药"二句——竹笋的芳香不仅可与芍药比美，其鲜

美的味道实在不亚于飞禽和鲜鱼。匪直：非止，不仅。

⑯其水东北流入巨洋——熏冶泉水自今临朐县西南部向东北流，再至县南入河。

⑰委粟山——今名粟山，亦名稷山，在临朐县东北。

⑱形若委粟——形状像个粮食堆。委粟：义同聚粟，就是粮食堆。委，聚积。

⑲水西出石膏山——水：指洋水，即今石高河。此水源出山东青州市西南的石高山。石膏山：在青州市西南。石色润泽如膏，故名。也叫石高山。

⑳逢山祠——春秋楚大夫逢伯的陵墓所在地。

㉑逢山——在今山东临朐县西。据说"其山四面斗绝，唯一径可登"。

㉒（逢山）即石膏山也——此山跨临朐、益都二县，在临朐者名逢山，在益都者名石膏山，实是一山。

㉓山麓三成——山脚呈现三层。成：层。

㉔郭缘生《续述征记》——郭缘生：东晋时人。《续述征记》是他所著《述征记》的续编。

㉕广固——古城名。城在今山东青州市西北，四周绝涧，阻水深隍。城有大涧，广而固，易守御，故名。十六国时南燕慕容德在此建都。

㉖齐地——今山东省泰山以北黄河流域及胶东半岛地区，为战国时齐国疆域，汉以后习惯称为齐地。

㉗石沟水——指石膏山之水。按"石膏"与"石沟"，音近致讹。

[今译]

巨洋水从朱虚县之北流入临朐县，熏冶泉水流入巨洋水。熏冶泉水发源于西溪山，飞泉斜依山势迅急流注于深坑之中。熏冶泉之上，西溪山麓之侧，有一所祠庙，人们称之为冶泉祠。根据《广雅》："金神叫作清明。"此地大概是古代管理炼铁的衙署所在，所以这条河也就取名为熏冶泉。泉水澄静透明，特别清凉，水底没有潜藏不可见的石头，浪涛冲刷而成的浅浅的沙纹清晰可辨。中间有一座古坛，与古祠高低相对。后人将此处稍加整修，作为人们游乐之处。水南水北高高的岩岸耸立空中，稀疏的树木枝叶交叉相连。先父于太和年间曾出任青州刺史，镇守海岱之间。我的青少年时代，陪着父亲住在青州。到了炎热的夏天，火星下行，闲居无事，倦于思考，便手拿乐器，呼朋唤友，整天在这里嬉游娱乐。船儿追逐清波，树枝轻垂水面，弹琴唱歌，十分融洽，欢快的心情非常舒畅。在此处栖身寄居，可以充分表达人生襟抱。稍东，有一湖，盛产鲜嫩的竹笋，不仅芳香如同芍药花，其鲜味也与飞禽活鱼齐名。此水向东北流入巨洋水，被称为熏冶泉。……

巨洋水又向东北流，经过委粟山之东。此山孤峰挺秀，形状像粮堆。巨洋水又流向东北，洋水注入。洋水发源于石膏山西北石涧口，向东南流，经过逢山祠之西。洋水又流向东南，经过逢山之下，那也就是石膏山。山脚有三层，山峰壁立直上。山上有石如鼓，有时自鸣，则年成不好。郭缘生《续述征记》说："逢山在广固城南三十里，山上有祠庙和石人石鼓。原来齐国地区将要出乱子，山上的石人就会敲打石鼓，声音传播数十里。"洋水经逢山之南，然后向东北流，世人叫作石沟水。此水又向东北流，出于委粟山之北，向东注入巨洋水，那地方叫作石沟口。

[解说]

  熏冶泉在今山东临朐县东南冶源镇海浮山下，相传有神龙潜居，故又名老龙湾，由地下泉水涌出汇集而成。泉水清甘，宜酿宜淬。传说春秋战国时齐国酿酒家田无忌，以其水酿得美酒"千日醉"；铸剑专家欧冶子淬剑于西池，炼成"青冥五锋宝剑"。历代为当地游冶区，北宋宰相富弼曾在此建"良公斋",明清时期成为世家冯氏花园,散曲家冯惟敏等名人萃集于此,明万历时兵部尚书冯琦曾作《冶源游记》描述当年景色,清康熙时文华殿大学士冯溥有《忆薰冶泉》诗多首。据临朐县地方志办公室函告:1981年以后,县政府成立薰冶泉风景区管理所,修葺亭阁,广植林木。如今薰冶泉水面达五十亩,深一丈,冬暖夏凉。泉南有盘石横卧,有旧刻"铸剑地"三字。池东石桥名"雪化桥",北岸有"清猗亭"。风景秀丽,现已成为著名旅游区。

郦道元以清新细腻的笔触,展示了薰冶泉美丽而富于生活气息的画面。从中可以看出,郦道元少年时代,在这里游玩时留心观察自然景物,培养了热爱祖国山川的深厚感情,所以写来情景交融,富于个性。陈仁锡认为这是一则很好的"宦游小记"。朱之臣评点此段文章说:"山水朋友,性命文章,是名士本色,叙得矜重。"

描写石膏山和记叙山上石人、石鼓的民间传说的一段文字,也颇有文采和情致。类似的传说在《水经注》的其他地方也有记载。

[集咏]

明冯琦《冶源游记》(节选):

"冶水出冶官祠下,注于湖,疏为河,以入弥水。湖曰龙湾,当海浮山下,相传为欧冶子铸剑池。澄泓见底,可舟可泳。泉自湖底仰而上,浮如贯珠,匀圆万颗,水烟淹霭,细如薄雾,水升降与海潮汐相应。其南有潭绝深,作蔚蓝色,投之以物不沉。湖可三亩,树环之。自湖堤以北,皆汇水为池,竹环之。泉水分道下注,非丝非竹,环佩璆然。陂池相属,不知而入者,不能出池。可以忘暑,游客不假河朔之饮。霜雪落,木叶脱,竹亭亭独秀,下与藻荇相映,亦复不知有冬。"

清光绪年间修《临朐县志》卷三《山水》:"薰冶水出海浮山下,汇为深潭,往往皆自平地突出。清泉淹沸直上,喷珠射空。平或竟亩,深可盈丈，湛澈见底。洲渚多茂竹古木，幽矶昶濑，如云蒸雾郁。……冯惟敏卜居于是，冯氏支裔至今凭之，实为邑南胜境，春秋佳日，游人如织。"

"冶官祠在冶源熏冶水上，见《水经注》，祠前有'铸剑池'三大字，为雪蓑子书。……凭衿亭在冶泉东，邑人冯维敏建，盖取郦善长'实可凭衿'之语。"

清冯溥《忆熏冶泉》："我有千竿竹，留在熏冶浔。空庭古木合，烟雨蛟龙吟。岩光换朝夕，凫雁恣浮沉。晴旭散绿漪，秀色润烦衿。嘉遁此焉寂，簪绂劳寸心。"

二十一、石井水

阳水①又东北流，石井水②注之。水出南山，山顶洞开，望若门焉，俗谓是山为劈头山③。其水北流注井，井际广城东侧④，三面积石，高深一匹⑤有余。长津激浪，瀑布而下⑥，澎㶁⑦之音，警川聒谷⑧；潏奔之势⑨，状同洪井⑩，北流入阳水。

余生长东齐⑪，极游其下。于中阔绝，乃积绵载⑫。后因王事复出海岱，郭金紫惠同赋石井诗言意⑬，弥日嬉娱，尤慰羁心，但恨此水时有通塞耳。

阳水东径故七级寺禅房⑭南。水北则长庑偏驾⑮，回阁承阿⑯。山林之际，则绳坐疏班⑰，锡钵间设⑱，所谓修修释子⑲，眇眇禅栖⑳者也。

——《淄水》

[注释]

①阳水——一名南阳水,俗称南阳河,源出山东青州市西南石膏山,即逢山的西麓。

②石井水——即今瀑水涧。据杨守敬考察:"石井水东源出劈头山之阳李堡峪,西源出其西黄峪,两峪皆有石井,窟穴深透。当夏秋霖源之时,水溢出井,西北流经故广县城东为瀑水涧。古名石井水者,目其源也。"

③劈头山——在今山东青州市。今又名云门山。

④井际广城东侧——石井水靠近广县县城的东侧。广:广县,古属齐郡,当在今山东青州市西南。

⑤匹——古以四丈为一匹。

⑥瀑布而下——据青州市地方志办公室张景孔先生函告,今水量很小,已无法形成瀑布。

⑦澎㵘(bì)——瀑布下泄声。㵘:在这里是象声词。

⑧警川聒(guō)谷——惊动山川而喧腾于峡谷之间。警:这里同"惊"。聒:喧闹。

⑨滂(pēng)奔之势——奔腾激荡的气势。

⑩洪井——杨守敬认为即《水经注·赣水》篇之洪井。其井"飞流悬注,其深无底",与此井相似,故郦氏引以为比附。

⑪余生长东齐——郦道元在《巨洋水》中说:"先公以太和中作镇海岱,余总角之年,侍节东州。"东齐:因青州在齐国的东部,故称东齐。

⑫于中阔绝,乃积绵载——阔绝:阔别,即久别。绵载:如同累岁,意即多年。

⑬郭金紫惠同赋石井诗言意——郭金紫:段熙仲教授认为即郦道元的

朋友郭祚。郭祚曾官青州刺史、金紫大夫，故称郭金紫，《魏书》有传。惠同：称人同与的谦辞。赋石井诗言意：即以石井为题作诗以表达对石井水的赞美之意。

⑭七级寺禅房——张景孔先生函告：七级寺在山东青州故城东阳城西门外阳水北岸，在原龙兴寺与城隍庙之间，元魏时建，后毁于火，故址今已不存。禅房：僧人打坐参禅的房舍。

⑮长庑徧驾——堂下周围遍设长廊。这里泛指佛寺。徧：同"遍"。驾：同"架"。

⑯回阁承阿（ē）——回环的楼阁用廊柱支撑着。阿：柱子。

⑰绳坐疏班——意即蒲团稀疏而整齐地摆放着。绳坐：即绳座，以香蒲编成辫绳盘结而成之坐墩，僧人用以坐禅或跪拜。

⑱锡钵（bō）间设——锡：僧人所用锡杖，简称锡。钵：僧人食具。间设：整齐相间地陈列着。

⑲修修释子——修修：谨持自重的样子。释子：对僧侣的敬称。

⑳眇（miǎo）眇禅栖——眇眇：高远的样子。禅栖：僧人栖身的地方。谭元春评以上四句："妙在'疏''间'二字，又妙在'修修''眇眇'叠字。"

[今译]

阳水又向东北流，石井水流入阳水。石井水发源于南山，南山的山顶从中间分开，看上去好像门一样，世俗之人称此山为劈头山。石井水向北流，注入井形水池。此池北边靠近广县故城东侧，三面积石，高深四丈有余。长长的水流激起波浪，瀑布飞流而下，澎湃的巨响，惊动山河，喧腾峡谷。奔腾激荡的气势，景象颇似赣江上的洪井。石井水向北流入阳水。

我年少时生长在古属东齐的青州，曾经畅游石井之下。中间阔别，累积多年。后来因为朝廷公事，再次来到位于东海与泰山之间的青州，曾与金紫大夫郭祚君同游石井并赋诗言志,连日游玩,特别能慰藉羁旅之人的烦闷心情。遗憾的是这条河水有时通畅,有时阻塞。

阳水又向东流,经过古老的七级寺禅房之南。阳水之北侧有佛寺,长长的走廊在周围架设,回环的楼阁以梁柱支撑。山林之间,许多佛教徒在那里修行,僧人坐的蒲团稀疏地安置着,和尚专用的锡杖托钵整齐地摆放着,真是谨持自重的释家之徒,在进行高深幽远的禅学修炼呢。

[解说]

郦道元青少年时代曾随其父客居青州,在这里度过了一段难忘的岁月。日后旧地重游,备感亲切。在撰写《水经注》时,随文发挥,即兴挥毫,回忆当年与朋友同游石井,赋诗言志情景,无限眷恋之情溢于言表。而对石井水从高向低下泄的声音和气势的描述,尤其脍炙人口。对幽静的禅房、潜修的释子的描写,由于出自亲历所见,读来如身临其境,深受感染。此文与前述《熏冶泉》连读,可以看出郦道元对第二故乡的深厚情意。

遗憾的是,石井水景区由于长期荒置,未能得到熏冶泉那样妥善的利用和保护,如今已面目全非。青州市地方志张景孔先生函告:石壁已被附近村民开山取石炸毁,瀑布因干旱缺水早已断流,佛寺早年毁于火灾,故址已不可寻。

[集咏]

据《青州府志》,此文所记之处即瀑水涧,又名石子涧。宋黄庶有《陪(富弼)丞相游石子涧》诗二首。

其一:"宾吏亲携涧底行,潺湲风递似相迎。只应山鬼知公意,乞雨新添瀑布声。"

其二:"涧下禽鱼识上台,听泉履迹遍苍苔。岩边不欲踟蹰久,只恐商王梦远来。"

宋范仲淹有诗赞曰：

"凿开奇胜翠微间，车骑笙歌暮未还。彦国（富弼字彦国）才如谢安石，他时即此是东山。"

"飞泉落处满潭雷，一道苍然石壁开。故老相传应可信，此山云出雨须来。"

二十二、鲁阳温泉

滍水又历太和川①，东径小和川②。又东，温泉水注之。水出北山阜，七泉奇发③，炎热特甚。阚骃④曰："县有汤水，可以疗疾。"汤侧又有寒泉焉，地势不殊，而炎凉异致，虽隆火盛日，肃若冰谷矣。浑流同溪，南注径水。又东，径胡木山⑤，东流，又会温泉口。水出北山阜，炎势奇毒⑥，痀疾之徒，无能澡其冲漂。救养者⑦，咸去汤十许步别池，然后可入。汤侧有石铭，云"皇女汤⑧，可以疗万疾"者也。故杜彦达⑨云："状如沸汤，可以熟米，饮之愈百病。道士清身沐浴，一日三次，多少自在，四十日后，身中万病愈，三虫⑩死；学道遭难逢危，终无悔心，可以牢神存志⑪。"即《南都赋》⑫所谓"汤谷涌其后"者也。然宛县有紫山⑬，山东有一水，东西十五里，南北二百步，湛然冲满⑭，无所通会⑮，冬夏常温，世亦谓之汤谷也。非鲁阳及南阳之县故也⑯。张平子广言土地所苞，明非此矣⑰。……

滍水之北，有积石焉，世谓女灵山。其山平地介立，不连冈以成高；峻石孤峙，不托势以自远。四面壁绝，极能灵举⑱，远望亭亭⑲，状若单楹插霄矣。北面有如颓落，劣得通步⑳，好事者时有 扳陟耳㉑。

—— 《滍水》

[注释]

① "滍水"句——滍水：古水名，即今河南鲁山县、叶县境内的沙河。太和川：在今鲁山县境内。

② 小和川——杨守敬认为："滍水只一水，上称太和川，此又称小和川，盖乡俗以意名之也。"

③ 水出北山阜，七泉奇发——北山阜：指北山山麓。按：古鲁阳县有西山（尧山）和北山。据鲁山县志办公室尹崇智先生介绍，今鲁山县仍有七处温泉，分布于五处乡镇。

④ 阚骃——字玄阴，十六国时敦煌（今甘肃敦煌西）人，博通经传，曾典校经籍，所著《十三州志》，为我国古代地理学名著，今佚，有辑本。

⑤ 胡木山——在今河南鲁山县西。

⑥ 炎势奇毒——火热的程度异常厉害。据尹崇智先生介绍，中华人民共和国成立前水温足以烫死骡马。

⑦ 救养者——"养"疑当作"痒"。句意指治疗皮肤病者。

⑧ 皇女汤——据石铭，鲁阳温泉又有皇女汤之称。《大清一统志》卷一百七十四："旧志，皇女汤有上中下三泉，上水微温，中水平温，下水最热如沸，在（鲁山）县西六十里。"今上汤、中汤、下汤三处均建有浴室。上汤还利用热水养鱼。

⑨ 杜彦达——南朝宋杜审琼次子，杜彦圭之弟。

⑩ 三虫——寄生于人体内使人生病的虫，一般指长虫（蛔虫）、赤

虫、蛲虫。又，道士言人皆有尸虫三处。

⑪可以牢神存志——可以安神和存养心志。朱之臣评点说："牢神字奇。"据尹崇智先生介绍，今水中含有氟毒，不能饮用。

⑫《南都赋》——东汉张衡撰，见《文选》。

⑬宛县有紫山——宛县：古县名，治所在今河南南阳市。紫山：在宛县北。

⑭湛然冲满——汤谷注水丰盈而平静。湛然：水波平静的样子。冲：有灌注之意。

⑮无所通会——指没有与之通连汇合的河流。南朝宋盛弘之《荆州记》："南阳郡城北有紫山，山东有一水，无所通会，冬夏常温，因名汤谷。"

⑯非鲁阳及南阳之县故也——此句显然讹误，疑是衍文。

⑰张平子广言土地所苞——平子：张衡字。广言：概括地说。苞：同"包"。

⑱极能灵举——大意是极具神奇飞动之势。能：疑是"态"之误。

⑲亭亭——耸立的样子。

⑳劣得通步——仅能步行通过。劣得：仅得。

㉑好事者时有扳陟耳——时常有喜欢寻奇探胜的人来攀登。扳：这里同"攀"。熊会贞评赞说："此条叙女灵山之特拔，形容尽致，未见他书，盖道元为鲁阳太守时，以目验得之。"

[今译]

滍水又经过太和川，向东经过小和川，又向东，温泉水注入滍水。温泉水源出北山阜，七道山泉奇特地涌出，非常炎热。阚骃说："（鲁山）县有汤水，可以治病。"汤水旁边又有寒泉，两泉地势没有什么不同之处，然而一热一冷差异明显，即便在炎热的盛夏时节，依然冷如冰谷。两泉混合同入一溪，向南注入滍水。滍水又向东经过胡木山，向东流，又在温泉口汇合一水。此水亦发源于北山阜，炎热的程度异常厉害，皮肤病的患者，没有人能在温泉的急流中洗浴。治疗瘙痒者，先去热水泉十步以外的另一温水池，然后才进入热水池。汤水的旁边有块石头刻着"皇女汤，可以治疗万病"的字样。杜彦达说："此池像沸腾的开水一样，热得可以煮熟生米，常饮此水可治愈百病。学道之人清身沐浴，一天喝三次，饮水量多少自便，四十天后，身上各种疾病皆愈，人身上的蛔虫、赤虫、蛲虫皆死；学道过程中遭遇各种艰难危险，始终不后悔，可以使人安神养心。"这就是张衡《南都赋》中所谓"汤谷涌其后"的地方。不过，宛县有紫山，该山之东有一水，东西十五里，南北二百步，水平静而丰满，不与其他河流相通，不论冬天夏天河水都是温的，世人也将其称为汤谷。但该水不在鲁阳，乃是南阳郡的宛县。张衡是泛论南阳地区所包括的自然现象，很明显不是指鲁阳这里。……

滍水之北，有座由石头积叠而成的石山，世人称为女灵山。该山在平地上屹立，四周不与高冈相连而自成其高；峻峭的石峰独立耸峙，不依托地势而显现遥远。石山四面都是绝壁，极具灵动之势而高举天际，远望亭亭玉立，形状像单柱直插云霄。北面的石壁似乎要崩塌的样子，勉强使人步行通过，喜欢探险的人常有去攀登的。

[解说]

鲁阳温泉地处河南中部鲁山县西的沙河上游，是中国现在最大的温泉带，分布长达百里。据鲁山县地方志办公室同志来函及1994年版《鲁山县志》介绍，温泉主要有以下几处：上汤温泉在赵村乡上汤村，水温平均63摄氏度左右；中汤温泉在赵村乡中汤村，水温61摄氏度左右；下汤又称温汤，位于下汤镇下汤村，水温61摄氏度左右；碱场温泉在瀼河乡大碱场村，水温约37摄氏度；温泉庙温泉在赵村乡温泉庙村，水温约49

摄氏度；石灰窖温泉在张店乡新华村，水温21—22摄氏度；育泉池温泉，在辛集乡三街村，水温约20摄氏度。每处泉源出水点，少则十余眼，多则上百眼。泉水含有20多种微量元素，其中硫、镭的含量已达到医疗矿泉水标准（但是不能饮用）。现在该地区已建成大型石人山温泉游乐中心，有三星级温泉宾馆3家，接待旅游者和休养治疗者。《水经注》提到的"寒泉"，又名冰水泉，在瀼河乡中汤温泉的旁边。至于女灵山，县志中没有记载，从郦道元描写此山的状态看，当在今石人山风景区。

《水经注》作者郦道元曾任鲁阳太守，此文应是他亲身观察的实录。他以清晰简洁的文笔，准确地记述鲁阳温泉的源流、地理位置、水温、疗法、疗效等，而且进行考证和比较，表现出这位历史地理学家一贯认真的治学态度。

[集咏]

晋张协《鲁阳关》（摘句）："朝登鲁阳关，狭路峭且深。流涧万余丈，围木数千寻。咆虎响穷山，鸣鹤聒空林。凄风为我啸，百籁坐自吟。"

唐萧颖士《重阳日陪元鲁山德秀登北城，瞩对新霁，因以赠别》："山县绕古堞，悠悠快登望。雨余秋天高，目尽无隐状。绵连漶川迥，杳渺鸦路深。彭泽兴不浅，临风动归心。……"

宋梅尧臣《鲁山山行》："适与野情惬，千山高复低。好峰随处改，幽径独行迷。霜落熊升树，林空鹿饮溪。人家在何处，云外一声鸡。"

二十三、大洪山、喊泉

涢水出县东南大洪山[①]，山在随郡[②]之西南，竟陵[③]之东北。槃基所跨[④]，广圆一百余里，峰曰悬钩[⑤]，处平原众阜之中，为诸岭之秀。山下有石门,夹障层峻,岩高皆数百许仞。入石门,又得钟乳穴。穴上素崖壁立,非人迹所及。穴中多钟乳⑥,凝膏下垂,望齐冰雪,微津细液,滴沥不断。幽穴潜远,行者不极穷深,而穴内常有风势,火无能以经久故也。涢水出于其阴,初流浅狭,远乃宽广,可以浮舟筏,巨川矣。时人以涢水所导,故亦谓之为涢山矣。……

潕水又会温水。温水出竟陵之新阳县东泽中⑦,口径二丈五尺,垠岸重沙,端净可爱。靖以察之⑧,则渊泉如镜;闻人声,则扬汤奋发,无所复见矣⑨。其热可以燖鸡⑩。洪浏⑪百余步,冷若寒泉,东南流,注于涢水。

——《涢水》

[注释]

①涢水出县东南大洪山——涢水:汉江支流,在湖北省中部,源出湖北枣阳市大洪山,北流绕经随州市折向南,经安陆至武汉市西新沟入汉江,其水自应城市长江埠以下可通航。县:指蔡阳县,即今湖北枣阳市。大洪山:主峰在湖北随州市西南部。《元和郡县志》卷二十一:"孤秀为众山之杰,山多钟乳。"又称涢山。

②随郡——春秋随国地,汉置县,南北朝改为郡,郡治在今湖北随州市。

③竟陵——郡名,晋置,治所在今湖北钟祥市。

④槃(pán)基所跨——庞大的山麓所占据的地面。槃:庞大。基:指山根。

⑤峰曰悬钩——悬钩峰在大洪山中,今名悬钩岩。《舆地纪胜》说

它:"山崛起一方,巉然云间,四面斗绝。"

⑥钟乳——石灰岩洞中自洞顶下垂的一种碳酸钙淀积物。含有碳酸钙的水从洞顶下滴时,因水分蒸发和二氧化碳的逸出,使水中碳酸钙淀积下来,并自上而下增长而成,状如钟乳,故名。

⑦新阳县东泽中——新阳:晋末所设县名,即今湖北京山市,晋时属竟陵郡。泽中:沼泽之中。京山市地方志办公室顾方旭先生函告:此温水当指京山市新市镇东南七公里的汤堰温泉,范围约16000平方米,水温56摄氏度,现已建立疗养院和研究所。据《湖北通志》,认为《水经注》此处所记新阳温水,应指现位于应城市西20公里处之玉女泉,又名汤池。现在该泉水温仍高达70摄氏度。

⑧靖以察之——静静地观察。靖:同"静"。朱之臣评点说:"观'静以察之'一句,游情闹气都用不得。山水妙理故惟静,慧人知之。"

⑨"闻人声"三句——谭元春说:"声情相亲,非静人无能领取。"陈仁锡说:"妙不可言,是此公本色,其朴拙则幻也。"

⑩燅(xún)鸡——烫掉鸡毛。燅:以热水沃毛使之脱落。

⑪洪浏(liú)——清流。浏:水清的样子。

[今译]

涢水发源于蔡阳县东南的大洪山。大洪山在随郡的西南,竟陵郡的东北,庞大的山麓占据的地面,方圆一百多里。有一座山峰叫作悬钩峰,处在平原上众多丘陵之中,是诸座山岭中的秀丽者。山下有石门,山岩夹峙如屏障,重叠而险峻,岩峰高达数百仞。进入石门,又可见一钟乳穴,穴的上方素白的山崖如同墙壁耸立,不是人迹所能到达的。穴中有许多钟乳石,像凝脂下垂,看上去如冰雪一般。钟乳石下端有细微的水珠,滴答流个不停。洞穴幽暗深远,去过的人找不到尽头。穴中经常有劲风,所举火把因风而不能持久。涢水发源于此洞之北,开始水小而浅,流到远处便逐渐宽广，可以放筏走船，成为大河了。当时人认为是溳水发源处，因此也称此山为溳山。……

溾水又汇合温水。温水发源于竟陵郡的新阳县东面的沼泽之中。水源洞口直径二丈五尺。水岸有一层层的沙子，明净可爱。人们安静地观察，深沉的水就像镜子；一有人声，水面就翻腾起浪，水下什么也看不见了。此水极热，可以烫掉鸡毛。待水清静后，流过百多步之外，此水就冷得像冰泉。温水再向东南流，注入溳水。

[解说]

大洪山在湖北中部偏北，随州市境内，现在是著名风景名胜区。本段文字先写大洪山方位，次写山势，然着重描述钟乳穴。从大处着眼，小处落笔，细腻精致，境界奇精。较之《水经注》中其他钟乳洞穴（如北京云水洞、孔山钟乳洞），此洞似乎尚在发育中，在地质学史上有一定价值。据随州市地方志办公室函告，大洪山钟乳穴保存完好，已开发的仙人洞，洞内建房150多间，可容万人居住。最深的是双门洞，钟乳石最繁奇的是两王洞。目前是随州地区重要景点。

另一段所记温泉"闻人声，则扬汤奋发"，这种怪异现象，其他地方也有。《水经注·汾水》记："霍太山有岳庙……又有灵泉，以供祭事，鼓动则泉流，声绝则水竭。"《太平御览》卷七十一引《荆州记》："新都县有温泉……人造泉所，一有声则沸从下出，而不可止也。"又：《太平寰宇记》卷一百三十二："温泉在应城县（今湖北应城市）西南，人静则泉清，人闹则泉沸。"又据陆游《入蜀记》卷六："二十六日，发大溪口，入瞿塘峡，过圣姥泉。盖石上一罅，人大呼于旁，则泉出，屡呼屡出，所可怪也。"据1982年6月《北京晚报》报道，不久前在广西兴安、德保、富川、北流等县，发现喊泉，人在泉边呼喊，则有泉水涌出，无声则止。这种大自然奇观，与现代的声控喷泉原理相似，其形成奥妙，有待进一步研究。

[集咏]

宋扬卓《题大洪山》:"随州西南多群山,争高竞秀无终穷。众山迤逦渐行尽,始见独尊唯大洪。"

宋黄载《题大洪山》:"地当平旷易为山,故得崔嵬汉沔间。云雾涌来无下界,楼台浮起在中天。开窗时见雷霆出,隐几闲看日月还。更有钟声最堪恨,南风时到八陵边。"

明陈寿《大洪山仙人洞》:"今古名山在,高低绝径悬。我来成独语,仙去多几年。幻想非缘石,灵根纵自天。暗窥飞阁上,或有玉函篇。"

明李中《游大洪山》之一:"路向洪山秋思新,肩舆囊括四时春。由来洞洞无疆界,一笑东西南北人。"

二十四、八公山

肥水①西径寿春县②城北,右合北溪。水导北山③,泉流下注,漱石颓隍④。水上长林插天,高柯负日⑤。出于山林精舍右,山渊寺左,道俗嬉游,多萃其下,内外引汲,泉同七净⑥。溪水沿注,西南径陆道士解⑦南,精庐临侧川溪,大不为广,小足闲居,亦胜境也。溪水流注于肥水,北入于淮。

肥水又西,分为二水,右即肥之故渎,遏为船官湖⑧,以置舟舰也。肥水左渎,又西径石桥门⑨北,亦曰草市门。外有石梁⑩,渡北洲⑪,洲上有西昌寺⑫。寺三面阻水⑬,佛堂设三像,真容妙相,相服精炜⑭,是萧武帝⑮所立也。寺西即船官坊⑯,苍兕都水⑰,

是营是作⑱。湖北对八公山，山无树木，惟童阜耳⑲。山上有淮南王刘安庙⑳。刘安是汉高帝之孙，厉王长子也㉑，折节下士，笃好儒学，养方术之徒㉒数千人，皆为俊异焉，多神仙秘法鸿宝㉓之道。忽有八公，皆须眉皓素，诣门希见㉔。门者曰："吾王好长生，今先生无住衰之术，未敢相闻㉕。"八公咸变成童，王甚敬之。八公并能炼金化丹㉖，出入无间㉗。乃与安登山，埋金于地㉘，白日升天，余药在器㉙，鸡犬舐之者，俱得上升。其所升之处，践石皆陷，人马迹存焉，故山即以八公为目。余登其上㉚，人马之迹无闻矣，惟庙像存焉。庙中图安及八士像，皆坐床帐，如平生。被服纤丽，咸羽扇裙帔㉛，巾壶枕物，一如常居㉜。庙前有碑，齐永明十年㉝所建也。山有隐室石井㉞，即崔琰㉟所谓：余下寿春，登北岭，淮南之道室，八公山石井在焉。亦云左吴与王春、傅生㊱等，寻安同诣玄洲㊲，还为著记，号曰《八公记》。都不列其鸡犬升空之事矣。按《汉书》，安反，伏诛㊳。葛洪明其得道，事备《抱朴子》及《神仙传》㊴。……

又西北流，经八公山。昔在晋世，谢玄北御苻坚㊵，祈八公山，及置阵于肥水之滨。坚望山上草木，咸为人状㊶。此即坚战败处，非八公之灵有助，盖苻氏将亡之惑㊷也。

——《肥水》

[注释]

①肥水——又名淝水，俗名东淝河，源出安徽合肥西北将军岭，西北流入寿县境，折而北流经寿县城东，又西北经八公山南入淮。公元383年，在这里发生了著名的淝水之战。

②寿春县——古县名，秦置，治所在今安徽寿县，东晋改名寿阳，南朝宋又改睢阳，北魏复称寿春。

③北山——即寿县北山。

④隍——这里指山涧。

⑤长林插天，高柯负日——高高的树木直插云天，长长的树枝遮蔽着太阳。朱之臣评点说："善长注，如'暗日''隐日''蔽日'，皆平平，独'负日'小胜，然叔庠（吴均）语尚不易及。故知诗文妙诣，绝无止法。而守定印板，陈陈相因，目所未经，指为旁路，请从此等参之。"

⑥泉同七净——泉水清如七净。七净：佛教概念，即七种净。《维摩经·佛道品》偈曰："八解之浴池，定水湛然满，布以七净华，浴此无垢人。"注曰："一戒净（心口所作清净），二心净（断烦恼心清净），三见净（见法真性不起妄想），四度疑净（真见深断疑），五分别道净（分别是道非道），六行断知见净（知见所行善法与所断恶法而清净分明），七涅槃净（证得涅槃，远离诸垢）。"

⑦陆道士解——陆道士：陆修静（406—477），南朝宋道士，南天师道的建立者。解：同"廨"，院落。据《凤台县志》载："《水经注》所谓北溪，即今清河涧，泉源即今珍珠泉。涧多石，幽咽潄溪，（《水经注》）所谓潄石也。山林精舍当在梅花岗，山渊寺当在邓林山，陆道士解亦当在梅花岗，并久废。今春秋佳日，游人多登邓林山，煮珍珠泉，瀹茗，坐涧石盘桓。与《水经注》所述嬉游萃止流风不远。"

⑧遏为船官湖——壅塞而成船官湖。今安徽凤台县城北盛家湖，即古船官湖地。

⑨石桥门——即凤台县城北门。又名草市门，近代犹有草市在门内外。

⑩石梁——石桥。石桥门即以此石梁为名。据《凤台县志》记载：

石梁在今凤台县城北十里,为淮、淝二水扼要之口。从地理位置看,当指今凤台县北门外之石堤。

⑪北洲——即今盛家湖北五株山南之高滩。

⑫西昌寺——寺当在今高滩,久废。

⑬三面阻水——三面为水所阻隔。意即三面环水。

⑭真容妙相,相服精炜——佛像塑得逼真精妙,佛像的服饰精致生辉。炜:光彩。

⑮萧武帝——指齐武帝萧赜(zé),公元483—494年在位。下文"齐永明十年所建"可证齐武帝信佛。杨守敬以"梁武帝佞佛",推断西昌寺"盖为梁立",非是。郦道元死于梁武帝萧衍之前,不可能用其谥号。

⑯船官坊——在今凤台县城北。

⑰苍兕都水——主舟楫官名。苍兕:古代犀牛一类的兽名。都水:都水监,官署名。

⑱是营是作——意即在此掌管舟船水运事务。是:于是,在此。

⑲惟童阜耳——只不过是一座光秃秃的山罢了。童阜:不生草木的山。

⑳淮南王刘安庙——庙址在今五株山巅。刘安:西汉思想家、文学家,汉高祖之孙,袭父封为淮南王,好读书鼓琴,善为文辞,曾招致方术之士数千人,集体编写《淮南鸿烈》,也就是后来的《淮南子》。

㉑厉王长子也——刘安是淮南厉王刘长的儿子。刘长,汉高祖第六子,封淮南王,卒谥厉。

㉒养方术之徒——招聚通晓医、卜、星、相之类技术的人。

㉓秘法鸿宝——秘法:指秘而不宣的法术。鸿宝:指珍贵罕见的典籍。

㉔诣（yì）门希见——到门前求见。诣：至，前往。希：希求。

㉕"今先生无住衰之术"二句——住衰：停止衰老，即返老还童之意。相闻：通报，传达。

㉖炼金化丹——亦称"点金术""炼丹术"，指试图把普通金属变为黄金、白银或"长生丹"的法术。

㉗出入无间（jiàn）——出入亲密相随。无间：不分别，不相离。

㉘埋金于地——据宋人沈括《梦溪笔谈》说："寿州八公山侧土中及溪涧之间，往往得小金饼，上有篆文'刘主'字。世传淮南王药金也。"又据《名胜志》："埋金之地，一名金梭堆，雨后辄见金。"

㉙余药在器——药：指服后能白日飞升的仙药。在器：尚残存于容器之中。

㉚余登其上——余：文意似指郦道元本人。但考当时版图，淮南寿春一带属东晋，郦道元只到过淮北涡阳，何以能到淮南而登八公山，待考。本段文字可能引自他人之书，传抄中书名失落。

㉛咸羽扇裙帔（pèi）——皆手拿羽毛扇，下穿裙裤，肩披衣饰。帔：披于肩背之衣饰，今称披肩。

㉜如常居——完全像座寺院。常居：僧人称寺院叫"常居"或"常住"。

㉝齐永明十年——齐：指萧道成所建立的南齐。永明：齐武帝萧赜的年号。永明十年：即公元492年。

㉞隐室石井——隐室：暗室。石井：又名八角井，在八公山之南。

㉟崔琰——字季珪，三国魏人，少好武事，后就郑玄受学。曹操破袁绍，征召为别驾从事，不久迁中尉。下面的话，盖其游记《八公记》中语。

㊱左吴与王春、傅生——左吴：八公之一。王春、傅生：都是葛洪

《神仙传》中的人物。

㊲寻安同诣玄洲——玄洲：淝水上的洲屿名。按："亦云左吴……同诣玄洲"十六字，与上下句意不连，疑为他处窜入。

㊳安反伏诛——按刘安谋反事发，因而被杀。郦道元此说明刘安成仙升天之说不足信，用以驳斥葛洪等人的附会。

㊴事备《抱朴子》及《神仙传》——《抱朴子》：东晋葛洪著，分内外篇。《神仙传》：共十卷。叙述古代传说中九十四位神仙的故事，系葛洪继承东汉《列仙传》而作。

㊵谢玄北御苻坚——谢玄：东晋名将，曾率军在淝水打败苻坚，大获全胜，使东晋王朝转危为安。苻坚：十六国时期前秦国君，氐族，曾统一北方，淝水战败后，为姚苌所杀。

㊶坚望山上草木，咸为人状——据《晋书·苻坚载记》："坚与苻融登城而望王师，见部陈齐整，将士精锐，又望八公山上草木皆类人形，顾谓融曰：'此亦劲敌也，何谓少乎？'怃然有惧色。"苻坚被谢玄击败后，北撤途中"闻风声鹤唳，皆以为王师已至矣"（《晋书·谢玄传》）。后世遂有"草木皆兵""风声鹤唳"的成语，形容惊恐惧怕的心理氛围。注者按：郦道元《水经注》作于《晋书》之前一百年，其史料价值比上述《晋书》的记述更可贵。

㊷将亡之惑——淝水之战前，前秦苻坚统治集团内部矛盾重重，各被征服部族心怀鬼胎，苻秦贵族也有不少人反对南侵。苻坚表面上故作大言，声称八十万大军投鞭即可使长江断流，实际上并无信心。他并不了解晋军虚实，所以望八公山上而得出"草木皆兵"的印象，这是完全可以理解的。惑：困惑不安。

[今译]

淝水向西流，经过寿春县城之北，与右边流来的北溪汇合。北溪发源于北山，泉水向下流注，冲刷山石，跌落山涧。水边林木高插云天，长枝遮蔽太阳。溪水流出林中寺庙右边，在山水寺庙的左边，有许多僧道和世俗之人，聚集嬉游其间。寺内外之人都来溪边汲水。泉水清洁，如同佛经所说的"七净"。溪水沿山向西南流注，经过陆静修道士的房舍之南。他这座精舍建立溪水之侧，不大不小，足以闲居，也是一处胜境。溪水流注于淝水，再向北流入淮河。

淝水又西流，分为二水。右边的水就是淝水的旧河道，阻塞而成为船官湖，用来放置船舰。左边的水，再向西，经过石桥门北，石桥门也叫草市门。门外有石桥，连接北洲。洲上有西昌寺。此寺三面环水，寺中佛堂设有三尊佛像，佛像塑造逼真精妙，服饰精致光辉，是齐武帝所立。寺庙之西就是船官坊。以苍兕为标志的都水监官员，在这里经营运作船务。船官湖北面对着八公山。此山无树木，只是一座光秃秃的山冈罢了。山上有淮南王刘安的庙，刘安是汉高帝之孙厉王刘长的儿子，屈己待人，礼贤下士，喜爱儒家学说，同时招聚通晓各种方术技能的人士几千人，都是才智过人之辈，有许多人懂得神仙秘密法术和珍贵的典籍。忽然有八位老者，都是须眉洁白，到刘安门前求见。守门人说："我家大王好长生不老之道，如今各位先生看来并没有停止衰老的法术，我不能替你们通报。"八位老者全部变成青年人。刘安得知，十分敬重。八位老者与刘安出入相随，亲密无间，他们能炼黄金化仙丹。与刘安登八公山，把黄金埋在地里，炼成仙丹后，服之白日成仙，升天而去。剩余的仙药残留在容器之中，鸡犬舐而食之，也都有灵而升天。他们升天之处，所践踏过的石头，人马足迹现在还留存着，所以此山以八公为名。我曾经登临此处，人马足迹是看不见了，唯有庙中的人像还存在。庙中绘有刘安和八位老者的画像，坐在床帐之中，如同平常生活状态。衣服精致华美，都手持羽扇，下穿裙裤，身着披肩，所有巾壶枕物，一切如同寺庙所常见。庙前有石碑，是齐永明十年所建造的。八公山上有暗室石井，就是东汉崔琰《八公记》所说的："我下至寿春，登上北岭淮南王的修道之室，看见八公山的石井在那里。据说左吴与王春、傅生等人寻访刘安一同来到玄洲。我回来后写下这篇记，叫作《八公记》。"他并没有描述八公鸡犬升空之事。根据《汉书》的记录，刘安是因为谋反被诛杀的。东晋的葛洪却说他是得道成仙的，其事迹见葛洪所著《抱朴子》和《神仙传》。……

淝水又向西北流，经过八公山。从前早在晋朝时代，晋将谢玄抵御北方的前秦苻坚南侵，在八公山祈祷神灵，并布阵于淝水岸边。苻坚望见八公山上草木，都像人的形状，从而产生"草木皆兵"的幻觉。这里就是苻坚后来战败之处。并不是八公山之神有灵，帮助晋军，其实是苻坚将要垮台时困惑不安的心理反应。

[解说]

八公山在安徽淮南市西，虽然不高，但在中国历史上颇有名气。原因之一是，在这里流传过刘安与八公炼丹成仙的传说。刘安是西汉名王，多才多艺，礼贤下士，聚门客数千人。他主编的《淮南子》是古代一部重要的文化典籍。所谓八公，传说指刘安门下八位高才之士：苏飞、李尚、左吴、田由、雷渡、毛被、伍波、晋昌。他们可能是编撰《淮南子》的骨干，后世被道家之徒附会为炼丹服药而成了神仙。郦道元在这段文字里，记录了刘安庙宇状况和有关传说，对成仙之说加以反驳，体现出实事求是的史家精神。八公山闻名于世的原因之二是，在这附近发生过稳定东晋半壁江山的淝水之战。前秦苻坚战前望八公山上"草木皆兵"，战败后从此经过，又害怕"风声鹤唳"，成为历史的笑柄。郦道元简记其事，而力主"非八公之灵有助，盖苻氏将亡之惑"。这个判断是正确的，有助于破除世俗的迷信，认清历史的真相。与郦道元同时代的梁朝吴均，曾作《八公山赋》，采用铺陈夸饰的语句，描述八公山的地理环境和山中景色，兼及刘安八公成仙的传说，但未涉及淝水之战的故事。文章风格与《水经注》不同。

今天的八公山，已经建设成著名风景旅游区。山下新建淮南王宫，占地 1800 平方米，包括宫殿、刘安塑像，周边回廊镶有 60 幅砖雕壁画，反映西汉淮南王刘安的主要活动。

[集咏]

梁吴均《八公山赋》（摘句）："促嶂万寻，平崖亿绝，上披紫而烟生，傍带花而来雪。维英王兮好仙，会八公兮小山，驾飞龙兮翩翩，高驰翔兮冲天。"

宋王安石《八公山》："淮山但有八公名，鸿宝烧金竟不成。身与仙人守都厕，可能鸡犬得长生？"

宋叶梦得《八声甘州·寿阳楼八公山作》："故都迷岸草，望长淮，依然绕孤城。想乌衣年少，芝兰秀发，戈戟云横，坐看骄兵南渡，沸浪骇奔鲸。转眄东流水，一顾功成。千载八公山下，尚断崖草木，遥拥峥嵘。漫云涛吞吐，无处问豪英。信劳生，空成今古，笑我来，何事怆遗情。东山老，可堪岁晚，独听桓筝。"

无名氏《七绝怀古》："寿阳鸡犬仍做声，八公仙人化旧尘。笑煞淮南炼丹术，炼丹不成豆腐真。"（选注者按：据传说淮南王刘安发明了做豆腐。）

二十五、都江堰

江水又历都安县①。县有桃关②、汉武帝祠。李冰③作大堰于此，壅江作堋④。堋有左右口，谓之湔堋⑤。江入郫江、捡江以行舟⑥。《益州记》⑦曰:"江至都安,堰其右,捡其左⑧,其正流遂东,郫江之右也⑨。"因山颓水,坐致竹木,以溉诸郡⑩。又穿羊摩江⑪灌江。西于玉女房⑫下白沙邮⑬,作三石人立水中⑭,刻要江神⑮,水竭不至足,盛不没肩,是以蜀人旱则藉以为溉,雨则不遏其流。故记⑯曰:"水旱从人,不知饥馑。沃野千里,世号陆海⑰,谓之天府⑱也。"俗谓之都安大堰,亦曰湔堰,又谓之金堤⑲。左思《蜀都赋》⑳云"西逾金堤"者也。诸葛亮北征㉑,以此堰农本㉒,国之所资;以征丁千二百人主护之,有堰官㉓。

——《江水》一

[注释]

①江水又历都安县——江水,这里指长江上游支流岷江。都安县:古县名,在四川灌县(今都江堰市)东。

②桃关——在今四川省阿坝藏族羌族自治州东南部,岷江上游。

③李冰——战国时水利家,约公元前256—前251年,被秦昭王任为蜀郡守。他征发民工在岷江流域兴建了许多水利工程,以都江堰最为著名。他还主持凿平青衣江的溷崖(在今四川夹江县);治导什邡等县的洛水和邛崃等县的汶井江;又曾穿广都(今成都市双流区)盐井及诸陂池等。其事迹见《华阳国志·蜀志》。

④雍江作堋(péng)——雍塞江流,筑成大堰,即指分水用的鱼嘴。《太平寰宇记》说:"蜀人称堰为堋。"

⑤湔(jiān)堋——都江堰为湔水所分,故又称湔堋(堰)。湔水:古水名。据《水经注》,上游出玉垒山后即注入岷江,当指今汶川县、都江堰市间岷江某一支流(可能是白沙河);中游经今新都与洛水合,当指

今都江堰市、金堂县间岷江某一支流（可能是青白江）；下游即今金堂县以下的沱江。下游自《水经》以后改称洛水。

⑥江入郫（pí）江、捡江以行舟——郫江和捡江：是岷江二支流，古代称北江、南江。郫江，从灌县分支，经郫县，至成都市南，与锦江合。捡江，即流江，从灌县分支，经郫县南，为岷江正流。

⑦《益州记》——东汉李膺所撰地方志。益州：汉武帝所置十三刺史部之一，辖境约当今四川折多山，云南怒山、哀牢山以东，甘肃武都、两当，陕西秦岭以南，湖北郧县、保康西北，贵州除东部以外地区，东汉治所在雒（今四川广汉市北）。

⑧堰其右，捡其左——壅塞它的右边，控制它的左边。捡：约束，这里是控制的意思。

⑨"其正流遂东"二句——捡江在郫江之右，世以为岷江正流，故云"其正流遂东，郫江之右也"。正流：干流，主流。

⑩"因山颓水"三句——据《华阳国志·蜀志》载："岷山多梓、柏、大竹，颓随水流，坐致竹木，又灌溉三郡。"郦氏合二事为一，删节太过，因而读来感到支离。因山颓水：指就着山势把木材滚入岷江中，使之顺流而下。坐致竹木：即竹子和木材可以不费力而得到。

⑪羊摩江——疑指今四川崇州市境内的羊马河。

⑫玉女房——山洞名，在灌县西。李膺《益州记》："其房凿山为穴，深数十丈，中有廊庑（走廊和耳房）、堂室，屈曲似若神功，非人力。"

⑬白沙邮——此或指白沙守捉（驻于白沙的边防站），在今成都市郊。邮：驿站。

⑭作三石人立水中——三石人在灌县东南，传说是李冰所作，用以压水灾，实际上起水位标尺作用。

⑮刻要（yāo）江神——约束江神。要：约束，强制。如《公羊传》

庄公三十年："要盟可犯。"一说江神即上述三石人。刻要：即刻纹于石人之腰身，以表示水位高度。《华阳国志·蜀志》作："于玉女房下白沙邮作三石人，立之水中，与江神要，水竭不至足，盛不没肩。"郑肇经《中国水利史》上海书店1984年版第260页说："秦李冰时，在堰之上游白沙立三石人以验水量，又于石人前铭曰：'干毋及足，涨毋没肩，年中水量，以此为度。'今石人已失所在。"又据武汉水利电力学院编写组《中国水利史稿》水利电力出版社1987年版第71页说，1974年、1975年先后发现两个石人，其一为李冰像，东汉建宁元年（168）所造。

⑯记——指《华阳国志》。

⑰陆海——物产富饶的地区。《汉书·地理志》："（秦地）有鄠杜竹林，南山檀柘，号称陆海，为九州膏腴。"颜师古注："言其地高陆而饶物产，如海之无所不出，故云陆海。"

⑱天府——指自然条件优越，物产富饶的地方。《战国策·秦策》："田肥美，民殷富，战车万乘，奋击百万，沃野千里，蓄积饶多，地势形便，此所谓天府。"

⑲金堤——意指牢固如钢铁一般的堤防。

⑳左思《蜀都赋》——左思：西晋文学家。曾构思十年，写成《三都赋》，《蜀都赋》为其中一篇。

㉑诸葛亮北征——诸葛亮于蜀汉后主建兴五年（227）至建兴十二年（234），曾五次北征，攻魏以图中原。在此期间，竭力推行屯田政策。

㉒以此堰农本——杨守敬脱"此"字，据朱谋㙔本增。

㉓"以征丁千二百人主护之"二句——诸葛亮采取护堰措施以发展农业的事迹，不见于《三国志·蜀志·诸葛亮传》，此文足补史籍之缺。陈仁锡批："先治饷是武侯上着。"

[今译]

　　岷江水又过都安县，县境内有桃关、汉武帝祠。李冰在这里截断岷江，修筑大坝。坝有左右两口，叫作湔坝。岷江水分入郫江和捡江，可以行船。《益州记》说："岷江流到都安，塞住右边支流郫江，控制左边正流捡江，正流向东去，而郫江在其右。"这样顺着山形水势，能够轻易地把上游竹木放送到下游，以其水灌溉下游各郡。又穿凿羊摩江使之注入岷江，在西边的玉女房，直到白沙邮。在江水中立三个石人像，约束江神，使江水少时不浅过石人足部，江水多时不淹过石人肩部。所以蜀人在旱时就用它来灌溉，在雨季来临时也不阻止它的流通。所以《华阳国志》说："此地水量多少皆依从人的意志，从而年年丰收，百姓不闹饥荒。蜀中平原，肥沃的田野，一望千里，物产丰富，无所不有，历来号称陆海，蜀地被称为天府之国。"世人把大坝称为都安大堰，也叫湔堰，称为金堤。左思《蜀都赋》中说"西面越过金堤"，即此。诸葛亮北伐中原，认为都江堰是发展农业的根本，为国家之所依托。便征调士兵一千二百人负责保护大坝，并设置管理大坝的官吏。

[解说]

　　都江堰，古称都安大堰，位于四川成都市附近的岷江中游，该地古设都安县，故又称都安堰。都安县后来改为灌县，20世纪末改为都江堰市。岷江发源于岷山之南，水源旺盛，从山区进入川西平原，流速陡降，易淤易决。在都江堰修筑之前，水患极为严重。战国初期，蜀相开明决定分岷江水以除水患，打通玉垒山，凿开宝瓶口，修筑一条长80米，宽20米，高40米的水渠，分离的石堆又称离堆。秦昭王时，蜀郡太守李冰及其子进一步完善该工程，修筑"鱼咀"，即在岷江中筑分水坝，把岷江水一分为二，一支顺流而下，叫作外江；另一支入宝瓶口，叫作内江。这样既可分洪，又可灌溉。又在"鱼咀"尾部筑飞沙堰，相当于溢洪道和平水槽，使泥沙不致淤塞宝瓶口。据记李冰还在江中立三石人，实际上是水位测量标尺。这样就构成了一座集航行、排洪、灌溉、防沙、控流于一体的大型水利工程系统，有很高的科学水准。两千多年来，一直使用至今，造福于四川平原。人们为了纪念李冰父子，在附近建二王庙及伏龙观。我曾于1977年到都江堰参观，游人稀少。2008年汶川大地震时一些庙宇遭到破坏，现在已经修复。2011年我又重游，景点焕然一新。

最早记录李冰功绩的是东晋常璩所著《华阳国志》。郦道元没有到过四川，《水经注》中这段文字，以及关于李冰战江神的传说主要是参考《华阳国志》而写成的。

[集咏]

宋范成大《离堆行》（摘句）："残山狼石双虎卧，斧迹鳞皴中凿破。潭渊油油无敢唾，下有猛龙拴铁锁。自从分流注石门，西川粳稻如黄云……"

明杨慎《游疏江亭观修都江堰》："疏江亭上眺芳春，千古离堆迹未陈。矗矗楼台笼蜃气，昀昀原隰接龙鳞。井居需养非秦政，则堰淘滩是禹神。为喜灌坛河润远，恩波德水又更新。"

清吴文锡《都江堰》："龙是何年伏，江流滚滚来。神功名永著，山势斧分开。作堰敢辞瘁，慰农愧少才。眷言秦太守，一步一低回。"

清吕元亮《都江堰》："啮山喷怒雪，垒石队寒云。禹迹真堪补，双流此地分。"

清黄俞《都江堰》："岷江遥从天际来，神功凿破古离堆。恩波浩渺连三楚，惠泽膏沃润九垓。斧辟岩前飞瀑雨，伏龙潭底响轻雷。筑堤不敢辞劳苦，竹石经营取次栽。"

清山春《灌阳竹枝词》："都江堰水沃西川，人到开时涌岸边。喜看码槎频撤走，欢声雷动说耕田。"

清董湘琴《游伏龙观》："峡口雷声震碧端，离堆凿破几经年。流出古今秦汉月，问他伏龙可曾寒?"

二十六、巫峡

江水又东，径巫峡，杜宇①所凿以通江水也。郭仲产②云：按《地理志》"巫山在县西南③"，而今县东有巫山，将郡县居治无恒故也④。

江水历峡，东径新崩滩⑤。此山汉和帝永元十二年崩⑥，晋太元二年⑦又崩。当崩之日，水逆流百余里，涌起数十丈，今滩上有石，或圆如箪⑧，或方似笥，若此者甚众，皆崩崖所陨，致怒湍流⑨，故谓之新崩滩。其颓岩所余，比之诸岭，尚为竦桀⑩。

其下十余里，有大巫山⑪，非惟三峡所无，乃当抗峰岷峨，偕岭衡疑⑫。其翼附群山，并概青云⑬，更就霄汉辩其优劣耳。神孟涂所居。《山海经》曰："夏后启之臣孟涂，是司神于巴，巴人讼于孟涂之所，其衣有血者执之。是请生，居山上，在丹山西⑭。"郭景纯⑮云："丹山在丹阳，属巴⑯。"丹山西即巫山者也。又，帝女居焉，宋玉所谓天帝之季女，名曰瑶姬，未行而亡，封于巫山之台⑰，精魂为草，实为灵芝。所谓巫山之女，高唐之姬⑱，旦为行云，暮为行雨，朝朝暮暮，阳台之下⑲。旦早视之，果如其言。故为立庙，号"朝云"焉。其间首尾一百六十里，谓之巫峡，盖因山为名也。

自三峡七百里中⑳，两岸连山，略无阙处。重岩叠嶂，隐天蔽日,自非亭午夜分,不见曦月㉑。至于夏水襄陵,沿溯阻绝㉒。或王命急宣,有时朝发白帝㉓,暮到江陵㉔,其间千二百里㉕,虽乘奔御风,不以疾也㉖。春冬之时,则素湍绿潭,回清倒影,绝巘㉗多生怪柏,悬泉瀑布,飞漱其间,清荣峻茂㉘,良多趣味㉙。每至晴初霜旦,林寒涧肃,常有高猿长啸,属引凄异㉚,空谷传响,哀转久绝㉛。故渔者歌曰:"巴东三峡巫峡长,猿鸣三声泪沾裳㉜。"

——《江水》二

[注释]

①杜宇——传说中的古代蜀国国王,东周末年称帝于蜀,号望帝;后归隐,让位于其相开明。时当二月,子鹃鸟鸣,蜀人怀之,因呼鹃为杜鹃。

②郭仲产——晋人,曾任荆州从事,著有《荆州记》二卷。

③巫山在县西南——此句并不见于《汉书·地理志》,而是东汉应劭所说。县:指四川巫山县治,秦汉时在今重庆市巫山县北,西晋以后移至今治。

④将郡县居治无恒故也——或许由于郡县治所变化不定的缘故。将:抑、或,表示揣测的副词。居治:指郡县治所,即郡县政府所在地。

⑤新崩滩——在巫山县东。1985年6月,该处曾发生巨大山体滑坡,整个新滩镇被毁,由于预报及时,仅一名不愿离开的老人死亡。

⑥"此山"句——《后汉书·五行志》载:"和帝永元十二年夏,闰四月戊辰,南郡秭归,山高四百丈,崩,填溪,压杀百余人。"永元十二年:公元100年。永元,东汉和帝刘肇第一个年号。

⑦太元二年——公元377年。太元:东晋孝武帝司马曜第二个年号。

⑧箪(dān)——古代盛饭的圆形竹器。

⑨致怒湍流——使急流受阻，而发怒般奔腾。怒：使动用法。

⑩"其颓岩所余"三句——那山崩裂后的剩余部分，同其他山岭相比，还是很高峻。竦（sǒng）桀：耸立高峻的样子。

⑪大巫山——主峰在巫山神女庙东约三十里处。

⑫"非惟三峡所无"三句——乃：犹"且"。抗峰：比较山峰之高。抗：匹敌。岷：岷山，在今四川松潘县北。峨：峨眉山，在今四川峨眉山市西南。偕岭：谓峰岭比肩并列。衡：衡山，五岳中的南岳，在今湖南衡山县境内。疑：九疑山（即九嶷山），又名苍梧山，在湖南宁远县。钟惺评点说："只是高远二字，写得极真极幻，便妙。"

⑬概——量粮食时刮平斗斛的器具。此处用如动词，意即平。

⑭"夏后启之臣孟涂"七句——引自《山海经·海内南经》，文字略有出入。其大意是：夏朝君主启的臣子孟涂，为巴地司法之神，巴人到他的住所打官司，他拘留了衣上有血者。被拘之人，请求饶命，让他住在丹山西的一座山上。司神于巴：谓孟涂为巴地司法之神。司神，司法之神。巴，指古巴国。

⑮郭景纯——郭璞，东晋学者，曾为《山海经》作注。

⑯丹山在丹阳，属巴——丹阳：古都邑名，又称丹阳城或楚王城，在今湖北秭归县东。巴：指巴郡。

⑰"帝女居焉"五句——帝女：指赤帝女瑶姬。宋玉：战国楚之辞赋家，晚于屈原，曾事顷襄王。季女：年龄最小的女儿。行：指女子出嫁。封：加土封墓，即埋葬。宋玉的话，大意见宋玉《高唐赋》。

⑱高唐之姬——高唐：战国时楚国台馆名，在云梦泽中。姬：美女之称。

⑲"旦为行云"四句——见《高唐赋序》。阳台：即阳云台，在巫山

县西北,高120丈,南枕长江。

⑳自三峡七百里中——这段路程实为193公里。

㉑自非亭午夜分,不见曦(xī)月——亭午夜分:正午和夜半。曦:日光。注者按:这句话是夸张之辞,实际情况并未达到不见日月的程度。

㉒"至于夏水襄陵"二句——到夏季江水漫上山陵的时候,上行和下行的船只都被阻隔断绝了。襄:漫上。

㉓朝发白帝——白帝:白帝城,在今重庆市奉节县东白帝山上,城为东汉初公孙述所筑。公孙述自号白帝,故城以为名。城居山上,形势险要,三国时蜀汉以为防吴重镇,刘备伐吴战败后,病逝于白帝城,托孤于诸葛亮。

㉔江陵——今湖北江陵县,东汉时为荆州州治。

㉕其间千二百里——从白帝城至江陵,实为350公里。

㉖虽乘奔御风,不以疾也——奔:动词用作名词,指飞奔的马。不以:比不上。疾:快速。

㉗绝巘——极高的山峰。

㉘清荣峻茂——这四个字形容四种景象:泉水清澈,树木茂盛,峰峦高峻,花草繁密。

㉙良多趣味——实在饶有趣味。良:诚然,实在。朱之臣评以上文字说:"山水到奇胜处,容易不宜下笔,须小停时日,使不在眼中而在心中,然后以笔追之,故能争胜于烟云光气之间,而不为所夺,自是妙理。"

㉚"常有高猿长啸(xiào)"二句——经常有山上的猿猴拉着长声叫个不停,音调凄凉异常。啸:长鸣。属引:连续不断。

㉛哀转久绝——悲伤的叫声延续许久才消失。转:同"啭"。由于生态环境改变,现在长江三峡中已很少见到猿猴。

㉜"巴东三峡巫峡长"二句——巴东:此指今重庆云阳、奉节、巫

山一带，而非狭义的湖北巴东县。三峡之中最长的是西陵峡，不是巫峡。此二句又见东晋袁山松《宣都山川记》："巴东三峡猿鸣悲，猿鸣三声泪沾衣。"应是当地民谣，记录略有差异。

[今译]

　　长江水又向东，流经巫峡。巫峡是蜀王杜宇所开凿，以便长江水畅流。郭仲产《荆州记》说：按照《汉书·地理志》所记，巫山在巫山县西南。然而现在县城之东有巫山，或许是郡县治所不固定的缘故吧。

　　长江水流过巫峡，向东，经过新崩滩。这座山在东汉和帝永元十二年崩塌过，晋太元二年又崩塌过。当山崩之时，长江水倒流一百余里，涌起数十丈水浪。如今滩上有的石头，或圆如竹篮，或方如竹箱，此类石头很多，都是崩崖时坠落的。它们堵塞河床，使得急流受阻，发怒般奔腾，所以叫作新崩滩。山岭崩塌后所余的峰岩，比起周围其他各岭，还要显得高耸突出。

　　新崩滩以下十余里，有大巫山。其高峻非但三峡之中绝无仅有，而且可与岷山、峨眉山相比，与衡山、九疑山并列。依附在大巫山周围的群山，都高与云齐，只有到天上才能分出谁高谁低来。此乃司法之神孟涂居住的地方。《山海经》说："夏王启的臣子孟涂，是巴国司法神。巴人诉讼于孟涂之处，查出一个衣服上有血迹的人，便抓起来要处死他。这个人请求活命，孟涂命他住在山上，山在丹山之西。"郭璞《山海经注》说："丹山在丹阳，属巴郡。"巴山西边就是巫山。又传说天帝的女儿居住在那里。宋玉说，她是天帝的小女儿，名叫瑶姬，没有出嫁就死了，埋葬在巫山的阳台，她的精魂化为草，就是灵芝。宋玉《高唐赋》云神女托梦于楚怀王说：我是巫山的女儿，高唐的姑娘，早上变为行云，晚上变为阵雨，早早晚晚，都在阳台下面。楚怀王第二天早上起来看，果然与梦中女神所说的情形相同。所以后人为神女建立庙宇，叫作朝云祠。长江流经其间约一百六十余里,叫作巫峡,大概是因巫山得名。

在三峡七百里之中,长江两岸山连着山,没有空缺之处,重岩叠嶂,遮天蔽日,除非在正午或者半夜,否则看不见太阳和月亮。到了夏天江水涨满,漫上山陵,沿江的交通阻塞断绝。偶尔有朝廷命令必须迅速传达,有时早上从白帝城出发,晚上可抵达江陵,其间一千二百里,即使乘奔马御长风而行,也不会这么快。春冬时节,只见洁白的流水,碧绿的深潭,回映着清天,倒映各种景物。极高的山峰上生长着形状怪异的柏树,大大小小的悬泉瀑布,飞速地冲刷在岩崖之间。水清、木荣、峰峻、草茂,的确使人产生极大的观赏兴趣。每到雨雪初晴之日,或清晨霜冻之时,森林萧瑟,溪涧寂静,常有高处的猿猴拉着长声呼叫,连续不断,凄凉异常。声音在空旷山谷中飘荡回响,很久才会消失。所以江边打鱼的人歌唱道:"巴东三峡巫峡长,猿鸣三声泪沾裳。"

[解说]

从重庆巫山县大溪口至湖北巴东县官渡口,是长江三峡中的巫峡。峡谷绵延四十公里,又称大峡。它是三峡中最曲折幽深的峡谷。千姿百态的"巫山十二峰"屹立在巫峡两岸,其中尤以神女峰最为高峻,神话传说甚多。郦道元生长在北方,没有到过长江三峡,此段文字乃综合各种地理史志和古代传说写成。其中"自三峡七百里中"一段,前人(如熊会贞)早已指出,出自东晋人盛弘之《荆州记》,是历来脍炙人口的名作。

它突出描写"虽乘奔御风,不以疾也"的迅急水势,力图再现"清荣峻茂,良多趣味"的优美山景,把高峡、湍流、猿啸、渔歌这些带有典型意味的景物,用动静交替、张弛自如的笔法,历历呈现在读者面前。亦文亦赋,历来是古代散文读本必选之作。明代文学家钟惺评论这段文字时说:"写出山水幽奇,手口间有一段低回恋赏之态。不独摹其形势,并与自己性情写出矣,所谓'与山水相关'在此。"明朱之臣《水经注删》

说：" 山水到奇胜处，容易不宜下笔，须小停数日，使不在眼中而在胸中，然后以笔书之。故能争胜于烟云光气质间，而不为所夺，自是妙理。（盛）弘之此文，直使三峡之奇，不能溢笔墨，而欲追笔墨以为胜。"

文末所引"巴东三峡巫峡长，猿鸣三声泪沾裳"，后来常被历代文人化用。如张九龄《巫山高》："惟有巴猿啸，哀音不可听。"杜甫《秋兴八首》之二："听猿实下三声泪，奉使虚随八月槎。"孟郊《巫山曲》："目极魂断望不见，猿啼三声泪沾衣。"古代行旅艰辛，思乡情切，所以闻猿啼鸟鸣，都会大发感慨。今天的旅行条件已经大大改变，20世纪70年代末和80年代初我曾经两度路过三峡，同船的人想用望远镜观赏巴猿而不可得，更不必说"泪沾裳"了。

[集咏]

南齐刘绘《巫山高》："高唐与巫山，参差郁相望。灼烁在云间，氛氲出霞上。散雨收夕台，行云卷晨障。出没不易期，婵娟以惆怅。"

梁萧绎《巫山高》："巫山高不穷，迥出荆门中。滩声下溅石，猿鸣上逐风。树杂山如画，林暗涧疑空。无因谢神女，一为出房栊。"

唐李白《巫山枕障》："巫山枕障画高丘，白帝城边树色秋。朝云夜入无行处，巴水横天更不流。"

唐杜甫《即事》："暮春三月巫峡长，皛（xiǎo）皛行云浮日光。雷声忽送千峰雨，花气浑如百和香。黄莺过水翻回去，燕子衔泥湿不妨。飞阁卷帘图画里，虚无只少对潇湘。"

唐李贺《巫山高》："碧丛丛，高插天。大江翻澜神曳烟。楚魂寻梦风飔（sī）然。晓风飞雨生苔钱。瑶姬一去一千年，丁香邛竹啼老猿。古祠近月蟾桂寒，椒花坠红湿云间。"

宋陆游《三峡歌》："十二巫山见九峰，船头彩翠满秋空。朝云暮雨浑虚语，一夜猿啼明月中。"

清张问陶《巫峡》:"云点巫山洞壑重,参天乱插碧芙蓉。可怜十二奇峰外,更有零星百万峰。"

近代王闿运《入巫峡》:"入峡平流稳,江山信美哉!涛空荡琴响,鸟语似仙来。日月灵光曙,萧寒障雾开。古今传乐府,谁信楚臣哀。"

二十七、西陵峡

江水自建平至东界峡①,盛弘之谓之空泠峡②。峡甚高峻,即宜都、建平二郡界③也。其间远望,势交岭表,有五六峰,参差互出。上有奇石,如二人像,攘袂相对。俗传两郡督邮④争界于此,宜都督邮厥势小东倾,议者以为不如也⑤。

江水历峡,东径宜昌县之插灶⑥下。江之左岸,绝崖壁立数百丈,飞鸟所不能栖。有一火烬⑦插在崖间,望见可长数尺。父老传言,昔洪水之时,人薄舟崖侧,爨于此,以余烬插之岩侧,至今犹存,故先后相承,谓之插灶也。

江水又东,径流头滩⑧。其水并峻激奔暴,鱼鳖所不能游,行者常苦之。其歌曰:"滩头白勃坚相持,倏忽沦没别无期⑨!"袁山松⑩曰:"自蜀至此,五千余里,下水五日,上水百日也。"

江水又东,径宜昌县北。分夷道、佷山所立也⑪。县治江之南岸⑫,北枕大江,与夷陵对界⑬。《宜都记》曰:"渡流头滩十里,便得⑭宜昌县。"

江水又东,径狼尾滩⑮,而历人滩⑯。袁山松曰:"二滩相去二里,人滩水至峻峭⑰。"南岸有青石,夏没冬出,其石嶔崟⑱,数十步中，悉作人面形，或大或小，其分明者，须发皆具，因名曰人滩也。

江水又东，径黄牛山，下有滩名曰黄牛滩⑲。南岸重岭叠起，最外高崖间，有石色如人负刀牵牛⑳，人黑牛黄，成就万明，既人迹所绝，莫能究焉㉑。此岩既高，加以江湍纡回，虽途径信宿，犹望见此物。故行者谣曰："朝发黄牛，暮宿黄牛，三朝三暮，黄牛如故。"言水路纡深，回望如一矣㉒。

江水又东，径西陵峡㉓。《宜都记》曰："自黄牛滩东入西陵界，至峡口一百许里，山水纡曲，而两岸高山重嶂，非日中夜半，不见日月。绝壁或千许丈，其石彩色形容，多所象类。林木高茂，略尽冬春。猿鸣至清，山谷传响，泠泠不绝。所谓三峡，此其一也。"山松言：常闻峡中水疾，书记及口传悉以临惧相戒，曾无称有山水之美也。及余来践跻此境㉔，既至欣然，始信耳闻之不如亲见矣。其叠崿秀峰，奇构异形，固难以辞叙；林木萧森，离离蔚蔚，乃在霞气之表㉕。仰瞩俯映，弥习弥佳㉖，流连信宿，不觉忘返，目所履历，未尝有也。既自欣得此奇观，山水有灵，亦当惊知己于千古矣！

——《江水》二

[注释]

①建平至东界峡——建平：郡名，在湖北省西南部，长江南岸，东临宜都郡，治所在今重庆巫山县北。东界峡：因位于宜都之西，即建平的东界，故名。

②盛弘之谓之空泠峡——盛弘之：南朝宋人，曾任临川王侍郎，撰有

《荆州记》。空泠峡：或作"空舲峡"。清顾祖禹《读史方舆纪要》卷七十八："空舲峡，在归州东三十里。夏秋水泛，必空舲（有窗子的小船）乃可上，一名空峡滩。明万历时，知州吴守忠凿平之，改名通舲峡。"在今湖北秭归县东南。

③宜都、建平二郡界——宜都：郡名，治所在今湖北宜都市。按：空泠峡为夷陵、秭归二县分界处，自三国至晋宋，夷陵属宜都郡，秭归属建平郡。

④督邮——官名，汉至隋各郡的属吏，代表太守督察县乡，宣达教令，兼司狱讼捕亡等事。

⑤议者以为不如也——议论的人们认为大概它争不过建平督邮。谭元春评点说："想象胜劣，更觉灵活。"

⑥宜昌县之插灶——宜昌县：即今宜昌市，在湖北西部长江沿岸，为长江中上游物资转运枢纽，向有"川鄂咽喉"之称。东晋时县治在今宜昌市西北长江南岸。插灶：指插灶岩，在秭归县东。

⑦火烬——没有烧尽的木柴。谭元春说："洪水既平，余烬不灭，亦一奇迹。"注者疑为古代悬棺葬木料之遗留，长江上游崖壁间多有。

⑧流头滩——在今湖北宜昌市与秭归县之间长江中。

⑨"滩头白勃坚相持"二句——是说在滩头白色漩涡中奋力坚持，忽然沉没江流竟成永别。白勃：白色漩涡。倏（shū）忽：很快地，忽然。何焯评："二语妙，有思致。"钟惺评："此歌妙甚，'坚相持'、'别无期'，深有情理。"朱之臣评："古风谣如此者少，尤奇在'别无期'三字。"

⑩袁山松——东晋人，历任吴郡太守，宜都太守，著有《宜都记》，又名《宜都山川记》，已佚。下面的话，当出自《宜都记》。"下水五日，上水百日"是夸张之语。

⑪分夷道、佷（hěn）山所立也——夷道：即夷道县，治所在今湖北宜都市西北。佷山：即佷山县，在今湖北长阳县西。

⑫县治江之南岸——县的治所在长江南岸。县治：指县城。按：今宜昌市政府在长江之东。

⑬与夷陵对界——古时夷陵在江北，宜昌在江南，两县隔江相对，故云"与夷陵对界"。夷陵：古县名，治所在今宜昌市西北。

⑭便得——就能得到。自"江水又东，经宜昌县北"至"便得宜昌县"一段，以今地理订之，当在本文之末。错简于此，故多不相合。

⑮狼尾滩——今在宜昌市西，流头滩下。

⑯人滩——在狼尾滩东二里。

⑰人滩水至峻峭——"峻峭"本形容山，这里借以描写浪涛之高而急。朱之臣评："水说峻峭，妙！"

⑱欹崟（qín）——形容石头高大、突出。

⑲"径黄牛山"二句——黄牛山：也称黄牛峡，在今宜昌市西北。黄牛滩：现已被清除。

⑳有石色如人负刀牵牛——此石壁甚高大，在宜昌市西北，郦道元误记在其东，当是根据讹传。

㉑既人迹所绝，莫能究焉——朱之臣评论此二句说："叙奇山水有真幻二法。如成就分明，此逼语也，须得人迹二句，始幻耳。"

㉒言水路纡深，回望如一矣——民谣之意是说水路曲折深长，船过之后回头望去，似乎还在原来的地方。如一：同起初见的景色一样。唐李白《上三峡》诗："三朝上黄牛，三暮行太迟。三朝又三暮，不觉鬓成丝。"即从此化出。南宋范成大《吴船录》记其亲自经历，逆流而上，终日犹可见。顺流而下，回前即望断。他认为"黄牛如故之语，亦好事者之言耳"。注者曾三次经过此山，也觉得是夸张之辞。

㉓径西陵峡——按：西陵峡止于宜昌市西之南津关，其东已无大峡，此句疑衍。

㉔及余来践跻（jī）此境——践跻：登临，到达。袁山松曾任宜都太守。

㉕"林木萧森"三句——树木错落竦立，异常繁茂，显露在云霞雾气之上。离离：繁茂的样子。表：表面，此谓"在……上面"。朱之臣评点说："'乃在霞气之表'，人知其俊，而不知其着眼甚高。"

㉖仰瞩（zhǔ）俯映，弥习弥佳——仰观俯视，愈熟悉就愈感到景色优美。瞩：注视。弥：愈，越。习：指熟于其事或常见其物。朱之臣评点以上数句："心目中与山水相对，奇景相关，始看得分明，写得高妙。"

[今译]

长江水从建平郡流至东界峡，盛弘之《荆州记》称之为空泠峡。此峡峰高而险峻，此处就是宜都郡与建平郡的分界地。在这里远远望去，高峰似乎在岭外相连接。有五六座山峰，参差不齐，互相突出。山上有两块奇石，如同两个人的样子，挽起衣袖相对立。世俗传说是宜都、建平两郡的督邮官，在此处争分地界，宜都郡的督邮的姿势稍向东边倾斜，评论者以为他大概争不过建平督邮。

长江水流过东界峡，向东，经过宜昌县的插灶岩之下。长江北岸，悬崖绝壁直立，高数百丈，连飞鸟也无法栖息。有一根没有烧尽的木柴插在悬崖之间，看起来约长数尺。当地父老传说，从前发洪水之时，有人泊舟于悬崖之旁，烧火做饭，把没有烧完的剩余木柴插在岩边石缝里，直到如今还存在。所以人们先后相承，称这个地方为"插灶岩"。

长江水又向东，经过流头滩。此处水流同样湍急，暴怒狂奔，连鱼鳖也不能停游，行船之人常常感到苦恼。他们歌唱道："在滩头白色漩涡中奋力坚持，突然沉没江中遽成永别。"袁山松《宜都记》说："从蜀中到此处，五千余里，顺水五日可到，逆水则需百日。"

长江水又向东流，经过宜昌县北边。宜昌县是分夷道、佷山两县而设立的。宜昌县城在长江南岸，北靠大江，与夷陵县隔江相对。《宜都记》说："渡过流头滩十里，就能到达宜昌县。"

长江水又向东，流经狼尾滩，而后经过人滩。袁山松说："二滩相距二里，人滩一带水流极险恶。"南岸有一堆青石头，夏天被水淹没，冬天露出水面。这些石头高大突出，几十步中的石块，都像人脸的样子，有的大，有的小，其中最明显的，胡须头发皆具备，因此名叫人滩。

长江水又向东流，经过黄牛山，山下的滩名叫黄牛滩。南岸重岩叠嶂，最靠江边的山崖高处，有一片石壁，颜色像一个人背着刀牵着一头牛，人是黑的，牛是黄的，自然形成，状态十分清楚。那地方是人迹所不能到达的，因此没有人能够探究是如何形成的。这座山崖很高，加上江流迂回曲折，即使在江上走了三天两夜，还能望见那座黄牛山。所以行路人在歌谣中唱道："朝发黄牛，暮宿黄牛，三朝三暮，黄牛如故。"说的是水路迂曲深长，船过后回头一看，景物还和原来一样。

长江水又向东流，经过西陵峡。《宜都记》说："从黄牛滩以东进入西陵郡界，到峡口，一百余里，两岸高山大岭，除非是中午和半夜，就看不见太阳和月亮。悬崖绝壁，有的高达千余丈，其石壁的颜色形状，与很多东西相似。林高木茂，经过冬去春来。猿猴的啼叫极其凄清，回音在山谷中传扬，如水流之声绵延不断。所谓三峡，西陵峡是其中之一。"袁山松还写道：常常听说三峡中水流迅急，文献记录和口头传说都以到那里会感到惧怕来互相告诫，竟没有人称赞这一带有山水之美。等到我涉足这块地方，到过之后十分高兴，才相信耳闻不如亲眼所见。这里有重叠的石岩，秀丽的山峰，奇特的构造、怪异的形状，实在难以用言辞来叙说。这里林木幽深繁密，郁郁葱葱，显现在云霞之外。无论仰观俯视，越看越觉得美好。我在这里流连观赏了三天两夜,不知不觉,竟忘记回去。我亲眼见过的地方,从未有这样美的,我很欣慰能发现如此的奇观。山水如果有灵,也应当惊喜我这个千古的知音朋友啊。

[解说]

西陵峡,在湖北省境内。西起巴东县官渡口,东至宜昌市南津关,全长120千米。其间峭壁巉岩,景象奇特,有兵书宝剑峡、牛肝马肺峡、黄牛山、扇子峡、灯影峡、黄猫峡等著名景点。

这段文字叙写以长江流向为序,从东界峡、插灶岩、流头滩,历述至黄牛滩。抓住奇峰异石"多所象类"作文章,写来历历如见。钟惺说:"《水经注》以一段一句取胜,如此高秀奇丽者亦少。"

西陵峡一段,摘自袁山松《宜都记》,不但写景,而且抒情。三峡之美,因袁山松的发现而闻名于世;袁山松之文,因郦道元的转引而千古流传。可以认为,袁山松是三峡的知音,郦道元又是袁山松的知音。

现在,在西陵峡东部三斗坪地区修建了世界闻名的三峡大坝。坝顶高185米,正常蓄水高达175米,库区长达600公里,总库容近400亿立方米,1993年开工,2009年建成。现在江中许多滩石已被淹没,但两岸山景大致如故。毛泽东在1956年写的《水调歌头·游泳》中想象:"更立西江石壁,截断巫山云雨,高峡出平湖,神女应无恙,当惊世界殊。""西江"指长江之西陵峡一段,"平湖"就是三峡大坝建成后所形成的巨型水库,"神女"即神女峰的传说,我曾多次路过三峡,感觉其宏伟壮丽,与古人所描述的惊恐心态,已经大不相同了。

[集咏]

唐杨炯《西陵峡》(摘句):"绝壁耸万仞,长波射千里。盘薄荆之门,滔滔南国纪。……自古天地辟,流为峡中水。行旅相赠言,风涛无极已。及余践斯地,瑰奇信为美。江山若有灵,千载伸知己。"

宋欧阳修《黄牛峡祠》（摘句）："画船百丈山前路，上滩下峡长来去。江水东流不暂停，黄牛千古长如故。峡山侵天起青障，崖崩路绝无由上。黄牛不下江头饮，行人惟向舟中望。朝朝暮暮见黄牛，徒使行人过此愁。山高更远望犹见，不是黄牛滞客舟。"

宋苏轼《黄牛庙》（摘句）："江边石壁高无路，上有黄牛不服箱。庙前行客拜且舞，击鼓吹箫屠白羊。山下耕牛苦硗确，两角磨崖四蹄脱。青刍半束长苦饥，仰看黄牛安可及。"

清张问陶《黄牛峡》："好奇须过古巴东，千山千水貌不同。看到黄牛三峡尽，可怜丘壑满胸中。"

二十八、沅水

沅水又东，历临沅县①西，为明月池、白璧湾②。湾状半月，清潭镜澈。上则风籁空传，下则泉响不断。行者莫不拥楫嬉游③，徘徊爱玩。

沅水又东，历三石涧④。鼎足均跱，秀若削成。其侧茂竹便娟⑤，致可玩也。又东带绿萝山⑥，绿萝蒙幕⑦，颓岩临水，实钓渚渔咏之胜地。渔咏幽谷，浮响若钟，信为神仙之所居。

沅水又东，径平山⑧西。南临沅水，寒松上荫，清泉下注，栖托者不能自绝于其侧⑨。……

沅水又东，历小湾，谓之柱渚。渚东里许，便得柱人山⑩。山西带修溪⑪，一百余里，茂竹便娟，披溪荫渚，长川径引⑫，远注于沅。

沅水又东，入龙阳县[13]。有澹水出汉寿县西杨山[14]，南流东折，径其县南。县治索城[15]，即索县之故城也。汉顺帝阳嘉中[16]，改从今名。阚骃[17]以为兴水所出，东入沅，而是水又东历诸湖，方南注沅[18]，亦曰渐水也。水所入之处，谓之鼎口[19]。

沅水又东，径龙阳县之氾洲[20]，洲长二十里。吴丹阳太守李衡[21]，植柑于其上，临死，敕[22]其子曰："吾洲里有木奴千头[23]，不责衣食，岁绢千疋[24]。"太史公[25]曰："江陵千树橘，可当封君[26]。"此之谓矣。吴末，衡柑成，岁绢千疋。今洲上犹有陈根余枿[27]，盖其遗也。

沅水又东，径龙阳县北，城侧沅水。沅水又东，合寿溪[28]，内通大溪口[29]。有木连理，根各一岸，而凌空交合[30]。其水上承诸湖[31]，下注沅水。

——《沅水》

[**注释**]

①临沅县——古县名，在今湖南桃源县北，沅江下游。

②明月池、白璧湾——明月池：在今湖南桃源县西南。据《太平御览》卷五百七十二引黄闵《武陵记》说："明月池，碧潭镜澈，百尺见底，素岩若雪，松如插翠，流风叩阿（水涯），有绿桐之韵。"白璧湾：又名半月湾，在今湖南桃源县西南。

③行者莫不拥楫（jí）嬉游——拥楫：手持船桨，即划船。朱之臣评点说："桃源为陶渊明拈出，记文之妙，笔味绝伦。按《图经》此正桃源地，而善长不复再拈，别自出奇，可谓善据胜者也。"

④三石涧——据熊会贞《水经注疏》说："今有倒水岩，在桃源县西

南瓮子滩上，岩石参差，鼎立称尊，适可三足，中皆有涧隔之，其地饶竹。"

⑤茂竹便娟——便娟：形容女子姿态轻盈美好，这里借以形容茂密的竹林纤秀可爱。

⑥又东带绿萝山——沅江东流如带环绕绿萝山。带：名词用作动词。绿萝山：在今桃源县南。

⑦绿萝蒙幕——绿色的松萝如同布帐覆盖山上。萝：松萝，属地衣门，松萝科。植物体呈树枝状，直立或悬垂，长的可达一米以上，一般为灰绿色。

⑧平山——在湖南常德市西，一名武山、太和山、武陵山、河洑山，山顶有耆阇（shé）寺、道德观，其下有德胜泉。

⑨栖托者不能自绝于其侧——意即幽静的平山之侧是僧道们向往的地方。栖托者：本指寄居者，这里指出家的佛教徒。钟惺认为这句话"说得人与山水俱有深情"。

⑩柱人山——即柱山，又名善德山，在今湖南常德市东南。枉渚即发源于此山。

⑪修溪——一名苍溪，源出今湖南常德市南的金霞山。

⑫长川径引——长川：指修溪。径引：直通，引申为畅流。

⑬龙阳县——古县名，三国吴分汉寿县置，治所在今湖南汉寿县。

⑭有澹水出汉寿县西杨山——汉寿县：即今湖南汉寿县，在湘北洞庭湖畔。杨山：一名梁山，在今湖南常德市西北，澹水出其西麓灵泉寺侧石中。又《水经注·澧水》："澧水又东，径安南县南……澹水注之。水上承澧水于作唐县，东径其县北，又东，注入澧水，谓之澹口。"赵一清认为澹水即诞水。另据史为乐主编《中国历史地名大辞典》：澹水在今湖南安乡县东，九澧之一、注入澧水，今名后河，明代中期壅塞。与本文注入

沅水者似乎不是一条河。诸说不一，未知孰是。

⑮索城——索县之故城。索县，汉置，属武陵郡，在今湖南常德市东。

⑯汉顺帝阳嘉中——东汉顺帝阳嘉年间（132—135）。

⑰阚骃——字玄阴，北魏敦煌（今甘肃敦煌市）人，博通经传，典校经籍，并撰有《十三州志》。

⑱东历诸湖，方南注沅——熊会贞按：今水南流，屈东北会柳叶、唐家、北家、牛溪诸湖，又东会鹰湖而出鼎港，南至龙阳县西北入沅江。方南：正南。

⑲鼎口——据说是沅江最深处，在龙阳县北。

⑳汜（sì）洲——在汉寿县西北，沅江分二派复合，其中之洲即为汜洲，方圆约四十里。

㉑吴丹阳太守李衡——丹阳：郡名。江苏、湖北皆有丹阳，从此文内容看，当在湖北，郡治枝江，在三峡之末，长江之南，西接江陵。李衡：三国吴襄阳人，字叔平，曾任丹阳太守、威远将军。

㉒敕（chì）——告诫。

㉓木奴千头——即柑橘树千株。原意是把柑橘树比作木质的奴仆。

㉔不责衣食，岁绢千疋——这些木奴不向主人索取衣食，而主人每年便可获得千疋细绢的收益。责：求，索取。朱之臣评点说："不责衣食，四字凝而妙。"谭元春说："四字极趣。"

㉕太史公——指曾任太史令的司马迁。

㉖江陵千树橘，可当封君——在江陵种植千株柑橘，相当于有封邑的贵族。语本《史记·货殖列传》："安邑千树枣，燕、秦千树栗，蜀、汉、江陵千树橘，淮北、常山之南，河济之间千树萩，陈、夏千亩漆，齐、鲁千亩桑麻，渭川千亩竹，及名国万家之城，带郭千亩亩钟之田，若千亩卮

茜，千畦姜韭：此其人皆与千户侯等。"

㉗陈根余枿（niè）——残存的陈旧树根。枿：树根。

㉘寿溪——是通连沅水与资水的一条港汊，因对汉寿故城而得名。

㉙内通大溪口——是说寿溪东南与资水相通。资水又名大溪水。

㉚"有木连理"三句——有一棵连理树，其根各植一岸，其树干则于水上合而为一。连理：不同根的树，其树干分而又合在一起，古代将此看作吉祥的征兆。谭元春评论上述文字说："一以为木奴，一以为封君，实证柑成，远征遗枿，至掉尾处复引连理映带。此段文字，得平撮之妙。"

㉛诸湖——杨守敬按："今沅江县之西北，龙阳县江南，有后江、天心二湖，连洞庭湖。古时洞庭狭于今，二湖西北会沅水也。"

[今译]

沅水又向东流，经过临沅县西，形成明月池、白璧湾。这个河湾形状像半月，潭水明彻如镜。上面风吹的声音在空中回荡，下面泉流淙淙作响不断。行旅之人无不来此划船嬉戏，流连徘徊，十分喜爱。

沅水又东流，经过三石涧。涧中有三石鼎足相对，距离均等，像是妙手斧削而成。在它旁边茂密的竹林纤秀可爱，景致很好玩。沅水又向东流，如绳带绕过绿萝山。绿色的松萝如同布幕覆盖在山上，倾斜的岩石靠近河水，实在是垂钓吟咏的胜地。渔歌在幽静的山谷中浮荡，声音如钟，真是神仙居住的地方。

沅水又向东流，经过平山之西。平山南临沅水，山上有寒松笼罩，下面有清泉流传，打算隐居山林的人，到这里就不想离开了。……

沅水又向东流，经过小湾，叫作柱渚。柱渚之东一里左右，就到柱人山。柱人山西环绕修溪，溪长一百多里，茂密的竹林纤秀可爱，披拂溪水，覆盖水中小洲。漫长的河川直通畅流，从远处流来，注入沅水。

沅水又向东流，进入龙阳县。有条河名澹水，发源于汉寿县西杨山，向南流，而后向东，经过龙阳之南。龙阳县的县治在索城，也就是从前索城县的老城。汉顺帝阳嘉年间，改为今天的龙阳县名。阚骃《十三州志》以为兴水发源在那里，该水东流入沅水。然而这条澹水又向东流，经过几处湖泊，才向南注入沅水，它又叫渐水。这条水的入口处，叫作鼎口。

沅水又向东流，经过龙阳县的氾洲。氾洲长二十里。三国时东吴的丹阳太守李衡，在洲上种柑橘。他临死前告诫儿子说："我在洲中有千名木头奴仆，他们不向你索取衣食，每年可为你赚得一千细绢。"太史公马迁曾经说过："在江陵有一千棵桔树，收入可以抵得上有封邑的贵族。"说的就是这个意思。东吴末年，李衡的柑橘长成了，果然一年收益相当千匹绢。如今洲上还留有陈旧橘树根和剩余的橘林，大概就是李衡遗存的。

沅水又向东流，经过龙阳县北，县城靠近沅水。沅水又向东流，汇合寿溪。寿溪东南与大溪口（即资水）相通。此处有株连理树，其根分植河水两岸，枝干长到空中，又交合成为一棵树。寿溪上接几处湖泊，下游注入沅水。

[解说]

沅水，即沅江，在湖南省西部，上游称清水江，源出贵州省东南云雾山，自湖南洪江市黔城镇以下始名沅江。东北流经辰溪、沅陵、常德等县市，至汉寿县入洞庭湖，长达1033千米。支流有巫水、辰水、酉水等。

本段文字以精粹洗练的语言，描写今沅江沿岸桃源县、汉寿县、常德市几处景色，兼叙有关的历史故事。明月池、白璧湾、三石涧、绿萝山、平山、枉渚，这些地名本身就具有鲜明的形象性，足以启迪读者想象。再径作者点化，加上对周围环境气氛的描摹，使之更含有诗情画意，着墨不多而意象精妙。木奴千头和木连理也是常被人们引用的典故。

如今在桃源县城西南，沅江南岸，有新修的桃花源旅游点，我于2009年5月参观过。桃花源有条小溪，沿溪有桃林，溪之源头，山腰有洞，长达数十米，能通行一人。出洞后是山的另一面，有农舍、梯田……环境与陶渊明《桃花源记》中描述情景颇为相似。不过《桃花源记》乃出于想象，而非实录，不同于地方志。如果一定要说当年的桃花源就在这里，似乎还缺乏充分的根据。《水经注》作者晚于陶渊明，很有可能读过《桃花源记》，然而他并没有提到沅水有桃源洞，是一种谨慎的态度。

[集咏]

唐王昌龄《送柴侍御》："沅水通波接武冈，送君不觉有离伤。青山一道同云雨，明月何曾是两乡。"

唐刘长卿《送刘萱之道州谒崔大夫》："沅水悠悠湘水春，临歧南望一沾巾。信陵门下三千客，君到长沙见几人？"

唐戴叔伦《送裴明州》："沅水连湘水，千波万浪中。知郎未得去，惭愧石尤风。"

二十九、衡山

承水至湘东临承县①北，东注于湘②，谓之承口③。临承，即故酃县④也。县即湘东郡治也，郡旧治在湘水东，故以名郡。魏正元二年⑤，吴主孙亮⑥分长沙东部立。县有石鼓⑦，高六赤⑧，湘水所径，鼓鸣则土有兵革之事。罗君章⑨云："扣之声闻数十里，此鼓今复无声。"观阳县东有裴岩⑩，其下有石鼓，形如覆船，扣之清响远彻，其类也。

湘水又北，历印石，石在衡山县南，湘水右侧。盘石或大或小，临水，石悉有迹，其方如印，累然行列⑪，无文字，如此可二里许，因名为印石也。

  湘水又北，径衡山县东。山在西南，有三峰：一名紫盖，一名石囷，一名芙蓉[12]。芙蓉峰最为竦杰，自远望之，苍苍隐天。故罗含云："望若阵云，非清霁素朝[13]，不见其峰。"丹水涌其左，澧泉流其右[14]。《山经》谓之岣嵝山，为南岳也[15]。山下有舜庙[16]，南有祝融冢[17]。楚灵王[18]之世，山崩，毁其坟，得《营丘九头图》[19]。禹治洪水，血马祭山，得金简玉字之书[20]。芙蓉峰之东，有仙人石室[21]，学者经过，往往闻讽诵之音矣。衡山东南二面临映湘川，自长沙至此，沿湘七百里中，有九向九背[22]。故渔者歌曰："帆随湘转，望衡九面[23]。"山上有飞泉下注，下映青林，直注山下，望之若幅练在山矣[24]。

——《湘水》

[注释]

  ①承水至湘东临承县——承水：即湘江支流蒸水，在湖南省中部，源出祁东、邵东两县间界岭，曲折东流，至衡阳市石鼓嘴入湘江。湘东临承县：湘东，指湘东郡，治所在今湖南衡阳市。临承，又作临蒸，即汉所置酃（líng）县，故城在今湖南衡阳市。

  ②湘——即湘江。源出广西壮族自治区灵川县东海洋山西麓，与漓江上源间灵渠相通。东北流贯湖南省南部和东部，经永州、衡阳、湘潭、长沙等市到湘阴县芦林潭入洞庭湖，长856千米，是湖南省最大的河流。支流众多，有潇水、舂陵水、耒水、洣水、蒸水等。《水经注·湘水》说"湘水出零陵"。零陵属永州，湘水经过而已。

  ③承口——又名蒸口，在今湖南衡阳市城北。蒸水东北流至此入

湘江。

④酃县——西汉置,治所在今湖南衡阳市东十里之酃湖,东晋并入临烝县。另有酃县在湖南茶陵县南部,1951年并入茶陵县,1961年复设酃县,1994年改名为炎陵县。

⑤魏正元二年——公元255年。正元:三国魏高贵乡公曹髦的年号。

⑥吴主孙亮——三国吴大帝孙权子,在位八年。

⑦县有石鼓——县:指临烝县。石鼓所在地,今名石鼓嘴,为半岛形石山,在蒸水与湘江汇合处,山前有朱陵洞,是衡阳八景之一。宋时在石鼓山建石鼓书院,是当时全国四大书院之一,原为唐人李宽读书处,北宋李士真建立书院。韩愈、周敦颐、朱熹、范成大、文天祥等名人均曾到访。明代旅行家徐霞客曾对石鼓做过考察,其《楚游日记》说:"二月初一……又东为合江亭,其址较下而临流愈近,亭南崖侧,一隙高五尺,如合掌,东向,侧肩入,中容二人,是为朱帘洞后门。求所谓'六尺鼓'不可得。亭下濒水有二石如竖碑,岂即遇乱辄鸣者耶?……二十二日……乃过草桥,再登石鼓,由合掌亭东下,濒江观二竖石,乃二石柱旁支以石。上刊对联,一曰:临流欲下任公钓;一曰:观水长吟孺子歌。非石鼓也。"抗日战争后期,石鼓书院被日本侵略者炸毁,夷为平地,中华人民共和国成立后辟为公园,21世纪初又重建书院。门前有古联云:"广厦构众材,报道蛇龙腾浪去;两水夹明镜,合信风月入亭来。"我于少年时代曾住在石鼓咀附近,后来每次返乡,都要到这里游玩,对这里的一木一石有难忘的感情。

⑧赤——古代与"尺"通。石鼓久佚,俗传卢龙推鼓于江水中。

⑨罗君章——罗含,字君章,东晋人。桓温极重其才,以为江左之秀。累迁廷尉、长沙相。后辞官退隐。著有《湘中记》。下面所引的两句话,即《湘中记》语。

⑩观阳县东有裴岩——观阳县：今名灌阳县。在广西壮族自治区西北部、湘江上游支流灌江流域，邻接湖南省。熊会贞说："打鼓洞在灌阳县西十里，有石，击之如鼓声，或谓即此石鼓。"《水经注·沔水下》记太湖亦有石鼓传说："夏架山……上有石鼓，长丈余，鸣则有兵。"

⑪累然行列——互相连缀成行的样子。

⑫"一名紫盖"三句——实际上衡山有五大高峰，除本文提到的三峰外，还有祝融峰、天柱峰。石囷（qūn）峰，今名石廪峰，在衡山县西北。

⑬"望若阵云"二句——阵云：指叠起如兵阵的浓云。清霁（jì）：雨后放晴。素朝（zhāo）：明朗的早晨。

⑭丹水涌其左，澧泉流其右——杨守敬说："丹水、澧泉皆无考。今衡山之东有数水东入湘水，未知孰为丹水？衡山之西有数水北入涟水，未知孰为澧泉也。"按："丹水涌其左"等二语出自宋玉《笛赋》，原本即形容衡山者。丹水又见《山海经·西山经》及《淮南子·地形训》："黄水三周复其源，是谓丹水，饮之不死。"又称"帝之神泉"。澧：通"醴"，澧泉即醴泉，指甘美的泉水。见《礼记·礼运》篇："天降甘露，地出醴泉。"罗含借用"丹水""醴泉"，是为了形容衡山泉水甘甜，具有神异色彩，并非依实介绍衡山左右所导之水名。杨守敬不明其义，以实地考求，未免失之拘泥。

⑮岣嵝山，为南岳也——岣嵝山是衡山七十二峰之一，在湖南衡阳县境内，古人以为衡山的主峰，故衡山又名岣嵝山。山上有碑，字形怪异难辨，后人附会为禹治水时所刻。南岳：从汉代起即有东南西北中五岳之说，衡山被称为南岳。

⑯舜庙——《初学记》卷五引罗含《湘中记》："衡山、九疑皆有舜庙。太守至官，常遣户曹致敬修祠，则如有弦歌之声。"现已无考。

⑰祝融冢——祝融：传说中的古帝王。祝融峰是衡山的最高峰，海拔1290米。有望日台、望月台、祝融殿诸胜。传说即因峰上葬祝融而得名。祝融殿前有对联云："直穷七十二峰，俯天下名山巨川，渺乎小矣；压倒三千世界，祝中国英雄豪杰，大而化之。"

⑱楚灵王——名围，春秋时楚国国君。

⑲《营丘九头图》——传说中带有巫术性质的图画。

⑳"禹治洪水"三句——《吴越春秋》卷六："（禹）乃东巡。登衡岳，血白马以祭，不幸所求。禹乃登山，仰天而啸。因梦见赤绣衣男子，称玄夷苍水使者。……东顾谓禹曰：'欲得我山神书者，请斋于黄帝岩岳之下三月，庚子登山发石，金简之书存矣。'禹退又斋三月，庚子登宛委山，发金简之书，按金简玉字，得通水之理。"

㉑仙人石室——南岳山洞很多，何者为仙人石室，无考。不过，据我游衡山所见，沿途山洞中常传出和尚道士敲击木鱼和诵经之声，20世纪60年代仍然如此。

㉒沿湘七百里中，有九向九背——《初学记》卷五引盛弘之《荆州记》："衡山东南临湘川，自长沙至此，七百里中，九向九背，然后不见。"这两句既写出了湘江的迂回曲折，又描状了衡山峰峦绵亘之势。不过，从长沙至衡山，实际距离约一百四十公里。

㉓帆随湘转，望衡九面——钟惺评："渔歌只八字，情理曲折，当一小记。"朱之臣评："帆随湘转，望衡九面。'八言耳，叙衡湘烟景迂回如对。'古人文字简尽不可及如此。"

㉔望之若幅练在山矣——《艺文类聚》卷七引盛弘之《荆州记》："（芙蓉）峰上有泉飞派，如一幅绢，分映青林，直注山下。"

[今译]

承水流至湘东郡临承县北，向东注入湘水，此地叫承口。临承县，就是从前的酃县。临承县治，就是湘东郡治所在地。湘东郡旧治在湘水之东，所以名为湘东郡。三国魏正元二年吴主孙亮分长沙郡东部设立湘东郡。临承县有石鼓，高六尺，湘水经过石鼓之前，如果石鼓自鸣，这地区就会有战事发生。罗含《湘中记》中说："扣击石鼓，声音可传数十里。如今此鼓不再发声了。"广西观阳县东有山名裴岩，山下也有石鼓，形状像翻过来的船，敲击它发声清远，与临承石鼓是同一类。

湘水又向北流，经过印石。印石在衡山县南，湘水东侧。如磨盘般的石头或大或小，临近湘水。石头上皆有痕迹，呈正方形，如同印章，互相连缀成行成列，上面没有文字。二里左右都有像这样的石头，因而命名为印石。

湘水又向北流，经衡山县东。衡山在县之西南，有三座高峰。一座是紫盖峰，一座是石囷峰，一座是芙蓉峰。芙蓉峰最高，最突出，从远处望此峰，呈深青色，隐没于天际。所以罗含《湘中记》中说："看起来像重叠如兵阵的云霞，除非是雨后放晴或清朗的早晨，不然看不见顶峰。"有神奇的丹水涌出于山之左，甘甜的醴泉流经山之右。《山海经》称此山为岣嵝山，是五岳中的南岳。衡山山麓有舜庙，山南有祝融墓。春秋时楚灵王时代，衡山崩塌，毁祝融墓，从墓中发现《营丘九头图》。相传大禹治洪水，曾杀白马以血祭衡山，得神授金简玉字之书，而通治水之理。芙蓉峰之东，有仙人居住过的石洞，读书人经过那里，往往能听到洞中有诵读的声音。衡山东南两面临近湘水，从长沙到这里。沿湘水逆流而上七百里水路中，迂回曲折，九次面对衡山，九次背向衡山。所以渔人歌唱道："帆船随着湘水转，看到衡山九方面。"衡山之上常有瀑布，与青葱的树林相映照，泉水直注山下，远远望去，好像一幅幅白绢挂在山间。

[解说]

衡山是我国五岳中的南岳，在湖南衡山县西，主峰距衡阳市20公里。

俯瞰湘江，山势雄伟。有七十二峰、十洞、十五岩、三十八泉、二十五溪、九池、九潭、九井。长沙岳麓峰是其足，衡阳回雁峰是其首，绵延数百里。历代神话传说、名胜古迹、古人诗文题咏甚多，文化底蕴十分丰厚。古人概括出南岳风景有八绝：祝融峰之高、藏经殿之秀、方广寺之深、磨镜台之幽、水帘洞之奇、大禹碑之古、南岳庙之雄、会仙桥之险。其中南岳大庙是中国江南最大的古建筑群，占地98000多平方米，体制仿北京故宫，依次分为九进，东侧八所道院，西侧八所佛堂，以示佛道平等。主供南岳圣帝，最早是祝融，稍晚是伯益，《封神演义》流行后以崇黑虎为南岳大帝，属于道教神灵系统。历代朝拜者甚众，香火至今旺盛，现在是湖南省重要旅游区，衡阳市专设南岳区（县级）进行管理。我曾于1960年和2012年两次登衡山，第二次是乘新建的索道直达半山亭，道路和景观较第一次所见大为改善，感受也不相同。

  本文简要介绍了衡阳的石鼓山、印石，描写了衡山芙蓉、紫盖、石囷三峰耸峙磅礴的气势和有关传说，其笔法既不同于《华山》篇沿一条路线步步高升，又有别于《泰山》篇详记登山俯视所见，而是顺着湘江缘衡山而仰望，隐隐约约，别有一番风味。郦道元不曾到过湖南，此文乃连缀《湘中记》《荆州记》等史籍而成，并在文字上作了修饰加工。郦氏纯用散句，与同时期的骈文作品如萧绎的《南岳衡山九贞馆碑》之多用四六句，风格明显有别。

[集咏]

  晋庾阐《衡山》："北眺衡山首，南睨五岭末。寂坐挹虚恬，运目情四豁。翔虬凌九霄，陆鳞困濡沫。未体江湖悠，安识南溟阔。"

  唐宋之问《自湘源至潭州衡山县》（摘句）："浮湘沿迅湍，逗浦凝远盼。渐见江势阔，行嗟水流慢。赤岸杂云霞，绿竹缘溪涧。向背群山转，应接良景晏。沓嶂连夜猿，平沙覆阳雁。……赖欣衡阳美，持以蠲忧患。"

唐杜甫《望南岳》（摘句）："南岳配朱鸟，佚礼自百王。……祝融五峰尊，峰峰次低昂。紫盖独不朝，争长嶪相望。恭闻魏夫人，群仙夹翱翔。有时五峰气，散风如飞霜。"

唐刘禹锡《望衡山》："东南倚盖卑，维岳资柱石。前当祝融居，上拂朱鸟翮。青冥结精气，磅礴宣地脉。还闻肤寸阴，能致弥天泽。"

宋黄庭坚《衡山》（摘句）："万丈融峰插紫霄，路当穷处架仙桥。上观碧落星辰近，下视红尘世界遥。螺簇低山青点点，浅拖远水白迢迢。当门老桧枝难长，绝顶寒松叶不凋。不到秋初霜已降，每逢春尽雪才消。"

清高珩《南岳绝句》之三："南岳云中尽，东流海上忙。逐年图画里，著我在潇湘。"

清谭嗣同《晨登南岳祝融峰》之一："身高殊不觉，四顾乃无峰。但有浮云渡，时时荡一胸。地沉星尽没，天跃日初镕。半勺洞庭水，秋寒欲起龙。"

南岳庙对联："四岳踞黄河，个个英雄，惟兹坐控长江，使挟汉潜，望洋朝海；一尊瞻赤帝，巍巍在上，但愿灵钟大楚，笃生申甫，为国补天。"

三十、长沙古迹

县南有石潭山^①，湘水径其西，山有石室石床，临对清流。湘水又北，径昭山^②西。山下有旋泉，深不可测，故言昭潭无底也^③，亦谓之曰湘州潭。湘水又北，径南津城^④西，西对桔洲^⑤，或作吉字^⑥，为南津洲尾^⑦。水西有桔洲子戍^⑧，故郭尚存。湘水又北，左会瓦官水口——湘浦也[9]。又径船官[10]西,湘州商舟之所次也[11],北对长沙郡[12]。郡在水东州城南,旧治在城中,后乃移此。湘水左径麓山[13]东,上有故城,山北有白露水[14]口——湘浦也。又右径临湘县故城[15]西,县治湘水,滨临川侧,故即名焉。……

晋怀帝以永嘉元年[16],分荆州湘中诸郡立湘州[17],治此城之内。郡廨西有陶侃[18]庙,云旧是贾谊宅[19]。地中有一井,是谊所凿,极小而深,上敛下大,其状似壶[20],傍有一脚石床,才容一人坐,形制甚古,流俗相承云,谊宿所坐床[21]。又有大柑树,亦云谊所植也。

城之西北有故市[22],北对临湘县之新治[23]。县治西北有北津城[24],县北有吴芮[25]冢,广逾六十八丈,登临写目,为廛郭之佳憩也[26]。郭颁《世语》[27]云:魏黄初[28]末,吴人发芮冢,取木于县,立孙坚[29]庙,见芮尸容貌衣服并如故。吴平后,预发冢人于寿春见南蛮校尉吴纲[30],曰:"君形貌何类长沙王吴芮乎?但君微短耳[31]。"纲瞿然[32]曰:"是先祖也!"自芮卒至冢发四百年,至见纲,又四十余年矣[33]。

——《湘水》

[注释]

①县南有石潭山——县:指临湘市,故治在今湖南长沙市,因地临湘水而得名。石潭山:在今湘潭市东,濒江峭立,洞壑杳然。

②昭山——在今湖南长沙市南,昭潭东岸,临湘水,接湘潭市界,现在设有昭山火车站。

③昭潭无底也——昭潭:湖南长沙市南湘江中有旋潭,以其东岸有昭山,故名昭潭;又因东晋、南朝时长沙市为湘州治所,又名湘州潭。隋改

湘州为潭州，即因此潭得名。《太平寰宇记》卷一百一十四引《湘中记》："其下无底，湘水最深处也。或谓周昭王南征不复，没于此潭。"

④南津城——熊会贞说："是北津南津就长沙为说，下文之北津城取北津为名，此城则取南津为名。"南津故城在今长沙市西南。

⑤桔洲——即橘子洲。它是长沙市西岳麓山下湘江中的江心岛，南北长约十二里，东西最宽处约一里，因盛产美橘，故名橘子洲，又名水陆洲。毛泽东青年时代常到此游泳，其1925年所作《沁园春·长沙》中说："独立寒秋，湘江北去，橘子洲头。看万山红遍，层林尽染；漫江碧透，百舸争流。……恰同学少年，风华正茂；书生意气，挥斥方遒。指点江山，激扬文字，粪土当年万户侯。曾记否！到中流击水，浪遏飞舟。"中华人民共和国成立后修建了连接橘子洲与湘江东西两岸的大桥，洲上已辟为公园，建有长廊和游泳场，是市民休闲娱乐的好去处。

⑥或作吉字——此四字疑为注中之注。

⑦为南津洲尾——湘江北流，洲南首而北尾。桔洲为南津州尾，则南津洲在桔州之南，位于今长沙市西南。

⑧桔洲子戍——赵一清说："子戍，戍之小者耳。"犹子城（内城及附郭的月城之类）。

⑨左会瓦官水口——湘浦也——指靳江与湘江汇合处。按：瓦官水即靳江，源出湘乡市北，东北流，经宁乡市至长沙市西南入湘江。湘浦：在《水经注》此段文字中出现四次，陈桥驿主译的《水经注全译》（山西人民出版社1995年出版）皆译作牛轭湖。

⑩船官——管理船只和水运事务的衙门。

⑪湘州商舟之所次也——船官所在之处乃是湘州商旅和船只所停的地方。湘州：州名。晋永嘉元年（307）置，治所在临湘，即今湖南长沙市。

⑫长沙郡——秦置,辖境相当今湖南东部、南部和广西全州,广东连州市、阳山县等地。西汉改郡为国,东汉仍为郡。此处长沙郡,指郡衙。

⑬麓山——即岳麓山,在长沙市西南、湘江西岸,方圆约8公里。山上林木葱郁,景色清幽,古迹有爱晚亭、麓山寺、半月斋、云麓宫等。岳麓书院,北宋四大分院之一。朱熹、王夫之、曾国藩、左宗棠、谭嗣同等历史名人曾在这里读书或讲学。

⑭白露水——熊会贞按:"湘江中四洲,一曰白水洲。"洲盖以白水得名,即此白露水也。此水当在今湖南长沙市西南。

⑮临湘县故城——即长沙古城,在今湖南长沙市南。

⑯晋怀帝以永嘉元年——晋怀帝:司马炽。以:于。永嘉元年:公元307年。

⑰分荆州湘中诸郡立湘州——将原荆州所辖湘中地区各郡(即长沙、衡阳、湘东、邵陵、零陵、营阳、建昌、桂阳)分出,另置湘州。

⑱陶侃——东晋名将,庐江浔阳(今江西九江市)人。曾任荆州刺史、广州刺史、江州刺史,都督八州诸军事。陶渊明的祖父。

⑲贾谊宅——贾谊的宅第。贾谊:西汉政论家、文学家,曾任长沙王太傅。其故居在今长沙市湘江大桥桥东太平街,与小西门相距不远。

⑳"地中有一井"五句——《事文类聚续集》卷十引盛弘之《荆州记》:"湘州南寺之东贾谊宅,有井小而深,上敛下大,状似壶,即谊所穿井。谊宅今为陶侃庙。"据清末杨守敬考察,井在今长沙市西北濯锦坊,至今尚存。上敛下大:即井口收缩,由井口向下逐渐增大。

㉑谊宿所坐床——贾谊平时所坐的榻。宿:平素。床:古代称坐榻,不同于今日之床铺。

㉒故市——旧市场。熊会贞按:宋本《太平寰宇记》:"新市在长沙县东北一里半。昔吴芮为长沙王,百姓种植累年不熟。澧州道士有状闻王

水经注 | 173

云：'郡东南皆流水，此土丰，可置市。'王遂徙市以背流水。"此故市，即指未迁以前之市场。

㉓临湘县之新治——新治：指新建的县衙。本在城外，隋唐时包入城中。

㉔北津城——据熊会贞考察，城在今长沙市西北。

㉕吴芮——汉初诸侯王，曾派部将梅锅领兵从刘邦入关。项羽分封诸侯，封芮为衡山王。汉初，改封长沙王。

㉖登临写目，为廛郭之佳憩也——写目：极目。廛郭：这里泛指城市居民区。廛，本指房屋。憩：休息，这里兼有玩赏的意思。

㉗郭颁《世语》——郭颁：晋人，字长公，曾任襄阳令。《隋书·经籍志》著录其《魏晋世语》十卷。《世语》乃其简称。

㉘黄初——三国魏文帝曹丕年号（220—226）。

㉙孙坚——三国时孙权的父亲，吴郡富春（今浙江富阳）人，曾组织地方武装镇压黄巾起义军。中平四年（187）任长沙太守，后为刘表将部黄祖射死。

㉚预发冢人于寿春见南蛮校尉吴纲——一个参与掘墓的人在寿春见到南蛮校尉吴纲。寿春：故城在今安徽寿县西南。南蛮校尉：官名。

㉛但君微短耳——只是先生略矮些罢了。谭元春说："此与萧颖士同，始知千古相似之事，亦有如其貌者。"

㉜瞿然——惊愕的样子。

㉝至见纲，又四十余年矣——吴芮墓被掘事，又见《三国志·魏书·诸葛诞传》裴松之注。《太平御览》卷五百五十八曾引述。注者按：郦氏此记或有疏误，自黄初末至吴平后，最少有五十四年。

[今译]

临湘县南有石潭山，湘水经过山的西边。山下有石洞、石床，面对清澈的江水。湘水又向北流,经过昭山之西,山下有旋泉,其深度无法测量,所以人们传说"昭潭无底",也称之为湘州潭。湘水又向北流,经过南津城西。城西面对着桔洲,桔字或作"吉"字。此处是南津州的尾部。湘水之西岸有桔州小城堡,旧城部还存在。湘水又向北,瓦官水从西边来汇合——叫作湘浦。湘水又经船务衙门之西,此处是湘州商旅和船舶居停的地方,其北对着长沙郡治。郡治在湘水之东,州城之南。旧的郡治原在城中,后来移到这里。湘水左经岳麓山的东侧。岳麓山上有古城,山北有白露水口,也叫作湘浦。湘水又向东,经过临湘县旧城之西。县治在湘水岸边,濒临江水,所以名叫临湘县。……

晋怀帝于永嘉元年,分原来的荆州所辖湘中数郡设立湘州,设州治于临湘城内。郡的官衙内有东晋陶侃庙,传说原是西汉贾谊的故居。宅内地面有一口井,传说是贾谊所开凿,井口很小但极深,上面收缩,下面宽大,它的形状像壶。井旁有一只脚的石榻,只容得下一个人坐,式样很古老。世代流传说,是贾谊所坐过的榻。故居又有一棵大柑树,也说是贾谊当年所种植的。

城的西北角有旧市场,北面对着临湘县的新治所。县治西北有北津城。县治北边有西汉吴芮之墓,宽度超过六十八丈。站在墓顶极目远望,是城市居民区中休闲的最佳去处。据晋人郭颁所著《世语》记:三国魏黄初年间,孙吴属下之人发掘芮墓,取出墓中的棺木,在县城中建孙坚之庙。发现墓主吴芮的尸体、相貌、衣服都还是原来的样子。西晋灭吴之后,当年曾经参与发掘该墓的某人,在寿春见到曾任南蛮校尉的吴纲,便说:"先生的相貌怎么很像西汉长沙王吴芮呢?只不过您略为矮点罢了。"吴纲十分惊讶地说:"吴芮是我的先祖啊!"从西汉初年吴芮去世,到他的墓被发掘约四百年。再到参与掘墓者事后见到吴纲,又四十多年了。

[解说]

长沙，即今湖南省会长沙市，位于湖南东部，湘江下游，历来是湖南全省政治、经济、文化和交通中心，属于中国古代名城，历史悠久，名胜古迹甚多。本文于城外简要介绍昭潭、橘子洲、岳麓山，于城内则详述贾谊宅和吴芮墓，有助于丰富读者的历史文化知识，增强阅读兴味。

关于贾谊故居，盛弘之《荆州记》和罗含《湘中记》及其他史志多有记述。它始建于汉武帝时，东晋陶侃任荆州刺史时，曾经居住于此，一度改称陶侃庙，后又恢复旧名，历代多次重修。明成化年间，扩建为贾谊祠。我于1990年到该处访古，当时仅存旧祠堂一间，为某街道工厂之车间，壁上唯有空神龛一座，室外有半截石碑。附近十米处有一井，称太傅井、长怀井。井水甘甜，两千多年来一直使用，据说是中国最古老而且使用时间最长的水井，我曾亲眼看见附近居民仍在汲水。井边有一株橘树。虽然不是原来贾谊所手植者，但因为用甜水井浇灌，所结果实优于他树。1998年后，政府拨款修缮，现在的建筑包括贾太傅祠堂、太傅殿、寻秋草堂和碑廊。《水经注》提到的床实有其物，于1958年被盗，至今下落不明。贾谊所在街道，原名太平街、太傅里，现改为贾谊街，是具有长沙特色的文化街。

《水经注》本段所记述的吴芮之墓，四百年后被发掘，其尸体容貌如故的传说，可以和20世纪70年代发掘的长沙马王堆汉墓女尸联系起来考察。该墓及女尸我曾于1990年参观过。墓主是西汉长沙相利苍之妻，与汉初长沙王吴芮时代相近。女尸出土时形体完整，皮肤润泽，关节能活动。又据《水经注·沔水》，东汉末年荆州刺史刘表夫妻墓在湖北襄阳东门外，西晋太康时被发掘，"其尸俨然，颜色不异，犹如平生。墓中香气远闻三四里中，经月不歇"。从刘表之死到其墓被掘已有七八十年，而尸体不腐，也是奇迹。这几个事例，对于研究中国古代科学技术史，尤其是防腐术，很有价值。

[集咏]

唐杜甫《岳麓山道林二寺行》（摘句）："玉泉之南麓山殊，道林林壑争盘纡。寺门高开洞庭野，殿脚插入赤沙湖。……桃源人家易制度，桔洲田土仍膏腴。潭府邑中甚淳古太守庭内不喧呼。"

唐刘长卿《长沙过贾谊宅》："三年谪宦此栖迟，万古惟留楚客悲。秋草独寻人去后，寒林空见日斜时。汉文有道恩犹薄，湘水无情吊岂知？寂寂江山摇落处，怜君何事到天涯？"

明李东阳《游岳麓寺》："危峰高瞰楚江干，路在羊肠第几盘。万树松杉双径合，四山风雨一僧寒。平沙浅草连天在，落日孤城隔水看。蓟北湘南俱在眼，鹧鸪声里独凭栏。"

清汤右曾《登岳麓寺望南岳歌》（摘句）："九嶷清猿怨遥夜，洞庭落日浮孤蓬。汉女幽兰冉冉翠，楚妃泪竹斑斑红。振衣周览穷天下，忽与意思争清雄。人间扰扰等蚍蜉，慎勿变化随沙虫。君不见回雁峰来八百里，挥手欲驾冥飞鸿。"

清觉慧《登岳麓》："天风起何处，吹堕一声钟。古寺郁空翠，夕阳横乱峰。泉喧千障雨，僧老六朝松。笑问此山顶，白云深几重？"

贾谊故宅对联："少年有痛哭流涕文章，问西京对策谁优，惟董江都后来居上；今日是长治久安天下，嘉南楚敝庐无恙，与屈大夫终古相依。"

三十一、洞庭湖

湘水左侧，澧水①注之，世谓之武陵江②。凡此四水，同注洞庭③，北会大江，名之五渚④。《战国策》曰⑤：秦与荆战，大破之，取洞庭五渚者也⑥。

湖水广圆五百余里,日月若出没于其中⑦。《山海经》云:洞庭之山,帝之二女居焉。沅澧之风,交潇湘之浦,出入多飘风暴雨⑧。湖中有君山、编山⑨。君山有石穴,潜通吴之包山⑩,郭景纯所谓"巴陵地道"⑪者也。是山,湘君之所游处,故曰君山矣⑫。昔秦始皇遭风于此,而问其故。博士曰:湘君出入则多风。秦王乃赭其山⑬。汉武帝亦登之,射蛟于是⑭。

山东北对编山,山多篾竹⑮。两山相次,去数十里,回峙相望,孤影若浮⑯。湖之右岸有山,世谓之笛乌头石⑰。石北右会翁湖口,水上承翁湖⑱,左合洞浦⑲,所谓三苗之国,左洞庭者也⑳。

——《湘水》

[注释]

①澧水——在湖南西北部,源出桑植县北,东流经张家界等市县,于澧县新洲入洞庭湖。

②武陵江——即澧水,因所流经原为武陵郡地,故名。

③凡此四水,同注洞庭——四水,指湘、资、沅、澧。湘、资二水自南注入洞庭,沅、澧二水自西注入洞庭。

④五渚——即湘、资、沅、澧和长江共五水所汇停之处。杨守敬说:"湘、资、沅、澧四水自南而入,大江自北而过,洞庭潴其间,谓之五渚也。"渚:通"潴",水所停聚处。

⑤《战国策》曰——下面所引的话,见《战国策·秦策》。

⑥"秦与荆战"三句——荆:古代楚国的别称。五渚:《秦策》作"五都"。考《战国策·燕策》《史记·苏秦列传》所引均作"五渚",可

知郦氏所引不误。

⑦日月若出没于其中——语本曹操《观沧海》诗："日月之行，若出其中。"朱之臣评点说："小言致语，自是道元长技；如此气魄语，亦不可多得。"

⑧"洞庭之山"五句——见《山海经·中山经》，与原文略有出入。交潇湘之浦：汇合于湘江之滨。

⑨君山、编山——洞庭湖中小山甚多，以君山最著名，《岳阳风土记》："湘人以吴船为艑，山形类之，故名。"则"编"为"艑"之异文。

⑩君山有石穴，潜通吴之包山——包山：在今江苏省太湖中。《山海经·海内东经》郭璞注："洞庭，地穴也，在长沙巴陵。今吴县南太湖中有包山，下有洞庭穴道，潜行水底，云无所不能，号为地脉。"

⑪郭景纯所谓"巴陵地道"——郭璞，字景纯。此句为其《江赋》中文。巴陵：即今岳阳市。古地理书中关于地下水道远距离潜通的记述甚多，属于民间传说，不可确信。

⑫湘君之所游处，故曰君山矣——《史记·秦始皇本纪》："始皇问湘君是何神？博士曰：尧女，舜之妻，葬此。"又一说，据宋本《太平寰宇记》引庾穆《湘州记》："昔秦皇欲入湘观衡山，遇风浪，至此山而免，因号为君山。"

⑬"昔秦始皇遭风于此"数句——《史记·秦始皇本纪》："至湘山祠，逢大风，几不得渡。……于是始皇大怒，使刑徒三千人皆伐湘山树，赭其山。"博士：中国古代学官名。秦及汉初，掌古今史事待问及书籍典守。赭其山：使君山呈红色。按：君山本为红壤，伐尽树木，则呈暗红色。

⑭汉武帝亦登之，射蛟于是——杨守敬按：《史记·封禅书》："其明年（元封五年）冬，上巡南郡，至江陵而东。"未言君山射蛟事。《汉

书·武帝纪》:"元封五年冬……自寻阳浮江,亲射蛟江中,获之。"则射蛟在寻阳,而不在君山。郦氏此注,不知何据。

⑮篪(chí)竹——篪:古代竹制乐器,单管横吹。戴凯之《竹谱》:"有竹象芦,因以为名。肌理匀净,筠色润贞,凡今之篪,匪兹不鸣。"竹盖因可以为篪而得名。

⑯回峙相望,孤影若浮——回:当作"迥",远也。朱之臣评点说:"'孤影若浮',影浮妙!二字关尽君山孤迥,而洞庭之大自见。文章中有不必尽言者,此类是也。"

⑰笛乌头石——在今湖南岳阳市南。

⑱翁湖——一名灉湖,在岳阳市南约十里。《岳阳风土记》:"灉湖春冬水涸,昔人谓之干湖。夏秋水涨,即渺弥胜千石舟。"《读史方舆纪要》卷七十七:"(翁湖)亦曰角子湖,以在洞庭之角也。……或曰阁子湖,以湖地,岁苦水患,民多重屋而居,故名也。今有阁子镇。"

⑲左合洞浦——洞浦:指洞庭湖。其方位在翁湖之东。这句说翁湖左与洞庭湖汇合,与本文以上"左"字指洞庭湖之西不同,湘江自南向北流,故以西为左,以东为右。若自北向南看,则左右恰恰相反。

⑳所谓三苗之国,左洞庭者也——杨守敬按:《战国策·魏策》:吴起谓魏武侯曰:"三苗国之居,右有洞庭之波,左有彭蠡之水。"又《史记·孙子吴起列传》:"(魏武侯)顾而谓吴起曰:'美哉乎!山河之固,此魏国之宝也!'起对曰:'在德不在险。昔三苗左洞庭,右彭蠡,德义不修,禹灭之。'"盖以天子在北,故洞庭在西为左,彭蠡在东为右。同是一地,竟处于两种不同的位置,也是由于观察角度不同所致。三苗:我国古代部族,曾居住在长江以南,今江淮两湖地区。

[今译]

湘水之北,有澧水注入洞庭湖,世人把澧水也称为武陵江。上述湘、资、沅、澧四条河，共同注入洞庭湖，洞庭湖之北与长江相汇通，合称为五渚。《战国策》说：秦国与楚国打仗，击败楚军，夺取洞庭五渚，即指此地。

洞庭湖水面方圆五百余里，太阳月亮似乎都出没于湖中。《山海经》说：洞庭湖中的山上，帝尧的二位女儿居住在那里。从沅水澧水吹过来的风，交会在潇湘之水滨，二位帝女出入之时，常伴有狂风暴雨。湖中有君山、编山，山上有个石洞，据说地下暗通江苏太湖的包山，就是郭璞《江赋》所说的"巴陵地道"。这座山，是湘君之神出游的地方，所以叫作君山。从前秦始皇南巡，到这里遇上刮大风，便询问刮大风的原因。随行的博士说：由于湘君之神出入来往，因而多风。秦始皇发怒，下令砍光君山上的树木，使山上土石裸露，呈红褐色。汉武帝也曾登君山，在这里射蛟。

君山东北面对着编山，山上生长着可以制造乐器簏的竹子。两山排列，相距数十里，远远对峙相望，孤高的山影似乎在水中浮动。洞庭湖的右岸有山，世人叫作笛乌头石。在笛乌头石之北，东会翁湖口水，此水上承翁湖，西合洞庭湖。这就是古书所说的，三苗之国，左为洞庭湖的地方。

[解说]

洞庭湖是我国第二大淡水湖，位于湖南省北部，长江南岸，今水面约2700平方千米，最深处约23.5米。西南纳湘、资、沅、澧四条江，北接长江之松滋、太平、藕地、调弦（1958年阻断）四口汛期泄入之洪水。在岳阳市城陵矶汇入长江，成为调节长江水位盈亏的巨型水库。由于四水四口之水带来大量泥沙淤积湖底，使湖面日渐减少，加之近数十年大规模围湖造田，昔日号称八百里洞庭湖，已经分割成较大的东、西、南三个洞庭湖和大通湖。洞庭湖区历来是我国重要的淡水养殖基地之一。

洞庭湖中有许多小岛，君山是其中一颗明珠，面积很小，只有不足一平方公里，但名气很大。它位于岳阳市西南12公里，与著名的岳阳楼遥遥相望。君山上有72座小丘，名胜古迹皆附会神话传说，如二妃墓、湘妃庙、飞来钟、龙涎井、柳毅井、钟鼎台、酒香亭等，每处皆富有文化内涵。岛上有茶园、竹林，出产名贵的君山银针茶、湘妃竹、斑竹、实心竹等，现在与岳阳楼合为一条珍品旅游路线。

历来赞咏洞庭湖和君山的诗、词、文、赋极多，从屈原的《湘君》《湘夫人》、范仲淹的《岳阳楼记》到毛泽东的七律《答友人》："斑竹一枝千滴泪，红霞万朵百重衣。洞庭波涌连天雪，长岛人歌动地诗。"不少是千古绝唱。我曾经三次过访岳阳，两渡洞庭湖，二访岳阳楼，对洞庭湖的景色有难忘的印象。1952年3—7月，我和我所在部队渡过洞庭湖，参加荆江分洪工程建设；同年8月在岳阳楼前，全师宣誓参加中国人民志愿军，随即开赴东北，进入朝鲜作战。这两件与洞庭湖相关的事情，我永生难忘。1990年我第三次观赏洞庭湖，登岳阳楼，心潮澎湃，感慨万千。

《水经注》这段记载，虽属简介，但扼要列举了一系列历史故事和神话传说，能够引起读者的无穷遐想。

[集咏]

唐孟浩然《过洞庭》："八月湖水平，涵虚混太清。气蒸云梦泽，波撼岳阳城。欲济无舟楫，端居耻圣明。坐观垂钓者，徒有羡鱼情。"

唐李白《游洞庭五首》之五："帝子潇湘去不还，空余秋草洞庭间。淡扫明湖开玉镜，丹青画出是君山。"

唐杜甫《登岳阳楼》："昔闻洞庭水，今上岳阳楼。吴楚东南坼，乾坤日夜浮。亲朋无一字，老病有孤舟。戎马关山北，凭轩涕泗流。"

唐刘禹锡《望洞庭》："湖光秋月两相和，潭面无风镜未磨。遥望洞庭山水翠，白银盘里一青螺。"

唐方干《题君山》："曾于方外见麻姑，闻说君山自古无。元是昆仑山顶石，海风吹落洞庭湖。"

宋张孝祥《念奴娇·过洞庭》（上阕）："洞庭青草，近中秋，更无一点风色。玉鉴琼田三万顷，著我扁舟一叶。素月分辉，明河共影，表里俱澄沏。悠然心会，妙处难与君说。"

岳阳楼对联：上联："一楼何奇，杜少陵五言绝唱，范希文两字（指'忧乐'二字）关情，滕子京百废俱兴，吕纯阳三过必醉，诗耶？儒耶？史耶？仙耶？前不见古人，使我怆然涕下。"下联："诸君试看，洞庭湖南极潇湘，扬子江北通巫峡，巴陵山西来爽气，岳州城东道岩疆，渚者，流者，峙者，镇者，此中有真意，问谁领会得来。"

三十二、郴州风物

黄水①东北流。按盛弘之云：众山水出注于大溪，曰横流溪。溪水甚小，冬夏不干，俗亦谓之为贪泉，饮者辄冒于财贿②，同于广州石门贪流③矣。廉介为二千石④则不饮之。昔吴隐之挹而不乱，贪岂谓能污其真乎⑤？盖亦恶其名也。刘澄之⑥谓为一涯溪，通四会⑦。殊为孟浪而不悉也⑧。庾仲初⑨云：峤水⑩南入始兴溱水注海，即黄岑水入武溪⑪者也。北水入桂阳，湘水注入大江，即是水也。

左则千秋水注之，水出西南万岁山⑫。山有石室，室中有钟乳，山上悉生灵寿木⑬，溪下即千秋水也。水侧民居，号万岁村。其水下合黄水。黄水又东北，径其县⑭东，右合除泉水。水出县南湘陂村，村有圆水，广圆可二百步，一边暖，一边冷，冷处极清绿，浅则见石,深则见底;暖处水白且浊。玄素既殊,凉暖亦异,厥名除泉,其犹江乘之半汤泉也⑮。水盛则泻黄溪,水耗则津径辍流。

郴,旧县也,桂阳郡治也⑯,汉高帝二年分长沙置。《地理志》曰⑰:桂水⑱所出,因以名也。王莽更名南平,县曰宣风,(其城)项羽迁义帝所筑也⑲。县南有义帝冢,内有石虎,因呼为白虎郡。《东观汉记》⑳曰:"茨充㉑,字子河,为桂阳太守。民惰懒,少粗履,足多剖裂㉒,充教作履。"今江南知织履,皆充之教也。

黄溪东有马岭山㉓,高六百余丈,广圆十许里,汉末有郡民苏耽栖游此山。《桂阳列仙传》云:耽,郴县人,少孤,养母至孝,言语虚无㉔,时人谓之痴。常与众儿共牧牛,更直为帅,录牛无散㉕。每至耽为帅,牛则徘徊左右,不逐自还。众儿曰:"汝直,牛何道不走耶㉖?"耽曰:"非汝曹㉗所知。"即面辞母云:"受性应仙,当违供养㉘。"涕泗又说:"年将大疫,死者略半,穿一井饮水,可得无恙。"果如所言,阖门元吉㉙。耽母既终,葬后,州东北牛脾山紫云盖上㉚,有哭声甚哀,知苏君之神也。后见耽乘白马,还此山中,百姓为立坛祠,民安岁登㉛,民因名为马岭山。

黄水又北流,注于耒水㉜,谓之郴口。耒水又西,径华山之阴,亦曰华石山㉝。孤峰特耸,枕带双流㉞,东则黄溪、耒水之交会也。耒水东流沿注,不得北过其县西也。两岸连山,石泉悬溜,行者辄徘徊留念,情不极已也。

又北过便县㉟之西。县,故惠帝封长沙王子吴浅为侯国㊱,王莽之便屏也。县界有温泉水,在郴县之西北,左右有田数千亩,资之以溉。常以十二月下种,明年三月谷熟;度此水冷,不能生苗。温水所溉,年可三登。其余波散流,入于耒水也。

又西北过耒阳县之东。耒阳，旧县也，盖因水以制名[37]，王莽更名南平亭。东傍耒水，水东肥南有郡故城[38]。县有溪水，东出侯计山[39]，其水清澈，冬暖夏冷，西流谓之肥川[40]。川之北有卢塘，塘池八顷，其深不测。有大鱼，常至五月辄一奋跃，水涌数丈，波襄四陆，细鱼奔迸，随水登岸，不可胜计。又云大鱼将欲鼓作，诸鱼皆浮聚。

水侧注，西北径蔡洲。洲西即蔡伦[41]故宅，傍有蔡子池[42]。伦，汉黄门[43]，顺帝[44]之世，捣故渔网为纸，用代简素[45]，自其始也。

——《耒水》

[注释]

①黄水——即郴（chēn）江之别名，耒水之支流。源于今湖南郴州市南黄岑山。

②饮者辄冒于财贿——冒：贪。财贿：财货。

③广州石门贪流——广州石门：在今广东番禺市北，古有贪泉。贪流：贪泉。

④二千石——太守俸禄为二千石，因代指太守。

⑤"昔吴隐之挹而不乱"二句——吴隐之：晋鄄城人，字处默，博涉文史，以儒雅标名。累迁晋陵太守、广州刺史，皆著清操。《晋书·安帝纪》说："（广州）界有一水，谓之贪泉。古老云：饮此水者，廉士皆贪。隐之始践境，先至水所，酌而饮之，因赋诗以言志云：'若使夷齐（伯夷、叔齐）饮，终当不易心。'"清操逾厉。污：玷污。真：真性、本质。

⑥刘澄之——晋人，撰有《鄱阳记》《梁州记》等书，均佚。

⑦谓为一涯溪,通四会——刘澄之认为郴县贪泉和石门贪泉为一条河,与四会相通。四会:古县名,今属广东肇庆市,因古津水、浈水、建水、龙江四水所会而得名。

⑧殊为孟浪而不悉也——实属荒唐无稽,而不了解情况。孟浪:形容漫无边际的言论。这是郦道元对刘澄之的批驳。两贪泉分属湖南、广东两地,怎么会是一条河呢?

⑨庾仲初——庾阐,字仲初,晋颍川人,庾亮之族人,少颖悟,九岁能文,曾撰《扬都赋》。《水经注》所引庾氏之语,皆其《扬都赋》中自注文字。

⑩峤水——熊会贞说:发源于骑田岭之峤水有二:峤阳之水南入始兴溱水而注于海。峤阴之水北入湘水而注于江。本文所指系北峤水,又名钟水,发源于湖南蓝山县都庞岭,先会桂水而后入于湘江。

⑪黄岑水入武溪——黄岑水发源于今湖南宜章县西北黄岑山,又名黄岑溪水,是峤水支流之一。武溪:源出今湖南临武县北桐柏山之鸬鹚石。

⑫万岁山——今名灵寿山,在湖南郴州市西南。

⑬灵寿木——即椐(jū),多肿节,古时以为手杖。《汉书·孔光传》颜师古注:灵寿"木似竹有枝节,长不过八九尺,围三四寸,自然有合杖制,不须削制也"。

⑭县——指郴县,即今湖南郴州市。

⑮"玄素既殊"四句——除泉:一名圆泉,在郴州南十五里。《初学记》卷七引《江乘地记》:"县东南四十里半汤泉,半温半冷,共同一窦,谓之半汤泉。张勃云:冷水夏濯可以清暑,温水冬浴可以攘寒。"江乘:在今江苏句容市。

⑯郴,旧县也,桂阳郡治也——郴:秦所置县名。郴县为桂阳郡郡治所在。桂阳郡:汉高帝二年(前205)置,辖今湖南南部和广东北部

地区。

⑰《地理志》曰——系《汉书·地理志》应劭注中语。

⑱桂水——源出湖南蓝山县南,又名钟水。

⑲项羽迁义帝所筑也——秦末农民战争中,项梁立楚王后裔熊心为楚怀王。秦亡,项羽尊怀王为义帝,徙之于郴县,后又命九江王英布击杀义帝于郴江中。所筑:指郴县县城为项羽所筑。

⑳《东观(guàn)汉记》——东汉官修本朝纪传体史书。参加撰述者先后有班固、刘珍、崔实、蔡邕等。东观:洛阳宫中殿名,即当时修史之处,因以为书名。

㉑茨充——东汉宛(今河南南阳市)人。建武中任桂阳太守,曾教民种植桑麻,劝令养蚕织履。其事迹见《后汉书·循吏传》。

㉒少粗履,足多剖裂——连粗糙的鞋都很少,因而许多人的脚往往破裂。

㉓马岭山——又名苏仙岭,在今郴州市东,传说汉人苏耽在此成仙,后乘白马还山,因名。

㉔言语虚无——言谈皆虚无缥缈之事。另一种解释是沉默寡言。

㉕更(gēng)直为帅,录牛无散——轮流值班作牛倌儿,看管牛群不使其走散。更:轮换。直:同"值"。录:检束。钟惺评点说:"用字古甚。"

㉖汝直,牛何道不走耶——你值班时,牛为什么不逃跑呢?何道:什么道理。

㉗汝曹——汝辈,你们。此句与下文义不甚连贯,其下当有脱文。

㉘受性应仙,当违供养——《太平御览》卷一百八十九引《桂阳列仙传》:"苏耽启母曰:有宾客来会,耽受性当仙,今招耽去,违于供养。今年多疫,窃有此井水,饮之可得无恙,卖此水,过于供养。使宾客随

㉙阖（hé）门元吉——阖门：全家。元吉：大吉。

㉚"耽母既终"三句——各本无，文义不辍，据《桂阳神仙传》补。传文是："耽母既终，葬后，州东牛脾山紫云盖上，有号哭声，知苏君之神也。因见白马常在岭上。遂改牛脾山为白马岭。"紫云盖：即紫云峰。

㉛民安岁登——岁：指当年的农业收成。岁登：指谷物丰收。关于苏仙的传说，后世继续流传、发展。明代旅行家徐霞客在其《游楚日记》中有更详细的记述。

㉜耒水——耒水为湘江支流，在湖南省东南部，上游沤水出桂东县北境万洋山，流经汝城、资兴、永兴、耒阳等市县，至衡阳市东北入湘江，是湘江运输量最大的支流。

㉝华石山——在今郴州市北。杨守敬按：《太平御览》卷四十引盛弘之《荆州记》："桂阳有话石山，石有声，如人共话。"又《后汉书·郡国志》："郴州城北七十里，有话石山，孤石特竦，仙人于此谈话。"盖因"华"与"话"同音而各附会之。

㉞枕带双流——黄溪、耒水似枕如带横亘环绕于华石山前。

㉟便县——古县名，西汉置，属桂阳郡，旧治在今湖南永兴县。

㊱故惠帝封长沙王子吴浅为侯国——从前西汉惠帝元年（前194）封长沙王吴芮之庶子吴浅为便县侯国。

㊲"耒阳"三句——耒阳：秦所置县，即今湖南耒阳市，因在耒水之阳而命名。有一段时期属郴州市，现改隶衡阳市。

㊳水东肥南有郡故城——水东：指耒水之东。肥南：指肥川之南。郡故城：汉建武年间，桂阳郡自郴县移治于此，即今耒阳西门城址。

㊴侯计山——今名侯憩山，在耒阳东。传说，昔有诸侯避难，潜于此，因名。

㊵肥川——指源出侯憩山之肥江。

㊶蔡伦——字敬仲，东汉桂阳（今湖南耒阳市）人，我国造纸术的发明者。他总结前人经验，采用树皮、麻头、破布、旧渔网为原料造纸，史称"蔡侯纸"。

㊷蔡子池——在今湖南耒阳市南门，相传蔡伦曾于池中漂洗纸张。

㊸黄门——指宦官、太监。汉代给事内廷有黄门、中黄门诸官，皆以宦者充任，故称。

㊹顺帝——东汉顺帝刘保，公元126—144年在位。

㊺简素——竹简与缣素，古代用以书写。

[今译]

　　黄水向东北流去。据盛弘之说，从诸山流出的水，流入大溪，号称横流溪。溪水很少，但冬夏不干，民间也称之为贪泉，喝了此水，就会贪财，同广州石门的贪泉一样。廉洁的人在此地任太守，则不饮此水。东晋时吴隐之任广州刺史，喝了贪泉，并未迷乱其品德，贪泉难道真能玷污清廉之人的本性吗？人们不喝此水，大概是因为讨厌它的名称吧。刘澄之说，此水与石门贪泉是一条溪，通到广东四会。这是不可能的事，实在是荒唐无稽之谈，不了解情况所致。庾仲初说，峤水南面的支流，注入始兴溱水，再注入大海。而这是注入武溪的黄岑水。峤水的北水注入桂阳郡的湘水，再流入长江，指的就是这条水。

　　左边有千秋水注入。千秋水源出桂阳郡西南万岁山。山上有石洞，洞中有钟乳石。山上长满灵寿木，溪的下游就是千秋水。水边的居民点就叫作万岁村。此水下流汇合黄水。黄水又向东北，经过郴县东，右边汇合除泉水。除泉水发源于县南湘陂村。村中有圆水，方圆约二百步，一边水暖，一边水冷，冷处的水极清绿，浅处能见石头，深处能见池底；暖处的水呈白色而且浑浊。两处水色不同，冷暖各异，它的名字叫除泉，正如江苏句容江乘的半汤泉一样。圆水大时泻入黄溪，水小时就会断流。

郴县是旧县，桂阳郡治就在这里。汉高帝二年，分长沙郡而设置桂阳郡。《汉书·地理志》说：桂水发源在此地，因此命名为桂阳。王莽时改郡名为南平，改县名为宣风。县城是项羽迁义帝于此时所筑，县南有义帝墓，墓园内有石虎，因此叫作白虎郡。《东观汉记》说，茨充字子河，任桂阳太守。当地百姓懒惰，连粗劣的鞋子也很少穿，脚常破裂。茨充到任后，教民众做鞋子。如今湘江之南懂得做鞋，追究起来都是茨充教会的。

黄溪之东有马岭山，高六百余丈，方圆四十里。汉代末年，郡中有人名叫苏耽，曾在此山居住游玩。《桂阳列仙传》说，苏耽，郴县人，少年丧父，奉养母亲极其孝顺。所言谈皆道家虚无之理，人们都说他有些痴呆。他经常和儿童们一起放牛，大家轮流看管，把牛赶到一起，无使散失。每次轮到苏耽为头领时，牛总是在左右徘徊，不必去赶，自动返回。儿童问他，你当班时，牛为何不走开呢？苏耽说，其中的道理你们是不明白的。后来有宾客相会，他向母亲告辞，说：我生性应当学仙道，以后再不能供养您了。又流泪说，今年将发生一场大瘟疫，人要死掉一半，可凿一井，饮井水，可以不得病。后来果然如他所说那样，全家平安大吉。苏耽母亲死去安葬之后，郴州东北牛脾山紫云上，常有哭声，很是悲哀，人们知道，那是苏君之神来探母。以后常见苏耽骑白马，回到此山中，百姓为他建坛立祠祭祀，人民安乐，五谷丰登，百姓因此改牛脾山为马岭山。

黄水又北流，注于耒水，谓之郴口。耒水又向西，经华山北，此山也叫华石山。孤峰独立、黄水、耒水似枕如带环山而过。山之东就是黄溪与耒水交汇之处。其实，耒水一路向东流，不可能往北流经过郴县西的。耒水两岸山连山，山岩间悬挂着流泉，行人过此总会徘徊流连，恋恋不舍。

耒水又北流，经过便县之西。便县，从前汉惠帝封长沙王吴芮之子吴浅于此为侯国，也就是王莽时期的便屏。便县边界上有温泉水，水在郴县之西北,两岸有田数千亩,靠此水灌溉。经常是十二月下种,明年三月稻谷可成熟。过了这里,水就冷了,冬天就不能生长稻苗。凡是用温泉水灌溉的田地,每年稻子可三种三收。灌田所余之水散流,注入耒水。

耒水又西北流,过耒阳县之东。耒阳,是旧县,是因耒水命名的,王莽时改名为南平亭。县城东临耒水。耒水以东,肥川以南,有座老郡城。耒阳县有条溪水,发源于东边的侯计山。此水极清澈,冬温夏冷,向西流,叫作肥川。肥川之北有卢塘,池塘面积约八顷,深不可测。池中有大鱼,常在五月时,从水中奋跃而起,池水涌起数丈,波浪溢上四面陆地,小鱼纷纷逃散,随着波浪冲到岸上,多得不可胜计。又据说,大鱼将要鼓动池水时,其他各种鱼都浮聚一起。

氿水侧注耒水,西北流,经过蔡洲。洲之西是蔡伦故居,其旁有蔡子池。蔡伦,是东汉的宦官,在汉顺帝之世,他用捣碎的旧渔网等原料造纸,用来代替竹简和绢帛,造纸就是从蔡伦开始的。

[解说]

郴州是位于湖南南部的地级市,北连衡阳市,南邻广东韶关市,东接江西赣州市,因郴江出于境内而得名。

郦道元没有到过郴州,此段文字乃融汇《荆州记》《湘州记》《东观汉记》《桂阳列仙传》《后汉书·地理志》等书编撰而成。作者以水道为线索,沿江记述各种风光、景色、神话、传说。诸如饮之即贪的贪泉、半暖半冷的圆泉、茨充教民织履、苏耽牧牛成仙、温泉种稻三熟、卢塘五月鱼跃以及蔡伦造纸的遗迹等。有意选录这几个传说,体现出郦道元对造福人民、有益社会发展的历史人物的高度崇敬。

苏耽的故事在当地广泛流传,现在,郴州市已将市东马岭山地区命名为苏仙岭风景区。其中有苏仙观、升仙石、跨马台、望母松、景星观、白鹿洞等古迹,此外还有义帝陵、剑泉,城西南有万华岩——其中有很长的洞穴，有千姿百态的钟乳石，与《水经注》所记万岁山"石室中有钟乳"的地区相近。郴州市辖区的著名温泉，有汝城县的热水温泉、永兴县的悦来温泉等，与《水经注》所记温泉水、圆泉等，有水文地脉上的联系。

本段文字之末所记蔡伦故宅和蔡子池，在今耒阳市南门，其附近还有蔡侯祠、蔡伦墓（衣冠冢）。为了纪念这位伟大的发明家，耒阳市政府修缮了古迹，修建了蔡伦纪念广场和公园，是当地民众休闲的好去处，也吸引了不少慕名而来的外地游客。

[集咏]

隋薛道衡《入郴江诗》："仗节遵严会，扬舲泝急流。征涂非白马，水势类黄牛。跳波鸣石碛，溅沫拥沙洲。岸回槎倒转，滩长船却浮。缘崖频断挽，挂壁屡移钩。还忆青丝骑，东方来上头。"

唐沈佺期《神龙初废逐南荒途出郴口北望苏耽山》："少曾读仙史，知有苏耽君。流望来南国，依然会昔闻。泊舟问耆老，遥指孤山云。孤山郴郡北，不与众山群。重崖下萦映，嶒峨上纠纷。碧峰泉附落，红壁树傍分。选地今方尔，升天因可云。不才予窜迹，羽化子遗芬。将览成鳞凤，旋惊御鬼文。此中迷出处，含思独氛氲。"

宋秦观《踏莎行》："雾失楼台，月迷津渡，桃源望断无寻处。可堪孤馆闭春寒，杜鹃声里斜阳暮。驿寄梅花，鱼传尺素，砌成此恨无重数。郴江幸自绕郴山，为谁流下潇湘去？"

三十三、庐山

其山川明净，风泽清旷，气爽节和，土沃民逸。嘉遁之士，继响窟岩①；龙潜凤采之贤②，往者忘归矣。秦始皇、汉武帝及太史公司马迁,咸升其岩③,望九江而眺钟彭④焉。

庐山之北,有石门水⑤。水出岭端,有双石高竦,其状若门,因有石门之目焉⑥。水导双石之中,悬流飞瀑,近三百许步,下散漫十数步,上望之连天,若曳飞练于霄中矣。下有盘石,可坐数十人,冠军将军刘敬宣⑦每登陟焉。其水历涧,径龙泉精舍⑧南,太元中⑨,沙门释慧远⑩所建也。其水下入江⑪。

南岭,即彭蠡泽西天子障也⑫,峰磴险峻,人迹罕及。岭南有大道,顺山而下,有若画焉。传云:匡先生所通至江道⑬。岩上有宫殿故基者三⑭,以次而上,最上者极于山峰。山下又有神庙,号曰宫亭庙⑮,故彭湖⑯亦有宫亭之称焉。余按《尔雅》云:"大山曰宫⑰。"宫之为名,盖起于此,不必一由三宫也。山庙甚神,能分风擘流⑱,住舟遣使。行旅之人,过必敬祀,而后得去。故曹毗⑲咏云:"分风为贰,擘流为两⑳。"昔吴郡太守张公直㉑,自守征还㉒,道由庐山,子女观祠,婢指女戏妃像人。其妻夜梦致聘,怖而遽发,船引中流而不行㉓。合船惊惧曰:"爱一女而合门受祸也。"公直不忍,遂令妻下女于江。其妻布席水上,以其亡兄女代之,而船得进。公直方知兄女,怒妻曰:"吾何面目于当世也。"复下已女于水中。将渡,遥见二女于岸侧。傍有一吏曰:"吾庐君主簿㉔,敬君之义,悉还二女。"故干宝书之于《感应》焉㉕。

山东有石镜,照水㉖之所出。有一圆石,悬崖明净,照见人形,晨光初散,则延曜入石,毫细必察,故名石镜焉。又有二泉㉗,常悬注,若白云带山。《庐山记》㉘曰:"白水在黄龙㉙南,即瀑布也。"水出山腹,挂流三四百丈㉚,飞湍林表,望若悬素,注处悉成巨井,其深不测。其水下入江渊㉛。

庐山之南，有上霄石㉜，高壁缅然，与霄汉接连。秦始皇三十六年㉝，叹斯岳远，遂记为上霄焉。上霄之南，大禹刻石，志其丈尺里数，今犹得刻石之号焉㉞。

湖中有落星石㉟，周回百余步，高五丈，上生竹木。传曰：有星坠此，因以名焉。又有孤石，介立大湖中㊱，周回一里，竦立百丈，矗然高峻，特为瑰异，上生林木，而飞禽罕集。言其上有玉膏㊲可采，所未详也。耆旧云：昔禹治洪水，至此刻石纪功，或言秦始皇所勒。然岁月已久，莫能辨之也。

——《庐江水》

[注释]

①嘉遁之士，继响窟岩——嘉遁：隐遁、退隐。《文选》赵至《与嵇茂齐书》："夫以嘉遁之举。"张铣注："嘉遁者，隐也。"响：声名。窟岩：指隐居者所居之山洞。

②龙潜凤采之贤——龙潜：如龙之潜水。凤采：似凤之彩翼。均以比喻清高儒雅的隐士。

③"秦始皇"二句——《史记·秦始皇本纪》和《封禅书》，均未明秦始皇、汉武帝登临庐山之事；《史记·河渠书》中太史公说："余南登庐山，观禹疏九江。"《太平寰宇记》引《浔阳记》："昔秦皇汉武并登庐山，以观九江。"

④钟彭——指石钟山（在今江西北部湖口县附近）和彭蠡泽。谭元春评以上一段："叙事接语无痕，便如弟子开眼见此景者，妙妙！层层述证更有味。"

⑤石门水——即石门涧，在文殊寺南，为庐山西大门，因天池山、铁

船峰对峙如门得名,有瀑布悬于其内。

⑥"有双石高竦"三句——《艺文类聚》卷八引周景武《庐山记》:"石门山在康王谷东北八十余里,是一山之大谷,有涧水亦名石门涧,吐源渺远,为众泉之宗。每夏霖秋潦,转石发树,声动数十里。"

⑦刘敬宣——字万寿,东晋名将刘牢之子。曾从宋武帝刘裕击鲜卑,大破之,官右将军。后镇寻阳,加封冠军将军。

⑧龙泉精舍——熊会贞按:《十八贤传》记:"慧远……至浔阳,见庐山闲旷,可以息心,乃立精舍。因去水远,以杖叩地,清流涌出。后亢旱,师诣池侧,读《龙王经》,忽有神蛇从池出,须臾大雨。因名龙泉精舍。"沈钦韩认为,即东林寺,在今庐山北麓。

⑨太元中——太元年间(376—396)。太元:东晋孝武帝司马曜年号。

⑩释慧远——东晋高僧,著名佛教学者,曾结莲社于庐山东林寺,与陶渊明等交往,著有《庐山记》等。

⑪其水下入江——据桑乔《庐山纪事》:石门涧水北流入龙门河(后称龙开河),然后于今江西九江市西北入长江。

⑫彭蠡泽西天子障也——彭蠡泽:即江西鄱阳湖,为我国第一大淡水湖。天子障:又名南障山,亦即庐山,也称三天子都。

⑬匡先生所通至江道——匡先生:指匡俗,西汉初年人,或谓周武王时人,好道术。至江道:《庐山新志》:"匡顶大道有四:自云峰入者为西道,自含鄱口入者为南道,自净慧入者为东道,自化城入者为北道。四者庐山之通衢,从古所辟。"这里指由南岭至长江的南道。

⑭岩上有宫殿故基者三——《后汉书·郡国志》:"庐山有三宫:上宫在悬岩之表,人所不及;次宫在山岩下,两边有阴阳沟,有石羊马夹道相对;下宫在彭蠡湖际。"

⑮山下又有神庙,号曰宫亭庙——慧远《庐山记》以其神为安志高。

《豫章旧志》以为此神为匡俗，《博物志》以为姓徐。郦氏不确指，盖存疑。宫亭庙：即庐山庙。在今庐山市神林浦，庐山南麓。

⑯彭湖——即鄱阳湖。又名彭泽湖，一名汇泽。

⑰大山曰宫——《尔雅·释山》："大山宫，小山霍。"宋邢昺疏："宫，犹围绕也，谓小山在中，大山在外绕之，山形若此者名霍，非谓大山名宫，小山名霍也。"

⑱"山庙甚神"二句——朱之臣批："盛弘之《荆州记》：'宫亭湖庙神甚有灵验，途旅经过，无不祈祷。能使湖中分风而帆南北。'与此注同一事也，而造语各妙。"又说："小时读王右丞'送客乍分风'，以为奇语，不知正出此注耳。"谭元春评："'分风擘流'，四字甚佳。"

⑲曹毗——字佐辅，晋谯国（今安徽亳州市）人，善属辞赋，著《文笔》十五卷，见《晋书·文苑传》。

⑳分风为貳，擘（bò）流为两——分风：同一阵风，使有的船向北，使有的船向南。擘流：同一湖水，有的流向南，有的流向北。

㉑吴郡太守张公直——吴郡：治所在今江苏苏州市，辖境相当今江苏南部和浙江北部地区。据《搜神记》："张璞，字公直，不知何许人。"

㉒自守征还——自其官守之地征召回京。

㉓船引中流而不行——船行至河中却停滞不前。《太平御览》卷六十引："觉言于夫，至明，恐怖遽发，船引中流而不行。"

㉔主簿——原为州、郡、县长官的僚属，职务相当今之市、县政府之办公室主任。

㉕干宝书之于《感应》焉——干宝记录于其《搜神记》中之《感应》篇。按：今本《搜神记》已无篇目。上述故事见该书卷四。

㉖石镜，照水——石镜峰在今庐山市西。赵一清说："按下云'又有二泉，常悬注，若白云带山'，即石镜所照之水也。"

㉗又有二泉——在今秀峰寺西。《庐山纪事》:"汉阳峰之泉,东流为开先二瀑,在东北者曰马尾水,在西南者则自坡顶下注双剑峰背邃壑中,汇为大龙潭,绕出双剑之东,下注大壑,悬挂数十百丈,循崖东北逝,与马尾水合流出两山峡中,下注石潭,石碧而削,水练而飞,潭绀而渊,为开先佳镜。二瀑俱奇观,而西瀑尤胜。"

㉘《庐山记》——慧远及周景武各有《庐山记》,此句不知何所出。

㉙黄龙——即黄龙山,在今庐山市西。《浔阳记》说:"能兴风致雨,有黄龙之像,故名。"

㉚挂流三四百丈——挂流:瀑布。李白《望庐山瀑布》诗:"飞流直下三千尺,疑是银河落九天。"即咏此瀑布。

㉛江渊——指长江之滨的深潭。陈仁锡评以上一段说:"或言庐山瀑布不如雁荡瀑布,而庐山直也。是不然。直下大江,是庐山形势耳。因有拙工画作直形,了无意味。噫!庐山不幸遇此手口。"

㉜上霄石——即上霄峰。

㉝秦始皇三十六年——据《史记·秦始皇本纪》,应为秦始皇三十七年,即公元前210年。

㉞"上霄之南"四句——宋罗泌《路史》引《舆地志》:"紫霄峰下有石室,室中有禹刻篆文。有好事者,縆入摹之,凡七十余字,止有六字可辨,余叵识。后复寻,已迷其处。"紫霄峰在今庐山市北。施蛰存《水经注碑录》说:"此刻每见于地理书,而未尝有人亲见而记录之,甚可疑也。"

㉟落星石——今名德星石,在鄱阳湖中。

㊱又有孤石,介立大湖中——孤石:当即大孤山,又名鞋山,在鄱阳湖中。介立:独立。

㊲玉膏——传说服之成仙的矿物,见《山海经·西山经》及《博物

志》。本文之前段有吴猛弟子盗采玉膏的传说。

［今译］

  这座山山明水净，风清泽旷，气候高爽，节令和暖，地土肥沃，人民安乐。隐居避世之士，相继传名于庐山的洞穴。像龙凤一样蛰伏待时的贤才，来到这里也会乐而忘返了。秦始皇、汉武帝和司马迁，都曾经登临此山之峰巅，遥望九江，凭眺钟山、彭蠡。

  庐山之北，有石门水，发源于岭端。那里有两块高耸的巨石，样子像门，因而有石门的名称。石门水从两石之间流出，从高处向下，成为飞瀑，长约三百步，下端飘散开来，宽约十步左右。向上望去，其高连天，仿佛挥动白绢于云霄之中。其下有盘石，可坐数十人。南朝冠军将军刘敬宣镇守浔阳时，常常来此处攀登。石门水流过山涧，经过龙泉精舍之南。晋太元年间，由僧人慧远所建。石门水向下流，注入长江。

  南边的山岭，就是彭蠡泽西面的天子障，峰峦峻峭，山径艰险，人迹罕至。岭南有条大道，顺山势下行，沿途风景如画，据传说，是匡俗先生所开通直达江边的道路。山上有宫殿遗迹三处，依次列于山上，最上面的遗迹处于山峰。山下又有神庙，称为宫亭庙，所以彭泽湖也有宫亭湖的名称。我根据《尔雅》所说："大山曰宫。"宫这个名称大概起源于此，不一定就是山上有三宫而得来的。山庙很有神威，能使湖面的风向分开，使同一湖水分方向而流，能让船只或停住不动，或继续航行。来往行人，经过庙前，必须恭敬地祭拜神灵，然后才能离开。所以晋人曹毗有诗歌咏道："分风为二，擘流为两。"从前，曾任吴郡太守的张公直，从其任职之地征召回京，路过庐山，子女参观山下神庙，婢女跟张公之女开玩笑说：山神妃子的形貌很像她。张公直的妻子夜间梦见山神下聘礼娶其女，感到恐怖，立即开船离开。船行到中游不能走了。全船的人都害怕是山神致怒，都说："何必爱一女而使全家遭灭顶之祸呢？"张公实不忍心，不得已命妻子投女于江中。其妻把席子布在水面上，把其已故兄长之女代替己女坐上去，而后船方能前进。张公直得知被投于水中的是侄女，对妻子发怒说，我这样做有何面目见当世之人！便再次投下己女于水。船将要靠岸了，远望二女立于岸边，旁边有一名官吏说："我是庐山山君的主簿，山神敬佩您的正义，把二位女儿全都送还。"后来干宝把这个故事写进《搜神记》的《感应》篇。

庐山之东有石镜峰，照水从峰下发源。有一块圆形石头，在悬崖之上，十分明净，能照见人形，早晨雾气初散，阳光照射在石面上，对面景物反映得巨细毕现，所以叫作石镜。又有两条泉水，常年悬注，有如白云缭绕山间。《庐山记》说："白水在黄龙山南，就是瀑布。"此水发源于山之腹部，高挂三四百丈，飞流从树林之外湍急而下，远望如同悬挂的白绢。瀑布下注的地方，都形成巨大的水井，深不可测，此水下流，注入长江的深潭。

庐山之南，有上霄石，高高石壁深而远，似乎与云霄相接。秦始皇于三十六年登此山，感叹此山高远，于是记石为上霄。上霄石之南，有大禹所刻石，标志山的丈尺里数，所以现在还有刻石的名称。

彭蠡湖中有落星石，周围百余步，高五丈，上面生长着竹木。据传说，有星陨落于此，因而得名。又有孤石，独立于大湖之中，周围一里，耸立百丈，巍然高峻，极其奇异。石上生长林木，却很少有飞禽聚落。据说上面可以采到服之成仙的玉膏，不得知其详情。老人们说，从前大禹治洪水，到达这里，刻石纪功，也有人说是秦始皇所刻。然而岁月已久，没有办法考辨了。

[解说]

庐山，又名匡庐，在江西九江市南，北接长江，东邻鄱阳湖，自古就是天下名山。相传大禹治水，秦始皇南巡，均曾登临。晋以后成为南方佛教中心之一，有三大名寺、五大丛林。东晋高僧慧远在东林寺结莲社，讲经说法，与陶渊明等文化人交往。唐代诗人江州司马白居易，留下脍炙人口的诗文和至今令人流连忘返的花径。南宋哲人朱熹讲学于山下的白鹿洞书院，并使之成为一时学术中心。中华人民共和国成立以后，毛泽东召开两次重要的庐山会议，创作了《登庐山》："一山飞峙大江边，跃上葱茏四百旋。冷眼向洋看世界，热风吹雨洒江天。云横九派浮黄鹤，浪下三吴起白烟。陶令不知何处去，桃花源里可耕田？"现在庐山已经荣幸地被列入世界人文与自然遗产目录，成为举世瞩目的旅游胜地。

《水经注》全书往往详于记水，而略于记山，唯此篇不然，通篇以写庐山为主，记庐江水只有一句，作为缘水以记山的引子。开头一大段搜罗种种古书记述，辨析庐山命名的由来，介绍匡俗兄弟的传说，接着叙述吴猛携弟子进山窃玉膏而不得渡桥的仙话（由于太长，本文割爱未录），下面还有张公直推女嫁山神的故事，都富于劝诫意味。此文随处穿插历史人物遗迹，信手描写险峰、巨石、飞瀑、孤岛，令人有目不暇接之感。其中黄龙山的瀑布"挂流三四百丈"者，就是后来李白《望庐山瀑布》"飞流直下三千尺，疑是银河落九天"之处。庐山的奇山异水、文物古迹实在太多，有许多发现于或始建于郦道元之后，当然不可能写到。例如庐山最大的三叠泉瀑布，那是南宋采樵农夫发现的，天池山景区是东晋以后陆续开发的，仙人洞乃因唐代道士吕洞宾而得名……我有幸于1997年参观上述景区，大饱眼福。

历代关于庐山的诗文极其繁富。据上海古籍出版社2010年出版的《庐山历代诗词全集》统计，自东晋至1949年，约五百多位文化名人到访庐山，今存有四千多首诗词。在郦道元之前，东晋庐山诸道人的《游石门诗序》、释慧远的《庐山记》，以及南朝谢灵运、鲍照、江淹等人，已对庐山有多角度的描述。郦道元足迹没有到达江南，《水经注》此文，乃融汇他人著作，集腋而成裘，竟浑然一体，看不出缀合的痕迹。民初学者熊会贞指出："此篇先总叙庐山，次叙山北，次叙山南、山东，末带叙湖中落星石及孤石，词旨秩然。"比起其他名篇，它虽然没有常见的夸饰和想象，却富于朴实自然的意趣，体现出《水经注》作为学者之文的一贯个性。

[集咏]

李白《庐山谣寄卢侍御虚舟》（摘句）："庐山秀出南斗傍，屏风九叠云锦张，影落明湖青黛光。金阙前开二峰长，银河倒挂三石梁。香炉瀑布遥相望，回崖沓嶂凌苍苍。翠影红霞映朝日，鸟飞不到吴天长。登高壮观天地间，大江茫茫去不还。黄云万里动风色，白波九道流雪山。"

唐孟浩然《晚泊浔阳望香炉峰》："挂席几千里，名山都未逢。泊舟浔阳郡，始见香炉峰。尝读远公传，永怀尘外踪。东林精舍近，日暮空闻钟。"

宋苏轼《题西林壁》："横看成岭侧成峰，远近高低各不同。不识庐山真面目，只缘身在此山中。"

宋徐照《石门瀑布》："一派从天下，曾经李白看。千年流不尽，六月地长寒。"

明朱元璋《庐山诗》："庐山竹影几千秋，云锁高峰水自流。万里长江飘玉带，一轮明月滚金球。路遥西北三千界，势压东南百万州。美景一时观不尽，天缘有份再来游。"

观瀑亭对联："横奔月宫千堆雪，倒瀑银河万道雷。"

大汉阳峰对联："峰从何处来，历历汉阳，正是断魂迷梦雨；我欲乘风去，茫茫禹迹，可能留命待桑田。"

牯岭清风阁对联："身在匡庐，不见庐山真面目；足临胜境，方知胜地豁心胸。"

三十四、桐溪

浙江①又北,径新城县②,桐溪水注之。水出吴兴郡於潜县③北天目山④。山极高峻,崖峻竦叠,西临峻涧。山上有霜木,皆是数百年树,谓之翔凤林⑤。东面有瀑布,下注数亩深沼,名曰蛟龙池⑥。池水南流,径县西,为县之西溪⑦。

溪水又东南,与溪合。水出县西百丈山,即潜山也⑧。山水东南流,名为紫溪⑨。中道夹水,有紫色盘石,石长百丈,望之如朝霞,又名此水为赤濑,盖以倒影在水故也。紫溪又东南流,径白山⑩之阴。山甚峻极,北临紫溪。又东南,连山夹水,两峰交峙,反项对石,往往相捍⑪。十余里中,积石磊砢,相挟而上⑫。涧下白沙细石,状若霜雪,水木相映,泉石争辉,名曰楼林。

紫溪东南流,径桐庐县⑬东,为桐溪。孙权借溪之名以为县目,割富春之地立桐庐县⑭。自县至於潜,凡十有六濑⑮,第二是严陵濑⑯。濑带山⑰,山下有一石室⑱。汉光武帝时,严子陵之所居也。故山及濑皆即人姓名之⑲。山下有盘石,周回十数丈,交枕潭际,盖陵所游也⑳。桐庐溪㉑又东北,径新城县入浙江㉒。

——《浙江水》

[注释]

①浙江——即今安徽、浙江境内的新安江及其下游的富春江、钱塘江,东流到杭州市杭州湾入海。

②新城县——三国吴分富阳县置，治所在今浙江富阳市城关镇，1914年改名新登，中华人民共和国成立后并入桐庐县。

③水出吴兴郡於潜县——水：指桐溪水，又名分水江，上源又名天丹溪。吴兴郡：三国吴置，治所在乌程（今浙江湖州市吴兴区南，晋义熙初移今湖州）。於潜县：浙江省旧县名，1958年并入昌化县，1960年昌化县又并入临安县。旧治在今杭州市临安区於潜镇。

④天目山——在浙江省西北部，分为东西两支，最高点龙王山在西天目山。主峰在今浙江杭州市临安区境内，多奇峰、竹林，为浙西名胜地。

⑤"山上有霜木"三句——霜木：指银杏，即白果树，生长较慢，寿命可达千余年。陈桥驿《水经注研究》第300页引万历《西天目山志》（浙江图书馆藏钞本）卷一"翔凤林"条云："在大目山之东北峰，高峻耸拔，类天柱、卢阜，……上有古木参天，龙须草覆地，径险林深，人迹罕到。"

⑥"东面有瀑布"三句——清缪荃荪辑《吴兴记》："天目山有蛟龙池。耆老相传：入山之人，常见山边一美人，蛟所化也。"此即蛟池命名之由来。陈桥驿《水经注研究》第301页说："按万历《西天目山志》（浙江图书馆藏钞本）'龙池'条云：龙池有三，上池、中池、下池，俱在天目东北峰下，有溪曰大径口，有潭形如仰箕，曰箕潭，中有巨石，潭水注入上池，在山东垂崖下，高五十仞。按大径口、小径口及箕潭，今在西天目以东鲍家村北约一里，已为中华人民共和国成立后兴建的西关水库所淹没。从箕潭下泻的瀑布，因为水源断绝，今已消失，瀑布形成的泷壶即上池、中池、下池，也已逐渐淤塞湮废，唯下池东侧摩崖有龙潭二字，尚依稀可辨。此瀑布下游原注入紫溪，与《水经注》所记合，故殿本'东面有瀑布'，当以此瀑布为是。"

⑦西溪——在今浙江杭州市临安区於潜镇附近。

⑧"水出县西百丈山"二句——《太平御览》卷四十六引《吴兴记》:"山墟村有山,名曰百丈。……尧遭洪水,此山不没,但余百丈,因名。"按:潜山即百丈峰,在今临安区西、浙皖两省边境,属天目山,山势险峻。现仍保存自然植物群落,以柳杉和银杏等古老树种为最著名。

⑨紫溪——即今杭州市临安区西的昌化溪。陈桥驿说:"紫溪即今分水江的一段,此河上流因切割作用强烈,比降甚陡,今自汤家湾到紫溪三十八公里间,平均比降为千分之二点二,特别是从河桥镇到紫溪一段,两岸高山紧逼,构成一峡谷地带,河道宽仅五十米左右,河床积石累累,滩多水急,至今紫溪附近一段,与注文描述绝无二致。"(陈桥驿《水经注研究》第301—302页)

⑩白山——在於潜镇南,今杭州市临安区境内。

⑪"连山夹水"四句——溪水两岸山峦连绵,高峰对峙,耸立的山石彼此相顾,其势若互相卫护。反项:扭颈,相顾。相捍:互相卫护。谭元春评:"只就水石形色,写得如此璀璨有情。"

⑫积石磊砢,相挟而上——众多山石,互相挟持,向上累积。磊砢:众多石头堆积错杂的样子。

⑬桐庐县——三国吴置,在浙江杭州市西南部、钱塘江沿岸。旧治在今县北。

⑭"孙权借溪之名以为县目"二句——《太平寰宇记》卷九十五《睦州》:"耆旧传云:桐溪有大梧桐树,垂条偃盖,荫数亩,远望似庐,遂谓为桐庐县。"孙权为吴郡富春人,故又有孙权以桐庐立名之说。

⑮自县至於潜,凡十有六濑——凡:共。有:同"又"。陈桥驿说:"按今分水江自桐庐上溯六十公里之间,滩险即超过三十处,其中如猪宴石滩、后浦滩、焦山滩、新口滩、白山头滩等,都是著名的险滩。《水经注》仅言十六濑,说明古代此河航道较今为佳。"(《水经注研究》第302

页）

⑯严陵濑——又称"严陵滩""子陵濑"。因东汉严光，字子陵，隐居于此，而得名。

⑰濑带山——水中沙滩如带环山。带，用如动词。

⑱石室——石洞，今已无考。

⑲故山及濑皆即人姓名之——《后汉书·严光传》注引顾野王《舆地志》说："七里濑在东阳江下，与严陵濑相接，有严山（富春山）。桐庐县南有严子陵渔钓处，今山边有石，上平，可坐十人，临水，名为严陵钓坛。"

⑳"山下有盘石"四句——二台各高二百丈，台顶均建有石亭，下瞰大江，周围古木丛林，杳然深郁。台下不远即祠堂和书院，南有汐社亭。现在是著名的旅游点。

㉑桐庐溪——桐溪亦称桐庐溪。

㉒径新城县入浙江——杨守敬认为，桐溪水东南径桐庐县，而尚未至新城，此句当作"径桐庐县东入浙江"。今桐庐县城正当桐溪与富春江交汇处。

[今译]

浙江又向北流，经过新城县，桐溪水注入浙江。桐溪水发源于吴兴郡於潜县北面的天目山。此山极其高峻，山崖耸立重叠，西面临近险峻的深涧。山上有经霜之木，都是几百年的老树，这片林子叫翔凤林。东面有瀑布，下注于数亩之阔的深潭，名叫蛟龙池。池水南流，又经过於潜县的西边，就是於潜县的西溪。

溪水又向东南流，与紫溪汇合。紫溪发源于於潜县西部的百丈山，就是潜山。百丈山之水向东南流，名叫紫溪。溪水当中夹着一块紫色盘石，长百余丈，远望如同朝霞，人们又称此水为赤濑，大概是由于紫色盘石倒影于水中故名曰赤石滩。紫溪又向东南流,经过白山之北。白山很高峻,北临紫溪。此水又向东南流,两岸山连山,夹水而立,两峰隔岸交错对峙之石,如人之反转颈项,互相卫护。十余里水路之中,积石累累,相倚相夹而上。涧水中的白沙细石,状如霜雪,绿水与青林互相映衬,清泉与白石彼此争辉。这一带名叫楼林。

紫溪向东南流,经过桐庐县东,就是桐溪了。三国时孙权借用桐溪之名作为县名,分割原富春县而另设桐庐县。从桐庐县到於潜县,共有十六滩,第二滩是严陵滩,水中有沙滩如带环山,山下有一石洞。东汉光武帝的老朋友严子陵曾在这里居住。所以此山及此滩便用严子陵的姓氏命名。山下有巨石,周围十几丈,枕靠江潭边上,大概是严子陵所游玩的地方。桐庐溪又向东北流,经过新城(应为桐庐)县东,注入浙江。

[解说]

浙江西北部的桐溪沿岸,风光绮丽,南朝以后,受到诗文名家和学者的重视。谢灵运的诗《七里滩》、沈约的诗《早发定山》、吴均的骈文《与朱元思书》等,就是专门描绘这一带山光水色的。沿江景点中最负盛名的是子陵滩和严陵钓台,我曾于1987年游览。严光,字子陵,东汉余姚(今属浙江)人,少年时与后来成为汉光武帝的刘秀是同学,交谊甚笃。刘秀称帝之后,召严光到洛阳,授以谏议大夫,他不接受。光武帝与严光叙旧,同床共卧,光以足加帝腹上。次日,夜观天象的太史奏曰:昨夜有客星犯御座甚急。光武笑曰:这是我和老朋友共眠所致。严光后来回到故乡富春江畔,过着隐居垂钓的生活。严光清高的品格及其夜惊帝星的故事,汉以后倍受赞扬。严光所居之处,陆续修建了祠堂、书院、馆舍,现在是很漂亮的纪念馆,其旁就是钓台。据有人统计,从南北朝至清末,有一千多位诗文名家到访,写作了四千多篇诗文。最为脍炙人口的恐怕要数宋代范仲淹所作《严先生祠堂记》了,其中名句是:"云山苍苍,江水泱泱，先生之风，山高水长。"千古传颂，至今不衰。我曾偕友人登钓台，那是两座直立如塔的巨石，东西各一，高七十余米，有石磴可上，顶部平坦，均建有石亭，可容十余人。西台即南宋末年爱国作家谢翱遥祭文天祥，而后作《登西台恸哭记》之处。称此二石为钓台，实乃出于文学的想象和夸张。因为从台顶到富春江平面尚有百十来米，高度约七八十米，是根本不可能从钓台上把钓竿伸到江水中的。

《水经注》此文，乃缀集有关地理史料而成，个别地理方位偶有疏失，但行文简洁明快，清丽可观，耐人寻味。

[集咏]

南朝谢灵运《过七里濑》（摘句）："石浅水潺（chán）湲，日落山照曜。荒林纷沃若，哀禽相叫啸。……目睹严子濑，想属任公钓。谁谓古今殊，异代可同调。"

梁吴均《与朱元思书》（摘句）："风烟俱净，天山共色，从流飘荡，任意东西。自富阳至桐庐一百许里，奇山异水，天下独绝。水皆缥碧，千丈见底，游鱼细石，直视无碍。急湍甚箭，猛浪若奔。夹岸高山，皆生寒树。负势竞上，互相轩邈，争高直指，千百成峰。泉水激石，泠泠作响。好鸟相鸣，嘤嘤成韵。蝉则千转不穷，猿则百叫无绝。……"

宋苏轼《行香子·过七里濑》："一叶舟轻，双桨鸿惊。水天清，影湛波平。鱼翻，藻鉴，鹭点，烟汀。过沙溪急，霜溪冷，月溪明。　重重似画，曲曲如屏。算当年，虚老严陵。君臣一梦，今古空名。但远山长，云山乱，晓山青。"

清刘嗣绾《自钱塘至桐庐舟中杂诗》："一折青山一扇屏，一湾碧水一条琴。无声诗与有声画，须在桐庐江上寻。"

严子陵钓台对联："道远息尘劳，向此间坐石看云，放怀宇宙；高台瞻胜迹，慕当年耕山钓水，俯视王侯。"

三十五、钱唐江

浙江又东,径灵隐山①。山在四山之中,有高崖、洞穴②,左右有石室三所③,又有孤石壁立,大三十围,其上开散,状似莲花④。昔有道士,长往不归,或因以"稽留"为山号⑤。

山下有钱唐故县⑥,浙江径其南,王莽更名之曰泉亭⑦。《地理志》曰:"会稽西部都尉治⑧。"《钱唐记》⑨曰:防海大塘,在县东一里许。郡议曹华信家议立此塘⑩,以防海水。始开,募有能致一斛土石者,即与钱一千。旬日之间,来者云集。塘未成而不复取,于是载土石者,皆弃而去。塘以之成,故改名钱塘焉⑪。

县南江侧有明圣湖⑫,父老传言,湖有金牛,古见之,神化不测,湖取名焉⑬。县有武林山⑭,武林水所出也。阚骃⑮云:"山出钱水,东入海⑯。"《吴兴记》⑰言:"县惟浙江,今无此水⑱。"

县东有定、包诸山⑲,皆西临浙江。水流于两山之间,江川急浚,兼涛水昼夜再来,来应时刻,常以月晦及望尤大⑳,到二月八月最高,峨峨㉑二丈有余。《吴越春秋》㉒以为子胥、文种之神也㉓。昔子胥亮于吴㉔,而浮尸于江㉕,吴人怜之,立祠于江上,名曰胥山㉖。《吴录》㉗曰:"胥山在太湖边,去江不百里。"故曰江上。文种诚于越,而伏剑于山阴,越人哀之,葬于重山㉘。文种既葬一年,子胥从海上负种俱去㉙,游夫江海。故潮水之前扬波者伍子胥,后重水㉚者大夫种。是以枚乘㉛曰:"涛无记焉,然海水上潮,江水逆流,似神而非㉜。"——于是处焉㉝。

——《浙江水》

[注释]

①灵隐山——陈桥驿认为：灵隐山的位置，历来并无定论，据地形考察，可能是指飞来峰。其山在浙江杭州市西湖西北，著名的西湖游览胜地灵隐寺，即在其山麓。寺前有冷泉、龙泓洞等高崖深穴，有宋、元石刻造像。山南有一石，状如人，两髻分明，俗谓之女儿山。（《水经注研究》）

②有高崖、洞穴——《北堂书钞》卷一百五十八引刘宝《钱唐记》："灵隐山北有石穴，傍入行数十步，有水广丈余。昔有人采钟乳见龙迹，闻穴里隆隆有声，便出。"

③有石室三所——当指龙泓青林、玉乳诸洞穴。《舆地纪胜》引《晏公类要》说：灵隐山"有龙泓洞岩石室"。三所：三间。

④其上开散，状似莲花——《太平御览》卷九百六十引《钱唐记》："灵隐山四布似莲花，中央夹生谷树，甚高大。"今杭州灵隐寺前有飞来峰，高168米，孤岩独立，怪石峥嵘。林木苍郁，"孤石"或即指此峰。

⑤或因以"稽留"为山号——稽留山即今稽留峰，其北有法净寺。《太平寰宇记》卷九十三《杭州》："灵隐山在（钱塘）县西十五里，许由、葛洪皆隐此山，入去忘归，本号稽留山。"可见所谓道士，或系指晋葛洪辈。

⑥钱唐故县——据《名胜志》，钱唐旧治有四：一在灵隐山麓，一在钱湖门外，皆汉魏时治，唐在钱塘门内，宋在纪家桥华严寺附近。这里指第一处。

⑦泉亭——即钱亭。泉：古代钱币的名称。

⑧会稽西部都尉治——会稽：郡名，秦始皇二十五年（前222）于原吴、越地置，治所在吴县。西汉时辖境相当今江苏省长江以南，茅山以东，浙江省大部（仅天目山、淳安县以西部分地区除外）及福建全省。

东汉顺帝时移治山阴（今浙江绍兴市），其后辖境逐渐缩小。都尉：为辅佐郡守并掌全郡军事的长官。治：治所，衙门所在地。

⑨《钱唐记》——晋刘宝（字道真）著，已佚。

⑩郡议曹华信家议立此塘——郡议曹：太守属官，掌顾问应对。塘：筑土阻水曰塘，如海塘，即海堤。南方方言中也称池为塘。

⑪故改名钱塘焉——赵一清认为："武林水因武林山泉潴而为湖，旧湖水通江，后人筑塘以隔江湖。……湖曰钱湖，江曰钱江，皆以一塘字分限得名。华信筑塘与钱之事，盖出于传记之悠谬耳。"

⑫明圣湖——一名金牛湖，即今浙江杭州市西湖。汉代称明圣湖，自唐始称西湖。古时原与杭州湾相通，后由泥沙堰塞而成。有葛岭、南北高峰、玉皇等山环抱。湖光山色，风景绮丽。现在是我国及世界著名的游览胜地。但也有人（如赵一清）认为西湖不是明圣湖。（见《定乡小识》卷八）

⑬"父老传言"五句——《初学记》卷七引刘道真《钱唐记》："明圣湖在县南。父老相传，湖中有金牛，古尝有见，其映宝云泉，照耀流精，神化莫测，遂以明圣为名。"又据《大清一统志》，明圣湖一名钱塘湖，又名上湖，三面环山，溪谷诸水汇而为湖。

⑭武林山——即灵隐山。杨守敬按：《名胜志》引邵重生云：武林乃南北天竺、灵隐诸峰之总名，及东晋以后，因有诸山名，而武林反以无专指而晦。武林也是杭州的别称。

⑮阚骃——已见本书《沅水》篇注释。

⑯山出钱水，东入海——此阚骃引括《汉书·地理志》语。原文是："会稽郡钱唐县武林山，武林水所出，东入海行八百三十里。"杨守敬认为，"东入海行八百三十里"不确，故郦氏不取。

⑰《吴兴记》——刘宋山谦之撰，已佚，有清人辑本。

⑱县惟浙江，今无此水——赵一清认为："武林水即钱水，今杭人所谓西湖者。"他指出，《吴兴记》的说法乃是"不识眉目之言"。按：钱水于汉时可能尚与海交通，至刘宋时已经淤滞成湖。山谦之认为"今无此水"，并不错，赵一清驳得没有道理。

⑲县东有定、包诸山——定山和包山是钱塘江中的两座山，在杭州市东南。包山又名浮山。《太平御览》卷四十六引《吴地记》："定山突出浙江中，波涛所衔，行旅为阻。"又，谢灵运诗："朝发渔浦南，暮宿富春郭。定山杳云雾，赤亭无淹泊。"即指此山。

⑳常以月晦及望尤大——晦：农历每月最末一天。望：农历每月十五日。实际上是每月农历三日、十八日最大。八月十八日是全年中观潮最佳日期。

㉑峨峨——高耸的样子。据现测，潮高可达 3.5 米，潮差可达 8.9 米。

㉒《吴越春秋》——东汉赵晔撰，全书共十卷，内容主要记吴王夫差和越王勾践时期的史事，其中有不少民间传说，颇近小说。

㉓以为子胥、文种之神也——子胥：伍子胥，春秋时吴国大夫。文种：春秋时越国大夫。

㉔昔子胥亮于吴——伍子胥是楚国大夫伍奢次子，名员。父兄被楚平王杀害后，他经宋、郑等国奔吴，与孙武佐吴王阖庐伐楚，五战破楚都郢。后来，吴王夫差击败越国，越王请和，子胥谏阻，不从，夫差信伯嚭之谗，迫子胥自杀。亮于吴：原为"忠于吴"，隋文帝避祖父杨忠之讳改"忠"为"亮"。

㉕而浮尸于江——科学出版社影印杨守敬《水经注疏》脱漏此句，据台北影印本《水经注疏》及朱谋㙔本补。

㉖胥山——杨守敬认为，胥山不关子胥事，此盖存异闻。

㉗《吴录》——地方志名，晋人张勃撰。

㉘"文种诚于越"四句——诚于越：忠于越，隋王朝避讳，改"忠"为"诚"。文种是越国大夫，帮助越王勾践复国灭吴，立有大功，后来却被勾践逼迫伏剑自杀。山阴：旧县名，治所即今浙江绍兴市。重山：一名种山、卧龙山，在今绍兴市内西南侧，山巅有宋代所建望海楼，至今犹存。

㉙"文种既葬一年"二句——传说大夫文种葬于种山。后潮水浸其穴，漂去其尸，俗云伍子胥之神乘潮水取以去。俱去：科学出版社影印本《水经注疏》误作"既去"，据台北影印本改。

㉚重水——使波涛由起而伏。重：重叠。

㉛枚乘（shèng）——西汉辞赋家，字叔，淮阴（今江苏淮安市淮阴区西南）人。初为吴王刘濞郎中，刘濞谋反，乘上书劝阻，不听，遂离去，为梁孝王客。吴楚七国反时，再上书劝刘濞罢兵，又不听。汉武帝即位，以安车蒲轮征其入京，死于途中。

㉜"涛无记焉"四句——无记：不见于记载。似神而非：像是由于神力，实际却不是。枚乘《七发》："太子曰：善，然则涛何气哉？客曰：不记也。然闻于师曰，似神而非者三：疾雷闻百里，江水逆流，海水上潮，山出内云，日夜不止。"郦道元所引乃约略上述文字而成。

㉝于是处焉——枚乘《七发》已明言"观涛乎广陵之曲江"，其地在扬州而不在杭州，郦氏误以浙江当之，古人已多有驳正。

[今译]

浙江又向东流，经过灵隐山。此山处在四面皆山之中，有高高的山崖和洞穴，其左右有龙泓洞等三洞。又有孤石直立，周长三十人合抱，石顶散开，形状如莲花。从前有位道士，长期居住此山不回去，或许因而取稽留之意作为灵隐山的名称。

灵隐山下有钱唐旧县城。浙江流经它的南边，王莽时改名为泉亭。《汉书·地理志》说：这里是会稽西部都尉衙门所在地。《钱唐记》说：防止海水入侵的大堤，在钱唐县城之东一里左右。会稽郡议曹华信全家倡议修建这条海塘，以防海水入侵。开始施工时，招募有能力运来一斛土石的，就付给一千文钱。十天之内，人们慕其高价，运土而来者如云集。海堤尚未完成之际，忽然宣布停止收购。于是来人只好原地弃土石而离开，土石自然成堆，海塘因而很快筑成了，所以改名为钱塘。

钱唐县南浙江之侧，有明圣湖。父老相传，湖中有金牛，古时曾出现过，神奇变化莫测，因而命名为金牛湖。钱唐县有武林山，武林水发源于此山。阚骃《十三州志》说：钱水源出武林山，东流入海。山谦之《吴兴记》说：钱唐县只有浙江，今天已经没有这条钱水。

钱唐县有定山、包山等山，都西临浙江。江水流经两山之间，江流浚急。潮水一昼夜上涨两次，来时有固定时刻，以每月最末之日和十五日潮水最大，至每年二月、八月最高，巍峨如山，二丈有余。《吴越春秋》认为伍子胥和文种是潮神。从前，伍子胥忠于吴国，吴王夫差逼他自杀，他的尸体漂浮钱唐江上，吴国人哀怜他，为之立祠于江边，命名江侧之山为胥山。张勃《吴录》说：胥山在太湖边上，距离钱唐江不到一百里，所以说是江边。文种忠诚于越国，却被越王勾践猜疑而在山阴地方伏剑自杀，越国人哀怜他，葬之于重山。据说文种安葬之后一年，伍子胥之神从海上乘潮而来，背负文种一同顺潮离去，共游大海。人们相传，在钱唐江潮头扬波者为伍子胥，在潮尾推浪者是大夫文种。因此汉代作家枚乘的《七发》说：关于潮神没有看到记载。然而海水向上游涨潮，使江水形成逆流，似有神助而未必也。说的就是这个地方。

[解说]

钱唐江，唐以后称钱塘江，又称浙江，是浙江省内最大的河流。上游常山港源出浙皖赣边境的莲花尖，汇合江山港后，东北流至杭州市闸口以下注入杭州湾，全长605千米。干流自衢江区至兰溪间称衢江（信安江），兰溪至建德市梅城间称兰江。闻堰至闸口段河道曲折如"之"字，故称为之江。闸口以下始称钱塘江。

  本文把山水、史事与传说相结合。第一段概述"孤石壁立""状似莲花"的灵隐山景物，没有提到始建于东晋的灵隐寺，可能是因为该寺还没有后来那么出名。第二段记华氏筑塘故事。华氏设计了一个善意的圈套，先以高价求购极低贱的土石，诱使运者云集，不久突然宣布停止收购。土石不值得运者再运回去，只好纷纷弃之而去，筑塘工程坐收其成。节约了大笔成本，也加快了工程进度。这是利用群众趋求高利的心理而造就公益事业的范例，可谓"戏而不谑"。第三段简介明圣湖，即后来的西湖，当时还不太出名，今天许多著名景区景点，都是郦道元以后才有的。如白堤建于中唐，苏堤建于北宋，保叔塔建于五代……西湖的鼎盛在南宋建都临安时期。第四段是本文的重点，记述钱塘江潮及伍子胥、文种的传说。关于观潮的最佳的地点其实不在杭州，而在其东北海宁市盐官镇。关于观潮的描写，历来诗词文赋甚多，散文中的名作当数南宋周密的《武林旧事》和清代钱泳的《履园丛话》中的描写最为生动。关于伍子胥和文种成为潮神的传说产生很早。东汉王充《论衡》中已有记述。主要原因是民众对忠于国家却被国君迫令自杀而死的功臣的同情。奇怪的是两位原属敌对阵营的谋士，死后竟成了朋友，反映出在民间文学创作中普世道德价值的统一性超越历史的政治分歧。从本段末的一句"似神而非"的评语中，可以看出郦道元并不迷信，他只是如实地记录民风民俗而已，态度是客观理性的。

  我曾经于1987年、2006年两次游览杭州。虽然今天的盛况已经远非昔日可比，但仍然不时想起约一千五百年前《水经注》中这篇简要的记述文字。

[集咏]

唐刘禹锡《浪淘沙》:"八月涛声吼地来,头高数丈触山回。须臾却入海门去,卷起沙滩似雪堆。"

宋释文珦《钱塘江潮》:"初闻万马声,渐觉似长城。远自三山起,高连两岸平。凌风添怒势,映日作虚明。若是吴胥魄,如何渡越兵。"

元马致远《双调拨不断·浙江亭》:"浙江亭,看潮生,潮来潮去原无定。惟有西山万古青,子陵一钓多高兴,闹中取静。"

元薛昂夫《中吕·朝天曲·伍员》:"伍员报亲,多了鞭君忿。可怜悬首在东门,不见包胥恨。半夜潮声,千年孤愤,钱塘万马奔。骇人怒魂,何似吹箫韵。"

明方行《登子胥庙因观钱塘潮》:"吴越中分两岸开,怒涛千古响奔雷。子胥不作忠臣死,勾践终非霸王材。岁月消磨人自老,江山壮丽我重来。鸱夷铁箭俱安在,目断洪波万里回。"

清施闰章《钱塘观潮》:"海色雨中开,涛飞江上台。声驱千骑疾,气卷万山来。绝岸愁倾覆,轻舟故溯洄。鸱夷有遗恨,终古使人哀。"

三十六、会稽山水传说

浙江又东北,得长湖①口。湖广五里,东西百三十里,沿湖开水门六十九所,下溉田万顷,北泻长江②。湖南有覆斗山③,周五百里,北连鼓吹山④。山西枕长溪,溪水下注长湖⑤。山之西岭有贺台,越入吴,还而成之,故号曰贺台⑥矣。

又有秦望山⑦，在州城⑧正南，为众峰之杰，涉境便见。《史记》云："秦始皇登之以望南海。"自平地以取山顶七里，悬磴孤危，峭路险绝。记⑨云：扳萝扪葛，然后能升。山上无甚高木，当由地迥多风⑩所致。

山南有嶕岘⑪，岘里有大城，越王无余之旧都也⑫。故《吴越春秋》⑬云："勾践语范蠡曰：'先君无余，国在南山之阳⑭，社稷宗庙⑮，在湖之南。'"

又有会稽之山，古防山⑯也，亦谓之为茅山，又曰栋山。《越绝》⑰云："栋，犹镇也⑱。"盖《周礼》所谓扬州之镇矣⑲。山形四方，上多金玉，下多砆石⑳。《山海经》曰：夕水出下，南流注于湖。《吴越春秋》称："覆釜山之中，有金简玉字之书，黄帝之遗谶也㉑。"山下有禹庙㉒，庙有圣姑像㉓。《礼乐纬》㉔云："禹治水毕，天赐神女。"圣姑即其像也。山上有禹冢㉕，昔大禹即位十年，东巡狩㉖，崩于会稽，因而葬之。有鸟来为之耘，春衔拔草根，秋啄其秽㉗，是以县官禁民不得妄害此鸟，犯则刑无赦。山东有湮井㉘，去庙七里，深不见底，谓之禹井，云东游者多探其穴㉙也。秦始皇登会稽山，刻石纪功，尚存石侧㉚。孙畅之《述书》㉛云："丞相李斯所篆也㉜。"又有石柜山㉝，山形似柜，上有金简玉字之书，言夏禹发之，得百川之理也㉞。

又有射的山㉟。远望山的状若射侯㊱，故谓射的。射的之西有石室，名之为射堂。年登否，常占射的，以为贵贱之准㊲。的明则米贱，的暗则米贵，故谚云：射的白，斛米百；射的玄，斛米千㊳。

北则石帆山㊴，山东北有孤石，高二十余丈，广八丈，望之如帆，因以为名。北临大湖㊵，水深不测，传与海通。何次道作郡，常于此得乌贼鱼㊶。南对精庐，上荫修木，下瞰寒泉，西连稽山，皆一山也，东带若邪溪㊷。《吴越春秋》所谓欧冶涸而出铜，以成五剑㊸。

溪水上承嶕岘麻溪㊹，溪之下，孤潭周数亩，甚清深，有孤石临潭㊺。乘崖俯视，猿狖惊心㊻，寒木被潭，森沉骇观㊼。上有一栎树㊽，谢灵运与从弟惠连常游之㊾，作连句㊿，题刻树侧。麻溪下注若邪溪，水至清，照众山倒影，窥之如画。

汉世刘宠㊿作郡，有政绩，将解任去治㊿。此溪父老，人持百钱出送，宠各受一文。然山栖遁逸之士、谷隐不羁之民，有道则见。物以感远为贵，荷泉㊿致意，故受者以一钱为荣㊿，岂藉费也？义重故耳㊿！

溪水下注大湖。耶溪之东，又有寒溪。寒溪之北，有郑公泉㊿。泉方数丈，冬温夏凉。汉太尉郑弘㊿宿居潭侧，因以名泉。弘少以苦节自居，恒躬采伐，用贸粮膳，每出入溪津，常感神风送之㊿，虽凭舟自运，无杖楫之劳。村人贪借风势，常依随往还，有淹留者，徒辈相谓：汝不欲及郑风耶？其感致如此。

——《浙江水》

[注释]

①长湖——东汉以后又名镜湖、鉴湖、庆湖，古代大型农田水利工程，在今浙江绍兴市会（kuài）稽山北麓。汉顺帝永和五年（140），会稽太守马臻主持修建，历代续有增筑。筑堤东起今曹娥镇附近，经今绍兴城南，西抵今钱清镇附近，尽纳南山三十六源之水潴而成湖。周围三百一十里，呈东西狭长形。湖面高于其北农田丈余，田又高于其北杭州湾海面

丈余；遇旱则放湖水灌田，逢潦则闭湖汇田中水入东海。此后七八百年，堤北平原九千余顷农田，大获灌溉之利，减轻了水旱灾害。至唐代湖底逐渐淤浅，北宋中叶后大兴围垦，至南宋初已大部分成为耕地。今唯城西南尚有一段较宽的河道被称为鉴湖，此外只残存几个小湖。

②北泻长江——清齐召南《水道提纲》说："镜湖支港纵横，四通八达。俱至府城（今绍兴）之北汇为巨流，又北入海。"现在的实际情况正是如此。长江：指钱塘江口之杭州湾，非指今之长江。

③覆斗山——陈桥驿认为："即今覆斗岭，位于秦望山以东，云门、若耶山以北，海拔二百余米，当南池、施家桥到平水镇的山道附近。"（《水经注研究》307页）据说山有石状如覆斗，故名。

④鼓吹山——在诸暨市北。又名鼓吹峰，据说风雨晦明，常闻奏乐之声。

⑤溪水下注长湖——镜湖总纳南山三十六源之水，长溪及若邪溪即其中之二。

⑥贺台——据说越王平吴后，诸侯毕贺，故立贺台。

⑦秦望山——即会稽山。传说秦始皇曾登会稽山以望南海，故会稽山又名秦望山。山上原有李斯刻石，今已不存。

⑧州城——指会稽郡治山阴城。按：山阴作为越州州治，乃在隋大业初，郦道元时尚不可能称"州城"，"州"疑当作"郡"。

⑨记——指孔晔《会稽记》。孔晔，字灵符，南朝宋人。

⑩地迥（jiǒng）多风——地势高远挺拔，并经常有风。迥，高远挺拔。

⑪嶕岘——山名，在今浙江绍兴市南。

⑫越王无余之旧都也——据《越绝书》卷八："无余，少康庶子。少康恐禹迹宗庙祭祀之绝，乃封无余于会稽。"

⑬《吴越春秋》——本文所引四句不见今本《吴越春秋》，当是佚文。

⑭先君无余，国在南山之阳——先君：先王。无余：越国开国之君。国：指国都。南山：指秦望山。阳：山的南面。

⑮社稷宗庙——社稷：旧时帝王祭祀土神和谷神之处。宗庙：帝王、诸侯、大夫祭祀祖先之处。

⑯会稽之山，古防山——会稽山在浙江中部绍兴、嵊州、诸暨、东阳间，是钱塘江支流浦阳江与曹娥江的分水岭，近南北走向，主峰在嵊州市西北。相传禹至苗山（或作"劳山"）大会诸侯，计功封爵，始名会稽，即会计之意。此处会稽之山系指整个会稽山脉。前文所云秦望山、鼓吹山、覆斗山，实为其中的一部分。古人有时以别称代替通称，故往往相混。会稽山又称防山，或以为大禹于此杀防风氏而得名。又称茅山、栋山。

⑰《越绝》——即《越绝书》，一称《越绝记》，东汉袁康撰，内容记吴越二国史地及伍子胥、子贡、范蠡、文种、计倪等人的言论和活动。今人仓修良教授认为是出于战国后期的中国第一部地方史料著作（见《光明日报》1990年8月15日第2版）。

⑱栋，犹镇也——这不是《越绝记》的原话，乃郦氏据其书而自为说。镇：一方的主山称镇。

⑲《周礼》所谓扬州之镇矣——《周礼》：先秦经典"三礼"之一。扬州之镇：扬州的大山。

⑳砆石——又名武夫石，似玉，赤地白文，色茏葱不分明。

㉑"覆釜山之中"三句——大意见《吴越春秋》卷六。覆釜山：亦即会稽山。金简：金属刻制的文字版书。遗谶（chèn）：前人遗留的预言。

㉒山下有禹庙——浙江绍兴市稽山门外,相传为夏禹陵墓所在。陵旁有禹王庙,庙宇雄伟,内有明代所刻"大禹陵"碑及窆石,据说是大禹下葬时的工具。现在该处为浙江著名古迹和旅游胜地。

㉓庙有圣姑像——《太平御览》卷四十七引《会稽记》:"东海圣姑从海中乘船张石帆至,二物见在禹庙中。"

㉔《礼乐纬》——指《礼纬》和《乐纬》二书。纬:纬书,即依托经义而宣扬符箓瑞应之书,多为汉人伪托。

㉕山上有禹冢——杨守敬认为,实际上禹陵并不在山上,而在山下。山上的建筑物是近年新修的。

㉖巡狩——古时天子五年一巡狩,视察诸侯所守的地方。

㉗春衔拔草根,秋啄其秽——意即保持禹陵的肃穆清洁。东汉学者王充认为,这种"鸟耘"现象,并非禹的圣德所致,而是有其自然的原因,"雁鹄集于会稽,去避碣石之寒,来遭民田之毕,蹈履民田,啄食草根,粮尽食索,春雨适作,避热北去,复之碣石"(《论衡·偶会》)。这是十分精辟的分析。

㉘湮井——俗称禹井,史书称禹穴。

㉙东游者多探其穴——探:访查,参观。穴:指禹穴。当地人以为阳明洞即禹穴,自秦汉至今,一直是当地一大名胜。据说其中深不见底。

㉚刻石纪功,尚存石侧——其刻石今已亡佚,碑文有元人重刻本。

㉛孙畅之《述书》——孙畅之:南朝宋人,著有《述画》,然其《述书》未见著录。

㉜李斯所篆也——所篆:所写的篆书。其文及书皆出李斯,碑字四寸,画如小指,圆镜,是标准的小篆字体。

㉝石柜山——在今浙江绍兴市东南,石形似柜,故名。

㉞"上有金简玉字之书"三句——《艺文类聚》卷八引孔晔《会稽

记》:"会稽山南有宛委山。其上有石,俗呼石柜,壁立干云,有悬度之险,升者累梯然后至焉。昔禹治洪水,厥功未就,乃跻于此山。发石柜,得金简玉字,以知山河体势。于是疏导百川,各尽其宜。"

㉟射的山——在今浙江绍兴市南,又名鹄。射的:箭靶的中心。

㊱射侯——射布,即箭靶。

㊲"年登否(pǐ)"三句——年登:年成好。否:不好,歉收。准:依据。

㊳"射的白"四句——斛:十斗为一斛。朱之臣批:"孔皋《会稽记》引谚曰:'射的白,斗一百;射的玄,斗一千。'不如此注'斛米'二字奥。"

㊴石帆山——在今浙江绍兴市郊。南朝诗人谢灵运有《泛南湖望石帆》诗。陈桥驿认为,石帆山即今吼山,最高峰坝头山,在吼山村附近。山上有麻姑石二处,即《水经注》所谓"望之如帆"者。(《水经注研究》第308页)

㊵大湖——仍指镜湖,亦即前文之长湖。

㊶"何次道作郡"二句——何次道:名充,东晋人。成帝时为会稽内史。乌贼鱼:俗称墨鱼或墨斗鱼,体内有囊状物,能分泌黑色液体,遇到危险时放出,以掩护自己逃跑。乌贼生海中,镜湖与海通,所以何充常于此水得之。

㊷若邪溪——源出浙江绍兴市南龙头岗,又名五云溪,今名平水江,向北流经今绍兴市汇入浙东运河,相传西施浣纱于此,故又名浣纱溪。历代咏其的诗文甚多,其中梁王籍《入若耶溪》中的名句"蝉噪林逾静,鸟鸣山更幽",最为后人传诵。

㊸所谓欧冶涸而出铜,以成五剑——按:今本《吴越春秋》无此语。据《吴越春秋》卷五:"越王允常使欧冶子造剑五枚,以示薛烛。"欧冶:

即欧冶子，春秋时期著名的铸剑家。会稽县南二十五里若耶溪旁铸浦山，相传为欧冶子铸剑之所。近年在会稽及其他地区出土古越剑甚多，至今仍锋利，显示出高超的铸冶技术。五剑：一曰钝钩，二曰湛卢，三曰豪曹，四曰鱼肠，五曰巨阙。

㊹麻溪——若耶溪支流，源出会稽山南嶕岘。

㊺孤石临潭——据《太平寰宇记》卷九十六《越州》记："若邪山下有潭，潭傍有石，时人谓之葛仙公石。"

㊻狖（yòu）——一种黑色的长尾猿。

㊼寒木被潭，森沉骇观——阴森的树木遮蔽着潭水，幽暗深邃，使人望而生畏。朱之臣评以上四句说："妙语！"

㊽栎树——通称柞树，落叶乔木，叶子可饲柞蚕，木材可以做枕木、制家具，树皮含有鞣酸，可以做染料。

㊾谢灵运与从弟惠连常游之——谢灵运：南朝宋诗人，谢玄之孙。谢惠连：南朝宋文学家，所作《雪赋》较有名。

㊿连句——一般作"联句"，旧时作诗方式之一。两人或多人共作一诗，相联成篇。初无定式，后来习用一人出上句，续者须对成一联，再出上句，轮流相继。

(51)刘宠——字祖荣，东汉东莱牟平人。幼承父教，博通经史。曾任会稽太守，清廉自持，简除烦苛，禁察非法，颇有政绩，赴任将作大匠，郡民以百钱送宠。《后汉书》有传。

(52)将解任去治——即将解除郡守官职，离开会稽郡治所。谭元春评："原文'宠各选一文钱受之'，今但言'宠各受一文'，引醇去疵，存乎识具。"

(53)荷（hè）泉——荷：肩扛，这里指手持。泉：即钱。

(54)故受者以一钱为荣——所以接受馈赠者（指刘宠）以取一钱为荣。

含有礼轻仁义重的意思。

(55)岂藉费也？义重故耳——藉费：同“籍费”，有搜刮或贪取之意。《晏子春秋·谏上》：“使令不劳力，籍敛不费民。”也：疑问副词，与岂或何相配合，表示反问。这两句是说，难道是为了贪取百姓的钱财？不是的，是由于珍惜这真挚的情意罢了！最后几句是郦道元的论赞。

(56)郑公泉——杨守敬说，在会稽县东五云乡，水味极苦，宜茶。

(57)汉太尉郑弘——郑弘：会稽山阴人，东汉元和元年（84）任太尉。虽在宰辅，常思故乡。据说每疾困，思得泉水，家人驰往取之，饮少许便差。

(58)常感神风送之——《后汉书·郑弘传》注引孔灵符《会稽记》：“郑太尉常采薪，得一遗箭。顷有人觅，弘还之，向何所欲，弘识其神人也，曰：常患若耶溪载薪为难，愿旦南风，暮北风，后果然。若耶溪风，至今犹然。呼为郑公风也。”此或为郦注所本。

[今译]

浙江又向东北流，遇长湖口。长湖宽五里，东西一百三十里，沿湖开水门六十九所，可以灌溉湖下农田万顷，湖水向北泻入大江。湖之南有覆斗山，周围五百里，北连鼓吹山。该山之西临近长溪，溪水下流长湖。山之西岭有贺台。春秋末年越国攻入吴国，凯旋，建成此台，所以号称贺台。

又有秦望山，在郡城正南，是群峰中最高者，人们进入郡境便可望见。《史记》说：秦始皇登此山以望南海。从平地到达山顶有七里路。石磴高悬，道路窄险。《会稽记》说，登山者必须拉住藤萝，拽住葛条，才能上去。山上没有太高的树木，应该是由于地势高多风所致。

山南有嶕岘，岘内有座大城，是越王无余的旧都。所以《吴越春秋》说，越王勾践告诉范蠡说：“先王无余的国都在南山之南，越国的社稷宗庙，在长湖之南。"

又有会稽山，说是古之防山，也称之为茅山，又名栋山。《越绝书》说："栋"就是镇的意思。即《周礼》所谓"扬州之镇"。会稽山山形四方，山多金玉，下多砾石。《山海经》说：夕水发源于此，向南流去，注入长湖中。《吴越春秋》说：覆釜山中，有金简玉字之书，是黄帝所遗留的预言。山下有禹庙，庙中有圣姑像。《礼乐纬》说：禹治水完毕，上天赐他神女。圣姑就是神女之像。山上有禹墓，从前大禹即帝位十年，到东方巡视，死于会稽，因而葬在这里。常有鸟来，为墓地耘田，春天拔除草根，秋天叼走杂叶，因此政府禁止百姓无故伤害此鸟，违犯禁令者决不宽恕。山之东有口井，距禹庙七里，深不见底，叫作禹井。外地到浙东游览的人，多要去探访此穴。秦始皇曾登会稽山，刻石纪功，其石尚留存于山侧。孙畅之《述书》说：刻石纪功的文字，是丞相李斯用篆书写的。又有石柜山，山形像柜子，山上有金简玉字之书，传说夏禹打开过这些书，从中得到治理百川的原理。

又有射的山，远望此山形状如箭靶，所以叫射的。射的山之西有石洞，名叫射堂。年成好不好，人们常以射的山颜色之黑白为征兆，以之作为来年粮食贵贱的标准。射的山明亮则米贱，射的山昏暗则米贵。所以民间谚语说：射的山白，一斛米值一百。射的山玄，一斛米值一千。

射的山之北有石帆山。石帆山的东北有孤石，高二十余丈，宽八丈，远望如船帆，因称此山为石帆山。此山北临大湖，湖水深不可测，传说与东海暗通。何次道任会稽郡太守时，常常在此湖中捕得海里才有的乌贼鱼。石帆山南面对着佛寺，山上长木荫蔽，山下可望寒泉，山之西连着会稽山，它们都是一条山脉，其东绕着若耶溪。《吴越春秋》说，春秋时欧冶子排干若耶溪而掘得铜，用来铸造五把宝剑。

若耶溪水上接樵岘麻溪，麻溪之下有孤潭，方圆数亩，水极清而深，有孤石靠潭边。登石岩俯视，连猿猴也会害怕，令人感到凉爽的树木遮盖潭水，境界阴森低沉，望之惊警。石岩上有一株栎树，谢灵运和堂弟谢惠连常来此游玩，作联韵之诗句，刻石立于栎树之傍。麻溪下游注入若耶溪，其水极清，照见群山倒影，视水中如画。

汉朝刘宠任会稽郡太守，政绩好，将要卸任离开会稽时，此溪附近父老百姓，每人拿出一百钱送礼，刘宠只取每人一钱而已。隐居深山野谷的不受管制的民众，政治清明时才出来见官吏。事物之理，以感动远方之人为贵，手持钱币是表达敬意。所以接受者虽取一文钱即感到光荣，这难道是敛财吗？不是的，是珍重这份情义才如此啊！

溪水下游注入大湖。若耶溪之东，又有寒溪。寒溪之北，有郑公泉。泉方圆数丈，冬暖夏凉。汉朝太尉郑弘，长期居住此泉之傍，因而泉以他命名。郑弘年轻时，忍受艰苦坚守节操自励，经常亲身采薪伐木，用来换得口粮和食品，每当他出入此溪之时，常常感到有神风推送，虽然他是乘船运输，却没有挑担划桨的劳苦。居民也喜欢借助风势，常常跟着郑弘往返。有因故而逗留者，同伴就会跟他说，你不想赶上郑氏神风一道走吗？人们就是这样感念郑君。

[解说]

会稽，即今浙江绍兴市，是我国著名的文化古城。是蔡元培、秋瑾、鲁迅、周恩来等伟人的故乡。建城已有四千多年的历史，《史记·夏本纪》说：禹会诸侯计于此，命曰会稽者，会计也。始以山名，因为地号。绍兴地区，物华天宝，人杰地灵，山明水秀，风光绮丽。历史遗迹、神话传说、文史典故、民间习俗，异彩纷呈，美不胜收，文化蕴藏极其深厚。本文以述古为主，写景为次。作者以渊博的知识和娴熟的技巧，依照"即地以存古"的方法，把一系列地理历史文化素材，巧妙地串联起来，生动地呈现在读者面前。例如：大禹治水得天赐神女和金简玉字之书；大禹死后葬于会稽，陵前常有鸟群为之除草去秽；越王勾践战胜吴国建贺台，立宗庙，纪念先王；欧冶子涸若耶溪水，取铜以铸五剑；秦始皇登会稽山望东海，刻石纪功；谢灵运兄弟作诗联句，刻碑树侧；射的山明暗成为百姓预来年粮食丰歉的标志等。最耐人寻味的是：清廉地方官刘宠，离任时在百姓的礼金中只取一文钱作纪念的美谈；太尉郑弘少年艰苦劳作，得神风相助的佳话。郦道元摘取这些材料写入《水经注》中，表现了他对地方历史文化的珍重和对高尚人文品格的推崇。这种价值取向，不仅突出于本段文字，同时也常常体现在《水经注》全部文字之中。

我有幸于2006年9月，由浙江大学张梦新教授陪同，游览了绍兴古城，拜谒修葺一新的大禹陵园，探禹穴，摹窆石，参观茂林修竹曲水流觞的兰亭旧址，以及陆游的沈园、鲁迅故居等处，受到了一次浸润极深的文化熏陶。

[集咏]

梁王籍《入若耶溪》："舣艎何泛泛，空水共悠悠。阴霞生远岫，阳景逐回流。蝉噪林逾静，鸟鸣山更幽。此地动归念，长年悲倦游。"

唐丘为《泛若耶溪》（摘句）："结庐若耶里，左右若耶水。无日不钓鱼，有时向城市。溪中水流急，渡口水流宽。每得樵风便，往来殊不难。一川草长绿，四时那得辨。"

宋王安石《若耶溪归兴》："若耶溪上踏莓苔，兴罢张帆载酒回。汀草岸花浑不见，青山无数逐人来。"

宋戴复古《会稽山中》："晓风吹断花稍雨，青山白云无唾处。岚光滴翠湿人衣，踏碎琼瑶溪上步。人家远近屋参差，半成图画半成诗。若使山中无杜宇，登山临水定忘归。"

宋陆游《石帆山下》："石帆山下古苔矶，回首人间万事非。能饮上池何患死，不营尺宅欲安归。寒龟瑟缩揩床老，倦鹤翩迁带箭飞。堪笑来年殊省事，就凭樵女绽春衣。"

宋诸葛兴《会稽颂·大禹陵》（摘句）："瞻越山兮镇之东，郁得木兮丛丛。倚青霞兮窆石，枕碧流兮宝宫。端黻冕兮穆穆，列俎豆兮雍雍。梅为梁兮挟风雨，倏而来兮忽而去。芝产殿兮间见，橘垂庭兮犹古。壁腾辉兮桂荐瑞，书金简兮缄石匮。朝万玉兮可想，探灵文兮何秘。"

三十七、浦阳江

浙江又东，合浦阳江①。江水导源乌伤县②，东径诸暨县③，与泄溪④合。溪广数丈，中道有两高山夹溪，造云壁立⑤。凡有五泄⑥：下泄悬三十余丈，广十丈；中三泄不可得至，登山远望，乃得见之，泄悬百余丈，水势高急，声震水外⑦；上泄悬二百余丈，望若云垂。此是瀑布，土人号为泄也。

江水又东，径诸暨县南。县临对江流⑧，江南有射堂⑨，县北带乌山⑩，故越地也。先名上诸暨⑪，亦曰句无⑫矣。故《国语》曰："勾践之地，南至句无。"王莽之疏虏也。夹水多浦⑬，浦中有大湖⑭，春夏多水，秋冬涸浅。江水又东南，径剡县⑮，与白石山水⑯会。山上有瀑布，悬水三十丈，下注浦阳江。

浦阳江水又东流南屈，又东洄并转，径剡县东⑰，王莽之尽忠也。县开东门向江，江广二百余。自昔耆旧传：县不开南门，开南门则有贼盗。江水翼县转注，故有东渡、西渡焉。东南二渡，通临海⑱，并泛单船为浮航⑲；西渡通东阳⑳，并二十五船为桥航㉑。江边有查浦㉒，浦东行二百余里，与句章㉓接界。浦里有六里，有五百家，并夹浦居，列门向水，甚有良田。有青溪、余洪溪、大发溪、小发溪，江上有溪六，溪列溉散入江[24]。夹溪上下，崩崖若倾，江有簟山[25]，南有黄山[26]，与白石三山，为县之秀峰。山下众流前导，湍石激波，浮险四注[27]。

浦阳江又东，径石桥。桥广八丈，高四丈，下有石井，口径七尺；桥上有方石，长七尺，广一丈二尺；桥头有磐石，可容二十人坐[28]。溪水两旁悉高山，山有石壁二十许丈。溪中相攻，訇响外发[29]。未至桥数里，便闻其声。江水北径嵊山[30]，山下有亭，亭带山临江[31]，松岭森蔚，沙渚平净。

浦阳江又东北，径始宁县[32]嶀山之成功峤[33]。峤壁立临江，欹路峻狭，不得并行，行者牵木稍进，不敢俯视。峤西有山，孤峰特上，飞禽罕至。尝有采药者，沿山见通蹊，寻上于山顶[34]，树下有十二方石，地甚光洁。还复更寻[35]，遂迷前路。言诸仙之所憩宴，故以坛宴名山。峤北有嶀浦[36]，浦口有庙，庙灵验，行人及樵伐者，皆先敬焉，若相侵窃，必为蛇虎所伤。北则嶀山与嵊山接，二山虽曰异县，面峰岭相连[37]。其间倾涧怀烟，泉溪引雾，吹畦风馨，触岫延赏，是以王元琳谓之神明境[38]，事备谢康乐《山居记》[39]。

浦阳江自嶀山东北，径太康湖，车骑将军谢玄田居所在[40]。右滨长江，左傍连山[41]，平陵修通，澄湖远镜。于江曲起楼，楼侧悉是桐梓，森耸可爱[42]，居民号为桐亭楼。楼两面临江，尽升眺之趣。芦人渔子，泛滥满焉。湖中筑路，东出趣山[43]，路甚平直。山中有三精舍，高甍凌虚，垂檐带空[44]，俯眺平林，烟杳在下[45]，水陆宁晏，足为避地之乡矣。

——《浙江水》

[注释]

①浦阳江——钱塘江支流,在浙江省中部,源出浦江县花桥乡,东北流经诸暨市,至杭州市萧山区闻堰附近入钱塘江。

②乌伤县——汉置,唐改名义乌,即今浙江义乌市。科学出版社影印本《水经注疏》脱"县"字,据台北本补。

③诸暨县——秦置,今县在浙江省中部偏北,浦阳江纵贯其境。

④泄溪——今称五泄溪,浦阳江支流之一,上流从雷鼓山顶的向铁岭绕雷鼓山山谷而下,在约一千五百米的流程中,构成了五条瀑布。第一泄在向铁岭边,今已消失,成为一处较小的急流,瀑布下的泷壶已不存在。第二、三、四泄位于海拔一百五十米上下的高程上,二泄与三泄相距十余米,三泄与四泄相距二十余米,三处瀑布均宽五六米,高十余米,瀑布下均有深达数米的泷壶。第五泄在雷鼓山麓,瀑布宽约十余米,高三十余米,其下泷壶深十米左右,称为东龙潭。今东龙潭以下约二公里处的夹岩寺已筑坝蓄水,形成五泄水库,可供发电和灌溉之用。(参看陈桥驿《水经注研究》第311页)

⑤造云壁立——石壁耸立,直插云霄。造:到达。

⑥五泄——即五条瀑布。《绍兴府志》:"五泄山在诸暨县西五十里,山泉沿历五级,下注溪壑。土人谓瀑为泄也。山连亘深远,有十六峰,二十五岩,洞谷溪涧之属,不可胜纪,俗名小雁荡。"

⑦声震水外——由于声响巨大,近处反而不闻,水外方觉其震之烈。朱之臣评:"震水外,正形容水势高急,非身游大山水间,不知其妙。"

⑧县临对江流——诸暨县城面对浦阳江。

⑨射堂——供射箭用的厅堂。

⑩县北带乌山——带乌山:当作"乌带山"。《太平御览》卷四十七

引孔晔《会稽记》:"诸暨县西北有乌带山,其山上多紫石。"

⑪先名上诸暨——杨守敬按:此上诸暨对下诸暨而言,上下诸暨皆其先之名称;至后(世),下诸暨名余暨,而上诸暨但名诸暨。

⑫句(gōu)无——古地名,在今浙江诸暨市南。

⑬浦——较大的洲屿或洲渚。

⑭浦中有大湖——洲渚之中不可能有大湖,"湖"字疑为"池"之误。

⑮剡(shàn)县——汉置,属会稽郡,故城在今浙江嵊州市西南。

⑯白石山水——即古剡溪之西源,今称西港。白石山:今名大白山,在嵊州市西。

⑰径剡县东——杨守敬认为,三国吴时,剡县移今嵊县治,适在浦阳江西,故郦氏叙江"径剡县东"。查今嵊州市在曹娥江西,浦阳江东,郦氏所述,恐有讹误,杨氏亦失考。

⑱临海——县名,今已改为市,在浙江省东部沿海,灵江下游。

⑲浮航——摆渡船。今嵊州市西南二渡口早已建石桥,东渡亦于清末建石桥,无须渡船。

⑳东阳——市名,在浙江省中部,钱塘江支流金华江上游。

㉑桥航——浮桥。杨守敬说:"今嵊县东出通宁海县,南出通天台县,皆古临海郡地。西出通东阳县,为古东阳郡地,今仍为行旅孔道。"

㉒查(zhā)浦——在浙江萧山区境内,一名查渎。

㉓句章——古县名,治所在今浙江余姚市东南,东晋隆安中,刘牢之与孙恩作战,移至今浙江宁波市南,并改筑县城。

㉔溪列溉散入江——居民分开溪水为多条水渠,以利灌溉。"列"当作"裂"。

㉕箪山——在今浙江嵊州市东北。东晋孔晔《会稽记》:"山遥望之

如铺筵也。"筵：竹席。

㉖黄山——《名胜志》："黄山在嵊县南十里，厥势平正，又名方山。"

㉗"山下众流前导"三句——源于山麓的许多泉水，向前方流去，冲刷岩石，激起波涛，飞越险滩，然后四下流注。朱之臣评以上数句说："描写如画，正恐画不尽耳。"

㉘磐石，可容二十人坐——磐石：厚而大之石。朱之臣评以上一段："叙得细。"

㉙溪中相攻，赑（bì）响外发——溪水在夹岸高山中互相冲击，怒涛作响，声音远达四外。赑：怒而作气的样子。朱之臣评："赑响外发，即上'声震水外'意，愈变愈奇。"

㉚嵊山——《名胜志》："嵊山在嵊县东北四十五里，剡溪之口，崿浦之东。"

㉛山下有亭，亭带山临江——嵊山山下之亭，名剡亭，依山傍水。

㉜始宁县——在剡县东北，今与剡县同属嵊州市。

㉝崿（tū）山之成功峤（jiào）——崿山：在今浙江嵊州市北，曹娥江西岸，主峰距江岸约一公里，与嵊山参差相对，山形秀丽而雄伟。据传说："谢玄破苻坚归，会稽县人荣之，磨石大书'成功峤'三字，深刻其上。"峤：锐而高的山。

㉞寻上于山顶——顺着小路攀登到山顶。寻：此处是依附、遵循之意。

㉟还复更寻——回来再去寻找原来的路。寻：此处意即寻找。

㊱崿浦——水名。《舆地志》："自上虞七十里至溪口，从溪口溯江上数十里，两岸峭壁，势极险阻，下为剡溪口，水深而清，谓之崿浦。崿浦之水皆源会稽诸山峡中，由此入剡，故有溪口之名。"

㊲ "北则崿山与嵊山接" 三句——《文选》南朝梁江淹杂体诗《谢法曹赠别》注引孔晔《会稽记》："始宁县西南有崿山，剡县有嵊山。"崿山在今浙江嵊州市之北，嵊山在今浙江嵊州市之东。两山峰岭相连，故或并称。

㊳ 王元琳谓之神明境——王元琳：东晋名臣王导之孙，名旬，字元琳，以才学文章知名于世。王元琳当有游记叙崿嵊二山之胜，而以"神明境"称之。"倾涧怀烟"云云，疑即其记中语。神明境：意即仙境。

㊴ 谢康乐《山居记》——南朝宋诗人谢灵运，东晋大将谢玄之孙，晋末袭封康乐公，因称谢康乐。谢灵运移居会稽，修建别墅，傍山带江，尽幽居之美。曾作《山居赋》并有序，以言其事。谢灵运山居，在今嵊州北石门山。

㊵ "径太康湖" 二句——《大清一统志》卷二百二十："谢玄故宅在上虞县西南四十里，其地有车骑山，相近有太康湖。"谢玄：东晋名将。太元八年（383）在淝水大捷，并率军收复徐、兖、青、豫等州，封车骑将军。

㊶ 右滨长江，左傍连山——谢玄田居西临大江，东靠连山。熊会贞按：下云"东出趣山"，则山在湖之东，盖南向以西为右，以东为左。长江：文中指浦阳江，非指扬子江。连山：山名。

㊷ 森耸可爱——森然高耸，十分可爱。朱之臣评以上数句说："极善点缀。"

㊸ 东出趣山——指路向东延伸到连山。趣：同"趋"，趋向。

㊹ 高甍（méng）凌虚，垂檐带空——高高的屋脊驾凌到云霄之上，悬垂的屋檐如带横空。甍：屋脊。"垂檐"与"高甍"对举。

㊺ 俯眺平林，烟杳（yǎo）在下——俯视平原上的树林，烟霭飘浮于精舍之下。烟杳：烟霭，云气。钟惺评："'烟杳在下'，'声震水外'，岂

是寻常耳目所能拈出？"朱之臣评："'俯眺平林，烟杳在下'，极善下语。陈正字（子昂）诗'深山古木平'，沈詹事（佺期）诗'云气落青岑'，皆此语景，而幻不可及。"

[今译]

浙江又向东流，汇合浦阳江。浦阳江发源于乌伤县，东流经过诸暨县，与泄溪汇合。泄溪宽数丈，中游有两座高山夹溪，壁立入云。共有五条瀑布，谓之五泄。下泄高悬三十余丈，宽十丈；中间三泄不可能达到，登山远望，才能看见；瀑布悬挂百余丈，水势高而急，水声震响及于溪外。上泄高悬二百余丈，远望如天上的云霞下垂。这都是瀑布，当地土人叫作泄。

江水又向东流，经过诸暨县南。诸暨县城对着浦阳江，江南有射堂，县北是带乌山，是古越地。早先名叫上诸暨，也称为句无。《周语》说："越王勾践的领土，南至句无。"王莽时改为疏虏。江水两岸有许多洲渚，洲渚之间形成池塘，春夏时多水，秋冬时干涸。江水又向东南流，经过剡县，与白石山水汇合。山上有瀑布，悬水三十丈，下注浦阳江。

浦阳江又东流而后南折，又向东流而后向北转，经过剡县之东，剡县就是王莽的尽忠县。县城开东门朝向浦阳江，江面宽二百余步。从前老人传说，县城不开南门，开南门则有盗贼。江水从县城旁边转过，所以有东渡口、西渡口。东南有两个渡口通临海县，都有单独使用的渡船。西渡口通向东阳，并列二十五条船作为浮桥。江边有查浦，从查浦东行二百余里，与句章县接界。查浦以内有六个村镇，有五百户人家，都在查浦夹岸而居，一排排的门户都朝向江边，有很多良田。沿江有青溪、余洪溪、大发溪、小发溪，江上有六条溪。居民引溪水开渠灌溉稻田，然后溪水散入江中。溪水上下两岸，有崖岸崩塌，似乎整座山要倒下来。东有簟山，南有黄山，与白石山，三座山是东阳县境内秀美的山峰。源于山麓的众多泉水向前方流去，冲刷岩石，激起波浪，飞越险滩，而后四面流注于江。

浦阳江又向东流，经过石桥。桥宽八丈，高四丈，桥下有石井，口径七尺。桥上有方石，长七尺，宽一丈二尺。桥头有磐石，可容二十人坐。溪水两旁都是高山，山上石壁高二十来丈。溪水冲激石壁，巨大的声响向外传播，离桥数里便听到声音。江水北流经过嵊山，山下有亭，依山临江，岭上松林茂密，江中河洲平净。

浦阳江又向东北流，经过始宁县崓山的成功峤。这座高山壁立江边，倾斜的山路陡峭狭窄，不能两人并行，行人牵扶着树木慢慢前进，不敢向下看。成功峤之西有座山，孤峰独立，飞鸟也很少上去。曾经有位采药者，沿山而行，遇到可行之路，乃依循而上登上山顶，见树下有十二块方石，地面很光滑。回来之后再次寻找，结果迷失方向，找不到前次之路。据说是多位神仙休息宴集之所，所以此山名坛宴山。成功峤北有崓浦，浦口有座庙，庙神很灵，过路和砍柴的人，都要先敬山神，如果互相侵犯和盗窃，一定为山中蛇虎所伤。其北则崓山与嵊山相连接，这两座山虽然在不同的县境之内，然而峰岭是互相连接不分的。两山之间倾流的涧水弥漫着云烟，泉溪发出雾气，田野吹来香风。遇到这样的峰峦，人们不禁引领观赏，所以东晋王之琳称之为神仙境界。此事在谢灵运的《山居记》中有详细记载。

浦阳江自崓山向东北流，经过太康湖，那里是东晋车骑将军谢玄乡间别墅所在地。右临浦阳江，左傍连山，有平陵长道，澄净的湖水，远望如镜。在江湾建楼，楼傍全是桐树、梓树，高耸茂盛，令人喜爱，当地居民称之为桐亭楼。楼两面临江，极具登临远眺的意趣。采芦苇的和捕鱼的人，在湖中漂荡。湖中筑路，向东延伸至连山，这条路很平直。连山上有佛寺三处。高高的房脊凌驾云霄，悬垂的屋檐伸向空中。俯瞰平原上的林木，烟霭浮动于佛寺之下，水面与陆地，都显得安宁平静，实在是躲避喧嚣的好地方。

[解说]

　　本文以写景为主，顺浦阳江而下，描述沿岸绮丽的风光，如同一幅赏心悦目的山水长卷，也是一篇可当卧游的导游图。其中的"五泄"，位于诸暨市西北23公里处，有五级瀑布和一系列奇特景观：72峰、36坪、25崖、10石、5瀑、3谷、2溪、1湖，还有许多寺庙和亭台楼阁。历代文人赞咏甚多，宋代的杨万里、王十朋，元代的杨铁崖，明代的宋濂、徐渭、袁宏道等留下了不少诗文名篇佳作。现在该地区已列为4A级风景区，整个浦阳江沿岸，风景如画，美不胜收。东晋作家王羲之说过："每行山阴道上，如镜中游。"今天读此文，仍有这种感觉。本篇末段写到谢氏山居，在谢灵运的《山居赋》及其自注中有生动的描绘。自注用散体文，比赋体文刻绘更精确，摘出来可以单独成篇，读来比《山居赋》更清丽顺畅。本文的某些句子，系摘自谢氏自注。

　　由于郦道元没有到过江南，本段文字乃缀集有关地理志和游记而成，所以不免在地理上有些讹误。根据最新的《中国历史地名大辞典》（史为乐主编，邓自欣、朱玲玲副主编，中国社会科学出版社2005年出版），浦阳江源出浦江县西井亢岭，稍东而后北流经该县南、诸暨市东，故道自今萧山区南临浦镇东折，经钱清镇至三江口入海。明代始改今道，自临浦镇西北流，至闻堰镇入钱塘江。《水经注》多次提到"江水又东南"，"浦阳江水又东流南屈"，"浦阳江又东北"……方位都是不确的。实际上从浦阳县盛家开始，一直是向北流，走过很长一段，到萧山临浦镇，古时向东流入海，明以后向西北入钱塘江。无论何时，中间一大段并不是向东，更没有向南流，《水经注》有时把曹娥江与浦阳江相混了。本文提到浦阳江经太康湖，谢玄田居。下文写到又东经上虞区南，提到曹娥碑和曹娥投江求父尸故事、天马山和孝子杨威抱母入山遇虎故事……都发生在曹娥江畔。

清代以来，许多地理学家对此有不少辨析。作为文学作品来讲，郦氏之说也许无可厚非；作为地理著作，则不能不加以澄清。

[集咏]

南朝谢灵运《石壁精舍还湖中作》："昏旦变气候，山水含清晖。清晖能娱人，游子憺忘归。出谷日尚早，入舟阳已微。林壑敛暝色，云霞收夕霏。芰荷迭映蔚，蒲稗相因依。披拂趋南径，愉悦偃东扉。虑澹物自轻，意惬理无违。寄言摄生客，试用此道推。"

宋方凤《冒雨渡浦阳江》："痴云千顷压江壖，寂寞篮舆破午烟。树杪楼台看近郭，流头波浪忽滔天。舟依曲港难回楫，径转高陵每得筌。谁向龙山夸海国，一声铁笛女墙边。"

宋喻良能《题五泄瀑布三首》：

"越绝徒闻万壑流，他山未比此山幽。谁云十地有热恼，但觉三伏生凉秋。"

"瀑雨霏霏湿翠岚，来从天半许谁探。凌空踏尽崚嶒石，始到峰头第一潭。"

"香炉太白有佳句，雁荡老坡题画图。安得二仙居至此，新诗想见唾成珠。"

附 录

郦道元思想新探

郦道元(约470—527),北魏范阳涿县(今河北涿州市)人,我国古代杰出的地理学家和优秀的散文家。其巨著《水经注》不但在地理学、文学、史学、考古学以及水利学等方面具有很高价值,而且还表现了许多积极的思想倾向和进步的哲学观点。这些思想观点长期不为人们所注意,有的甚至被误解。因此,有必要提出来讨论。

一

在魏收所著《魏书》里,郦道元被列入《酷吏传》,与于洛侯、胡尼、李洪之、张赦提、羊祉等"刑罚酷滥,受纳货贿"的贪官污吏视为一类。这是对他的诬蔑。

从郦道元主要的政治活动来看,他并没有任何贪赃枉法行为。李延寿

《北史·郦范传》附《郦道元传》记："李彪以道元执法清刻，自太傅掾引为治书侍御史。""景明中为冀州镇东府长史"，"为政严酷，吏人畏之，奸盗逃于他境。后试守鲁阳郡，道元表立黉序，崇劝学教"。"山蛮伏威名，不敢为寇。延昌中，为东荆州刺史，威猛为政，如在冀州。蛮人诣阙讼其刻峻，请前刺史寇祖礼及以遣戍兵七十人送道元还京，二人并坐免官。"《魏书·郦道元传》所记大致相同。从中可以看出，害怕他"清刻""威猛"的不过是一些"奸盗""吏人"，其中显然主要是不法官吏；而对于百姓他虽然也有严厉镇压的一面，同时又能"崇劝学教"并使"伏威名"。当然在处理少数民族问题上他可能有错误，以致引起"蛮人"进京控告而被撤职。但这和酷吏毕竟不是一回事。

后来，他任御史中尉，专掌监察。《北史》说："道元素有威猛之称，权豪始颇惮之，而不能有所纠正，声望更损。"这一时的软弱，清人赵一清曾指出，原因在于"道元有鉴于李彪之禁止矣"。前御史中尉李彪因为"生性刚豪"，不讲情面，与尚书仆射李冲有矛盾而差点被杀头。郦道元也曾参劾仆射元顺傲慢无礼，皇帝纵容不加处罚。他接受李彪教训，对此不了了之。"不能有所纠正"即指此事。可是过了不久，他做了一件大快人心的好事——坚决处死皇族汝南王元悦的嬖人丘念。元悦是个"好男色"的流氓，丘念则是出卖色相的男娼，常常睡在王府内，并插手官吏任免。郦道元经过调查，下令逮捕丘念。元悦向当政的灵太后求情，太后有敕赦免。郦道元拒不受命，依法执行，并且上书弹劾元悦，惹得皇亲贵族们大为恼怒。元悦和侍中城阳王元徽合谋，故意派他去视察反情已露的雍州刺史萧宝夤——实际上是置他于死地，结果中途郦道元被萧宝夤所杀害。像这样一个因为执法严明而牺牲生命的人，反而被扣上一顶"酷吏"的帽子，实在有些冤枉。

再从《水经注》的思想倾向看，就更加清楚。

郦道元以大量笔墨，记录了许多为人民造福的清官循吏的种种事迹。像秦蜀郡太守李冰修都江堰，开山筑坝，与江神搏斗，书中好几个地方都有生动的描写；并且提到蜀中百姓为了纪念他，生了男孩起名叫冰儿。对东汉著名水利家王景修滉荡渠的功绩，多处加以歌颂。还全文抄载了东汉河堤谒者王晦修荥渎的石门碑，曹魏征北将军刘靖修戾陵堰的功德碑，称赞他们"功追禹稷"，"施加于当时，敷被于后世"。战国的郑国作郑渠，后来白公作白渠，书中借用民谣颂扬说："田于何所，池阳谷口。郑国在前，白渠在后。"西门豹、史超引漳水灌邺田，书中随处指明其故渎旧迹，以示表彰。此外，还记载了桂阳太守茨充教民织履穿鞋；陇西太守马援引水种稻，"郡中乐业"；渔阳太守张堪开稻田，教民种植而"百姓殷富"等。《沽河》篇引用童谣唱道："桑无附枝，麦秀两歧。张君（堪）为政，乐不可支。"《淮水》篇写道："颍阳刘陶为县长，政化大行，道不拾遗，以病去官。童谣歌曰：'悒然不乐，思我刘君。何时复来，安此下民。'见思如此。"同篇又记，阳陵地方多虎，"百姓苦之，南阳宗均为守，退贪残，进忠良，虎悉东渡江"。这些事例充分说明，在郦道元心目中，凡是为人民谋利益做好事的人，都是值得称颂和纪念的，历史不会忘记他们。

对于草菅人命、残害无辜的独夫民贼，在他们犯下罪行的地方，郦道元每每结合记述历史遗址予以谴责批判。像秦始皇修陵墓，"后宫无子者皆使殉葬甚众"，"筑长城，死者相属。民歌曰：'生男慎无举，生女哺用脯。不见长城下，尸骸相支柱。'其冤痛如此矣！"（《河水》）项羽入秦，坑秦降卒二十万于新安。郦道元谴责说："国灭身亡，宜矣！"（《谷水》）表达了对于暴君的强烈控诉。田丰无罪而被袁绍妄杀，《水经注》记田丰祠时说："时人嘉其诚谋，无辜见戮，故立祠于是，用表袁氏覆灭之宜矣。"鲜明地体现了人民的爱憎。对于曹操，做了好事，如开长明沟之类，书中予以肯定；干了坏事，又随时无情揭露。曹操攻占徐州后，屠杀男女十万，泗水为之不流。郦道元愤慨地说："自是数县无人行迹，亦为暴矣。"(《泗水》) 对于杜预，《水经注》引用其著作最多，特别赞扬他任征南将军时，在新野等三县修渠立碣，利加于民的功绩。然而对他以私怨残害无辜的行径却毫不掩饰。《江水》篇说："杜元凯（杜预字）攻江陵时，城上人以瓠系狗颈示之——元凯病瘿故也。及城陷，杀城中老少，血流沾足。论者以此薄之。"可见郦道元对古人的是非功过，分辨极严，丝毫不爽，表现出一位正直学者高度的原则精神。这种态度和那些嗜杀成性，残民以逞的酷吏不是有天渊之别吗？

《水经注》有很多地方结合山水写到由于自然灾害和社会原因给人民造成的苦难，具体体现了郦道元对广大群众命运的深切关怀。例如：

江水又东，径流头滩。其水并峻激奔暴，鱼鳖所不能游，行者常苦之。其歌曰："滩头白勃坚相持，倏忽沦没别无期。"(《江水》)

汉水又东，谓之涝滩，冬则水浅，而下多大石。又东为净滩，夏水急盛，川多湍洑，行旅苦之。故谚曰："冬涝夏净，断官使命。"(《沔水》)

这两段文字，写出了和水害作殊死搏斗的船夫们的痛苦心声。书中凡是写到艰险的路径，总是要说"行旅所苦""舟船所害"，等等，都表明作者关心民瘼的思想倾向。

又如："（宜都）县北有女观山，厥处高显，回眺极目。古老传言，昔有思妇，夫官于蜀，屡衍秋期，登此山绝望，忧感而死。山木枯悴，鞠为童枯。乡人哀之，因名此山为女观焉。"(《江水》)它和"望夫石""贞女台"之类民间传说一样，是群众出于对游子思妇的矜悯而想象的创作。不难看出，作者在记录时，潸然洒下了自己的同情之泪。

《水经注》经常表扬那些廉洁奉公、拒绝贿赂的清官；批判那些贪污盗窃、掠夺他人财物的墨吏。如：

> 议郎张奂为安定属国都尉。治此（三水县）。羌有献金马者。奂召主簿张祁于羌前，以酒酹地曰："使马如羊，不以入厩；使金如粟，不以入怀。"尽还不受，威化大行。(《河水》)

与此相似的还有以天知地知你知我知拒绝暗中行贿的杨震、由于为政清廉而使合浦珠还的太守孟伯周、君子济上拾金不昧的津吏、饮贪泉而不渝其贞的二千石吴隐之等，作者都作为佳话结合地方史予以称述。对于贪污盗窃者则无情揭露批判。《淇水》记："西河鲜于冀为清河太守，作公廨未就而亡。后守赵高计功用二百万钱，五官黄秉、功曹刘适言四百万钱。于是冀乃鬼见，白日道从入府，与高及秉等对共计校，定为适、秉所割匿。冀乃上书表自理。……秉等皆伏地物故。"让鬼魂大白天出来核对账目，揭露贪污分子，而且上表诉讼获胜，似乎离奇，却大快人心。虽系民间传说，但也表现了作者的爱憎感情。这种思想与他"为官清刻""严酷"的作风正好相符，和当时北魏孝文帝曾经几次下令禁止贪污，可能也有一定联系。

通过以上几方面的初步分析，我们可以得出结论：郦道元绝不是实行封建残暴统治的酷吏，而是一位具有进步政治倾向的作家。

魏收对郦道元的评价没有根据，很不公正。清人纪昀曾为之抱不平。赵一清《水经注释》卷首《郦道元传注》也指出："按道元立身行己，自有本末，……即其执法严峻，亦由拓跋朝淫污阘冗，救敝扶衰使然，何至列之酷吏传也？恐索与魏收嫌怨，才名相轧故也。"这话是有道理的。据《北史》记载，魏收修《魏书》，往往借机酬恩报怨，随意褒贬，甚至公开宣称："何物小子，敢共魏收作色！举之则使上天，按之则当入地。"《魏书》成后，议论纷纷，有一百多人上书指控其评价不公。魏收还是一个嫉妒心很强的人，曾经攻讦与他同时的北朝文人邢邵，又专门在沈约集中作赋,说温子昇不会作赋,算不得大才士。魏收虽然比郦道元年辈低些,但嫉其才名而有意贬损,并非不可能。

二

南北朝时期,佛教道教十分流行。北魏好几代皇帝先后在平城云冈和洛阳龙门修凿佛像,费资巨万,历时百年。洛阳伽蓝,数以千计,僧俗崇信,习以成俗。道教大师寇谦之曾深得北魏太武帝信任,在平城专门为他立了大道坛庙,皇帝亲自受箓、礼拜。郦道元生活在这样的时代,他的《水经注》几乎没有轮回转世、因果报应、佛法无边之类的宗教内容,也很少有斩妖捉怪、降神闹鬼一类荒诞无稽的迷信故事(这些内容在当时流行的志怪小说中几乎比比皆是);相反地,书中很多地方提出了对成仙得道、白日飞升、长生不死之类说法的大胆怀疑,具有可贵的朴素唯物主义思想因素。

例如《渭水》记:"就水北径陵,世谓之老子陵。"老子这个人物早已被神化为法力无尚的道教祖师爷。郦道元根据老子有陵墓这一事实,发表自己的不同看法:"庄周著书云:'老子死,秦失吊之,三号而出。'是非不死之言。人禀五行之精气,阴阳有终变,亦无不化之理。以是推之,或复如(庄子之)传。"明确指出人无不死之理,认为《庄子》关于老聃死的说法(见《养生主》)是对的。虽然自称"传疑",实际否定了老子成仙的迷信。

又如,一些书上说淮南王刘安学神仙之道,能炼金化丹,结果白日升天,余药在器,鸡犬舐之,俱得上升。郦道元指出,《汉书》明明写着刘安因谋反伏诛,而且《八公记》中也没有鸡犬升空之事,所谓得道只是葛洪《神仙传》中的说法而已。(见《肥水》)清人杨守敬已经看出"郦氏援《汉书》,明不以为凭,亦传疑以疑而已。"和上述对于老子陵的态度一样,也是对成仙说的否定。

著名神仙费长房,据说能驱神使鬼,随其师王壶公同入壶中。在郦道元看来,他最后还是死了,而非仙去。《汝水》记述费长房故事之后评论说:"隐沦仙路,骨谢怀灵,无会而返,虽能役使鬼神,而终同物化。""物化",意即如同万物一样化去,亦即死亡的同义词。这也是对长生不死的否定。

对于当时社会上普遍流行,言之凿凿而实际是无稽之谈的迷信,郦道元不轻信,总是根据实际情况,加以分析,进行批评。淝水战前,晋将谢玄曾在八公山上祈祷;后来苻坚路过那里,"望山上草木,咸为人状",于是人们以为是山神显灵了。郦道元认为:"非八公之灵有助,盖苻氏将亡之惑也。"(《肥水》)他以苻坚失败前已有迷恍心理来破除神助的谬论,比较有说服力。郭水之侧有僵尸穴,穴中有僵尸,历时一百多年还完好不朽,人们对此颇为迷信。郦道元则说:"夫物无不化之理,魄无不迁之道。而此尸无神识,事同木偶之状,喻其推移未若正形之速迁矣。"(《洛水》)明确肯定物必有化,魄(精神)必有迁,僵尸已失去知觉,跟木偶一样,不足为怪,不过是腐烂得慢些,不像正常形体那样速朽而已。当时,南朝杰出的唯物主义者范缜正在同得到梁武帝支持的一大批唯心论者展开关于神灭与否(即精神是否能脱离形体而存在)的大辩论,稍后有北朝邢邵,也曾与人辩论,主张"人死则神灭"。郦道元这种观点,显然是站在神灭论一边,具有可贵的唯物论精神和无神论因素。

黄河流到陕县一带,水涌起数十丈。有人认为是秦始皇所铸金人落水作祟所致,传说金人头髻有时还露出水面来。郦道元经过详细的历史考察,弄清了十二金人的来龙去脉,得出结论:河水涌起是由于魏文侯二十六年虢山崩,壅河所致。金人那么小的东西,不可能挡住巨大的洪流。"鸿河巨渎,故应不为细梗踬湍"(见《河水》),用严密的科学根据破除了流行的误解。安喜县城角崩塌,发现其下有大积木交横如梁柱,人们不知所从来,以为是什么地下神宫。郦道元"考记稽疑",认为这里原来是古河滩,"山水奔荡,漂沦巨筏阜积于斯,沙息壤加,渐以成地",因而筑城;后来水漱城崩,积筏才被发现,并没有什么可怪的。(见《滱水》)唐述窟中,常有鸿衣羽裳之人往还,老百姓以为是神。郦道元根据自己的调查研究指出:那是修炼道术的"练精饵食之夫",是人而不是鬼。(见《河水》)这些地方都表现了破除迷信、实事求是的可贵精神。

有些奇奇怪怪的事,他认为以常理推之,似乎不可能,但又觉得宇宙之大,无奇不有,不便轻易否定,因而录以备考。传说有人到溱水观峡水神之府送信,进出而水不沾衣。郦道元说:"此似不近情,然造化之中,无所不有。穆满(周穆王)西游,与河宗论宝,以此推之,亦为类矣。"(见《溱水》)许多史书记载,秦始皇末年,有人路过华山,为华山君致书镐池君,预言明年祖龙(秦始皇)死。后来果如其言。郦道元议论说:"神道茫昧,理难辨测。故无以精其幽致矣。"(见《渭水》)意思是说,此事难以证实。书中类似这种对鬼神的怀疑很多。哲学史告诉我们,对唯心论的怀疑,正是唯物论的先河,在人类思想史上是具有一定进步意义的。

当然,郦道元还不是彻底的无神论者,《水经注》既批判了有神论,同时也记述了一些神怪的传说。这种矛盾并不难理解。有些神话传说历史悠久,如萧史弄玉、巫山神女、王质烂柯、天马行空、鲤鱼跳龙门之类,表现了人民群众某些美好的幻想,早已为人们所喜爱,郦道元记录下来,正可以增加读者对祖国历史文化和山河大地名胜古迹的情趣。有些民间传说虽然难免带有一定迷信色彩,但由于当时科学水平所限,郦道元无法正确解释而信以为真,我们大可不必苛求。还有些自然现象直到今天仍然得不到正确的答案,郦道元如实描述,正是忠于历史的表现。这种情况和当时那些有意宣传唯心论,"发明神道之不诬"的宗教信徒是有原则性区别的,不能混为一谈。

郦道元的朴素唯物论思想还表现在对待厚葬的态度上。据历史记载,汉魏六朝时期,厚葬之风极盛。《宋书·礼志》说:"汉以后天下送死侈靡。"《酉阳杂俎》卷十三说:"后魏俗竞厚葬。"从考古发掘看,情况的确如此。《水经注》中记录了许多古墓,在详尽描绘各件器物制作精美的同时,往往对一些墓主的奢侈靡费给以严厉的批评和辛辣的讽刺。例如:

> 绥水……东南流径汉弘农太守张伯雅墓。……旧引绥水南入茔域,而为池沼。沼在丑地,皆蟾蜍吐水,石隍承溜。池之南又建石楼,石庙前又翼列诸兽。但物谢时沦,凋毁殆尽。夫富而非义,比之浮云,况复此乎?王孙士安,斯为达矣。(《洧水》)

"王孙"即汉人杨王孙,他主张裸葬。"士安"即晋人皇甫谧,他反对厚葬,提倡薄殓。郦道元称赞他们是达者,引用孔子的话批评张伯雅"富而非义",有如过眼烟云,不可能长久。不言而喻他自己属于俭葬派。

《渭水》篇写到汉文帝陵墓,记载了历史上一段对话:"(汉文帝)顾谓群臣曰:'以北山石为椁,用纻絮斫陈漆其间,岂可动哉?'释之对曰:'使其中有可欲,虽锢南山,犹有隙;使无可欲,虽无石椁,又何戚焉。'文帝曰:'善。'"汉文帝打算厚葬,张释之主张俭葬。郦道元显然是赞同后一种观点的。

有的达官贵人,既要厚葬,又怕墓被盗,于是故设骗局,自欺欺人。例如,湍水之西有魏征西将军司马张詹墓,他生前自拟碑文说:"白楸之棺,易朽之裳,铜铁不入,丹器不藏。嗟矣后人,幸勿我伤。"这几句话果然起了作用。二百多年后,别的古墓莫不毁夷,唯它幸存。后来被饥民掘开:"墓不甚高,而内极广大","其中金银铜锡之器,朱漆雕刻之饰,烂然有二朱漆棺,棺前垂竹帘,隐以金钉。"和墓碑上说的截然相反。郦道元详细记录这件事,并嘲笑说:"虚设白楸之言,空负黄金之实,虽意锢南山,宁同寿乎!"(《湍水》)真是辛辣之极。

有的墓碑,无德而颂,自我吹嘘,郦道元十分反感。湍水之南,有东汉宦官州苞墓,兽阙高壮,制作甚工。碑文说:"六帝四后,是谘是诹。"矜夸之意,形于言表。郦道元尖锐指出:"(州苞)仕自安帝,没于桓后。于时阉宦擅权,五侯暴世,割剥公私,以事生死。夫封者表有德,碑者颂有功。自非此徒,何用许为?石至千春,不若速朽。苞墓万古,祇彰消辱。呜呼!愚亦甚矣!"(《湍水》)文笔犀利,识见深远。由此可见,郦道元反对厚葬,不单纯是从节约社会财富出发,而且是从政治上着眼。在他看来,历史上有功有德的人,才应当纪念;如果是坏蛋而想留名,只能遗臭万年。这种思想和本文第一节中所介绍的郦氏以是否有益于人民作为尚论古人的原则正好一致。这在当时,无疑是进步的、难能可贵的。

三

郦道元生长在北方,出仕于元魏,他的国家观念、民族意识怎样呢?

有的书上说:"北朝士大夫是谈不上什么民族意识、祖国观念的。……道元却不是这样,他身仕魏朝,心念祖国,这从注中所用书法可以得到证明。比如,他对五胡十六国里的外族君主像刘渊、刘曜、石勒、石虎、慕容垂、慕容隽、苻坚等,都一概斥其名,而对于曾经一度灭后秦,平定关中的刘裕,则称为'刘公',或称'宋武王',而不书名,对他率领的晋军也称为'王师'。尽管由于黑暗的统治,他不得不采用这种所谓'微辞',但爱憎还是分明的。"① 意思是说,郦道元爱的是汉族的祖国,以南朝为正宗,不喜欢少数民族统治的北朝。这样的评价,恐怕不完全符

---

① 见萧涤非《解放集》,1959年出版,96—97页。

合历史实际。

《北史》《魏书》都记载得很明确，郦道元出身于世代显宦的大官僚家庭，父亲郦范曾任北魏平东将军、青州刺史，赐爵假范阳公。他自己初袭永宁侯，后例降为伯。除了本文第一节中所介绍过的那些官职之外，郦道元还曾跟随孝文帝北巡长城、阴山，做过顺皇后父亲于劲的长史（秘书长）出镇冀州，代替于劲主持州事。后来又带兵平定彭城刺史元法曾的叛乱。这些经历说明，他是深得元魏王朝信任的。他对魏室也很忠诚，《水经注》中经常提到"大魏""皇魏""朝廷""太祖""高祖"，都含有歌颂的意思。《谷水》篇曾引用晋人王隐《晋书》，原文是："咸宁元年，洛阳大风，帝社树折，青气属天。元王东渡，此晋室中兴之表也。"郦道元把最后一句改为"魏社代昌矣"，显然借此证明，魏取代晋而有天下，是符合天意的。我们实在看不出他对北魏有什么"微辞"。

至于说他称晋军为"王师"，那段话并非郦道元手笔，而是他转引郭缘生的话。原文是这样的："郭缘生记曰：'汉末之乱，魏武征韩遂、马超，连兵此地。今际河之西，有曹公垒；道东原上，云李典营。义熙十三年，王师曾据此垒。'"（《河水》）郭缘生是东晋末年人，曾随刘裕北伐，到过长安，著有《述征记》。他称晋军为"王师"，是理所当然的。把他的话当成郦道元所说，显然是张冠李戴了。

《水经注》对南朝皇帝的确比较尊重。如对刘裕，除称"刘公""刘武王"之外，有时还用"刘武帝""宋武王""宋武帝"等称呼。对南朝其他皇帝也用谥号，如"宋少帝""宋文帝""萧武帝"（指齐武帝）。杨守敬曾指出："道元于南朝之君皆称谥号，不如魏收之妄。"我以为这主要是由于有一段时期南朝的宋、齐、梁与北朝的元魏曾经多次互相通好，聘问往来密切，南北关系较好，称谥号显然是出于礼貌的原因，并不是郦道元"心念祖国"的表现。何况《水经注》中有时也曾提到刘裕的名字

(见卷二十六《淄水》），对南朝皇帝并不是毫无批评。梁武帝天监年间，跟北魏打仗，堰淮水以灌寿阳，结果堰为大水冲毁，淹死筑堤士卒数万。郦道元就骂萧衍是"逆天地之心，乖民神之望"（《淮水》）。试问这又算什么"书法"呢？

对十六国君主直呼其名，并非由于他们是少数民族就故意鄙视，而是因为有许多文字乃是援引前人著作中的习惯用法。如《十六国春秋》《邺中记》《西征记》等。在当时，不承认这些割据者的帝号，乃是许多历史学家的共同"书法"，并非道元一人如此。不但对少数民族君主这样，连汉族的割据者，如刘备、刘禅、孙权、孙休、孙皓，《水经注》中也都直呼其名。如果笼统地用民族意识来解释称帝号与否的问题，那是说不通的。

当然，我们并不认为郦道元没有爱国思想和民族感情，从《水经注》中可以看出，郦道元非常热爱我们伟大的祖国。他心目中的国家，似乎不限于北魏，也不仅是南朝，而是包括南北朝在内的整个中国。他记述山川地理，一律以水道为纲，水流到哪里，就写到哪里，凡是中国境内河流，绝大多数他都写到了；并不以北魏统治地区为限，也不像与他差不多同时的《洛阳伽蓝记》作者杨衒之那样重北轻南，尊北朝为正宗。郦道元没有把当时南朝和北朝的国境线放在眼里，书中没有一个字说到哪条河、哪座山、哪座城是国境线分界所在。他曾经提到宋、齐与北魏通和所走的道路，却很少谈起北朝与南朝交战的战场（对于古代许多次大战战场，书中往往是要交代的）。这些可以证明，郦道元的国家观念，是统一的完整的国家观念，他认为分裂对峙不过是暂时现象。因而在他笔下，对于祖国辽阔的山河大地，无分东西南北，都充满了炽热的感情，山山水水，他都了如指掌，给以生动形象的描绘。对于祖国悠久的历史文化，不论古今夷夏，他都饱含着深厚的崇敬，原原本本，如数家珍，进行认真具体的评述。对于那些保卫祖国、坚贞不屈的英雄,如汉代的耿恭,率领将士们抗击匈奴围攻,坚守孤城不降,最后只剩下二十六人的壮烈事迹,书中通过具体描述,以及引用神话传说来赞扬。对于维护祖国统一,取消分裂割据,使岭南回归祖国的南越王赵佗的正义行为,郦道元充分给予肯定。他称赞赵佗"因岗作台,北面朝汉","生有奉制称藩之节"(《浪水》)。对于搞分裂割据的野心家,如公孙述、桓玄等可耻的败类,郦道元在字里行间常常流露出鄙夷的嘲笑。把郦道元的爱国思想,片面地理解为仅仅爱南朝或北朝,不但不能提高反而降低了他的思想境界。

 从《水经注》中还可以看出,郦道元具有高度的民族自豪感,非常热爱我们的民族。他心目中的民族,诚然以汉民族为主体,同时也在一定程度上包括历史上许多对创造中华民族文化做过贡献的其他少数民族。他在叙述黄河流域开发的历史时,比较注重肯定华夏以外其他民族的作用。例如,他转引了《左传》中孔子以"学在四夷"称赞郯子的话,承认东夷之人有很高的文化。他肯定某些少数民族对历史做过贡献,如《潜水》说:"(巴)郡盖古賨国也,今有賨域。……其人勇健,好歌舞,高祖爱习之,今巴渝舞是也。"賨人是蛮族之一支。又称赞古部族僰人"夷中最仁,有仁道"(《江水》)。在叙述西南地区时,他记录了一些少数民族的历史传说。例如:巴蛮首领廪君乘土舟而不沉,射杀盐水女神使天日重见光明,死后精魂化为白虎。(《夷水》)牂柯郁水地区的竹王乃破水中浮竹而生,以竹为姓,称雄夷濮,能以剑击石出水作羹。(《温水》)龙降哀牢国传说,有妇人触浮木而生九子,后木化为龙,子皆惊走,唯第九子背龙而坐,龙乃舐之,因名九隆,长大为王。其国人皆画身像龙,衣皆着尾。(《叶榆河》)羌族渠帅梁晖在无水之山,以青羊祈神,使山泉涌出,以鞭竖地,后竟成林(《河水》),等等。书中把这些人当作英雄来歌颂,甚至给以神化,并没有鄙视和丑化之意。对于加强民族团结,促进各民族互相学习的历史人物,书中热情赞扬。像九隆国王主动罢兵休战,结束与汉朝的冲突,"乞求内附,长保塞徼",表示赞赏和肯定。(《温水》)九真太守伍延教当地人民学习汉族犁耕技术,"法与华同",后来"恒为丰国",也予以表扬。(《温水》)以上这些材料虽多系转引,但同样体现了郦道元的态度,在当时是十分难得的。这与北魏孝文帝执行民族融合政策,要求鲜卑族积极学习汉族文化,改变鲜卑旧姓为汉姓等措施,显然有很大关系。

当然,《水经注》有些地方也用过一些不尊敬少数民族的语言,作过不恰当的叙写。例如说他们反抗民族压迫的斗争是"作乱""为寇",嫌他们野蛮落后,等等。这和郦道元在东荆州刺中任内未能正确对待蛮族有关。但从《水经注》全书看,其并不是主流;况且对于古人来说,在长期大汉族主义思想影响下,要求他们完全以平等的态度对待少数民族,那几乎是不可能的。所以我们对于郦道元也不应该脱离他所处的时代而作过高的要求。

(原载《辽宁大学学报》1983年第2期)

《水经注》与民俗文化

描写民俗文化、风土人情是文学民族性特征之一。在我国古典散文特别是游记、笔记以及地方志中多有反映。郦道元继承并发展了这一传统,在他的《水经注》里,不但精心刻画了祖国各地许多江河湖泊、山陵峰峦的壮丽景色或旖旎风光,而且生动地记述了大量的风俗习惯、土特名产、动植矿物以及千奇百怪的自然和人文现象。文字清晰,描写具体,叙述有趣,能够使人们开拓眼界,增长见识,裨益智海。《水经注》这方面的一些精彩片断,既是优秀的知识小品,具有较高的史学和科学价值;又是隽永的文学随笔,富于美学意味与艺术价值。

例如《夷水》记今湘西地区群众求雨的习俗:

(夷水)东径难留城南。城即山也,独立峻绝,西面上里余,得石穴。把火行百许步,得二大石碛,并立穴水,相去一丈,俗名阴阳石。阴石常湿,阳石常燥。每水旱不调,居民作威仪服饰,往入穴中,旱则鞭阴石,应时雨;多雨则鞭阳石,俄而天晴。相承所说,往往有效,但捉鞭者不寿,人颇恶之,故不为也。

这种求雨方式和《夷水》另处所记,神穴"中有潜龙,每至大旱,平乐左近村居,辇草秽着穴中。龙怒,须臾水出,荡其草秽,傍侧之田,皆得灌溉"以及《江水》所记广溪峡"神渊"附近群众,于"天旱时燃木岸上,推其灰烬,下秽渊中,寻即降雨"都是以逼迫方式,促使雨神或神龙降雨。和后世向龙王河神烧香磕头祭祀乞求之类的迷信活动有所不同。这无疑是研究古代民俗学的可贵资料。作者写得仔细而周详,读来使人感到似乎参观了一场求雨仪式。

更多地区的民众是用祈敬的态度和方式以求神灵的保佑：如《江水》记：

> 瞿塘滩上有神庙，尤至灵验。刺史、二千石经过，皆不得鸣角伐鼓。商旅上下，恐触石有声，乃以布裹篙足。今则不尔，犹飨荐不辍。

《渐江水》记：

> 峤北有峉浦，浦口有庙，庙灵验，行人及樵伐者，皆先敬焉，若相侵窃，必为蛇虎所伤。

这实际上是假借神权禁止行路之人互相伤害。

《夷水》记：

> 水中有神鱼，大者三尺，小者一尺。居民钓鱼，先陈所需多少，拜而请之。拜讫，投钓饵。得鱼过数者，水辄波涌，暴风猝起，树木摧折。水侧生异花，路人欲摘者，皆当先请，不得辄取。

这是以宗教清规形式进行生态保护，防止过量采摘。

有的篇章记录了奇特的预测年成的方法。

如《渐江水》记：

> 又有射的山。远望山的状若射侯，故谓射的。射的之西有石室，名之为射堂。年登否，常占射的，以为贵贱之准。的明则米贱，的暗则米贵，故谚云：射的白，斛米百；射的玄，斛米千。

射的，即射箭之靶。从一座状如箭靶之山峰的颜色明暗来猜测年成的丰歉，这表明古代农民无法掌握自己的命运，只好寄托于渺茫的天意。

有的地方对儿童采取特殊的保健措施，《江水》记："豫章间养儿，不露其衣。言是鸟落尘儿衣中，则令儿病。"可能是由于曾经发生过飞禽给儿童带来传染病之故吧。

《水经注》如实描写许多少数民族的文化传统和生活习俗，包括匈奴、羯、戎、夷、蛮、苗、骆越等。如《潜水》说："（巴）郡盖古賨国也，今有賨城。县有渝水，夹水上下，皆賨民所居。汉（高）祖入关，从之定秦。其人勇健，好歌舞，高祖爱习之，今巴渝舞是也。"賨，读从，南方蛮族之一支。《江水》称赞僰（读博）人"夷中最仁，有仁道"。《温水》记："（温）水侧皆是高山，山水之间，悉是木耳夷所居。语言不同，嗜欲亦异。虽曰山居，土差平和，而无瘴毒。"木耳夷是夷族的一支。

《温水》记载了海南岛黎族生活状况：

> （岛）周围二千余里，径度八百里，人民可十万余家。皆殊种异类，被发雕身。而女多姣好白晳，长发美鬓。……民好徒跣，耳广垂以为饰，虽男女裹露，不以为羞。暑热薄日，自使人黑，积习成常，以黑为美。

据有关专家研究，这里所说的就是古代海南黎族的生活。再如《夷水》所记湘西巴氏蛮族传说其祖先廪君死后"精魂化而为白虎，故巴氏以虎饮人血，遂以人祀"则反映了古代杀人祭祖习惯的遗留。这些资料对于研究少数民族历史具有一定参考价值。

郦道元对于各地区的土特名产十分注意，收集了不少至今仍极为有用的资料。如《河水》记（东阿）"大城北门内西侧皋上有大井，其巨若轮，深六七丈，岁尝煮胶以贡天府。《本草》所谓阿胶也。故世俗有阿井之名"。阿胶是我国名贵中成药之一，至今誉满全球，其首次记录即见于此。《河水》记述河东酿桑落酒专家刘堕"宿擅工酿，采挹河流，酿成芳酎，悬食同枯枝之年，排于桑落之辰，故酒得其名矣。然香醑之色，清白若滫浆焉。别调氛氲，不与它同，兰熏麝越，自成馨逸。方土之贡选，最佳酎矣"。桑落酒是古代的名酒，从南北朝到唐代，广为人们称道。郦道元形象地介绍了这种酒的色香味。从他的笔下，人们仿佛闻到了一股诱人的酒香。北魏杨衒之《洛阳伽蓝记》也有记载，但着重点稍有差异。

其他如中牟之麻黄、溧阳之雄黄、江州之柑橘，至今仍有遗存。有的地方记录了商贸活动，如《江水》记丰都县有市肆。四日一会，另处集市十日一会。可见定期赶集风俗古已有之。

对各地的工业生产活动，郦道元最关注制盐，包括海盐、池盐、井盐、岩盐等的制作。大概是因为盐与人民生活息息相关之故吧。关于河东解州盐池，《涑水》有详细的记述："今池水东西七十里，南北十七里，紫色澄渟，潭而不流。水出石盐，自然印成，朝取夕复，终无减损。惟水暴雨澍，潢潦奔泆，则盐池用耗。故公私共堨水径，防其淫滥。"文章还介绍了盐池地理位置、历史变迁和管理机构设置等，极为精确细致，似乎作者进行过实地考察。关于四川的井盐，《江水》中曾多次提到。如："水南流历（云阳）县。翼带盐井一百所。巴川资以自给。粒大者方寸，中央隆起，形如张伞，故名伞子盐。有不成者，形亦必方，异于常盐矣。"又引王隐《晋书·地道记》曰："入汤口四十三里，有石煮以为盐，石大者如升，小者如拳，煮之，水竭盐成。盖蜀火井之伦，水火相得乃佳矣。"上述两个地区，至今仍是我国的重要产盐区。

《河水》记："高奴县有洧水，肥可燃。水上有肥。可接取用之。《博物志》称酒泉延寿县南山出泉水，大如筥，注地为沟。水有肥，如肉汁，取著器中，始黄后黑，如凝膏然，极明，与膏无异，膏车及水碓釭甚佳，彼方人谓之石漆。水肥亦所在有之，非止高奴县洧水也。"所谓"石漆"就是石油的原油。今本《博物志》已不见此条。因而这就成为我国石油资源的最早记录。古高奴县在今陕西延安附近，古延寿县在今甘肃玉门附近，这两个地区今天仍然是我国西北地区的重要石油基地。郦道元预言，"水肥亦所在有之"，即石油资源他处也存在，这个猜想已成为现实。

《灅水》记山西大同附近"山上有火井，南北六七十步，广减尺许，源深不见底；炎势上升，常若微雷发响，以草爨之，则烟腾火发"。据大同矿务局工程技术人员致函本文选注者介绍，上述现象属于煤层自燃，20世纪50年代和60年代均曾出现过多次，这不是天然气，更不是活火山。这段资料是很值得研究的。关于石炭（煤）、石墨、铜、铁、金、银等矿产的分布，《水经注》的记录也十分详细而且准确，一向为地质学家所重视。

郦道元对一些稀有动植物的描写，往往意趣横生，不仅记述静物，而且还刻画其动态。如《叶榆河》记：

山多大蛇，名曰髯蛇，长十丈，围七八寸，常在树上伺鹿兽。鹿兽过，便低头绕之，有顷鹿死，先濡令湿讫。便吞，头角骨皆钻皮出。山夷始见蛇不动时，便以大竹签签蛇头至尾，杀而食之，以为珍异。故杨氏《南裔异物志》曰："髯惟大蛇，既洪且长，采色驳荦，其文锦章，食豕吞鹿，腴成养创。宾享嘉宴，是豆是觞。"言其养创之时，肪腴甚肥。搏之，以妇人衣投之。则蟠而不起走，便可得也。

据1982年5月《光明日报》记者采访报道，在云南的西双版纳，常常可以见到蟒吞鹿的现象，情状与《水经注》所记几乎相同。而两广地区吃蛇的习惯，一直普遍流行，蛇肉甚至是著名佳肴之一。《水经注》关于野牛、猿猴、嘉鱼、异鸟的叙述也很多。如《灢水》记山西大同西山有一种赤嘴乌鸦，全身纯黑，只有嘴是红的，与通常所见身黑颈白的乌鸦不同，而且性情温顺，容易接近。这个地方今名马脊梁沟，现在还可以见到这种乌鸦。

郦道元对温泉颇有兴趣，所记有三十多处，情况各不相同。如《滍水》记：

（滍水）东流，又会温泉口。水出北山阜，炎势奇毒，疴疾之徒，无能澡其冲漂。救养者，咸去汤十许步别池，然后可入。汤侧有石铭,云"皇女汤,可以疗万疾"者也。故杜彦达云:"状如沸汤,可以熟米,饮之愈百病。道士清身沐浴,一日三饮,多少自在,四十日后,身中万病愈,三虫死;学道遭难逢危,终无悔心。"

有的温泉水带咸味,有的半边热半边冷,有的可以灌田使一年三熟,有的可以烰鸡豕,有的泉水中还有鱼类,这些资料对于今天开发地热资源具有重要的参考意义。《渭水》记龙鱼川,"出五色鱼,俗以为灵,莫敢采捕"。至今陕北有些地方仍不吃鱼,可能与这种传统习俗有关。

《涢水》记录了一种罕见的自然现象:"温水出竟陵之新阳县东泽中,口径二丈五尺,垠岸重沙,端净可爱。靖以察之,则渊泉如镜;闻人声,则扬汤奋发,无所复见矣。"又据《汾水》记,霍太山"有灵泉,以供祭事,鼓动则泉流,声绝则水竭"。这种奇特的泉水最近在南方又被发现。据1982年6月《北京晚报》报道,不久前在广西兴安、德保、富川、北流等市县发现一种喊泉,人在泉边吆喝叫喊,则有泉水应声而出,无声则止。其奥妙何在,尚有待科学家去研究。但由此可见,郦道元当时所记,是十分可靠的,绝不是无稽之谈。

《水经注》描写了许多奇形怪状的洞穴,有好几处存在着钟乳石,最具体要数《涢水》所记:

> (大洪山)山下有石门,夹障层峻,岩高皆数百许仞。入石门,又得钟乳穴。穴上素崖壁立,非人迹所及。穴中多钟乳,凝膏下垂,望齐冰雪,微津细液,滴沥不断。幽穴潜远,行者不极穷深,而穴内常有风势,火无能以经久故也。

作者以一个旅行者的口吻,对这个岩洞中的喀斯特现象,包括其形状、颜色、湿度、温度、气流、声响等,一一介绍,写得极为准确翔实,毫不夸张渲染,表现出严肃认真的科学态度,读后有身临其境之感。关于北京附近的云水洞的记述则兼有神话色彩。

郦道元还记录了不少古代化石资料，如《涟水》记："历石鱼山下，下多玄石，山高八十余丈，广十里，石色黑，而理若云母，开发一重，辄有鱼形，鳞鳍首尾，宛若刻画，长数寸，鱼形备足。烧之，作鱼膏腥，因以名之。"无疑是某种鱼类的化石。作者写得那么精细入微，宛如一份古生物学家的考察笔记。

《水经注》中这类科学小品、随笔札记性的文字，其渊源可上溯到《山海经》《神异经》《博物志》。郦道元比起前人显然有长足的进步，增强了科学性，减少了怪诞色彩，大部分是切实可信的。

《水经注》中的民俗材料，有的是作者亲身见闻或调查访问所得，有的是从古代笔记和史书方志中摘录而来。他把散见于各处的片言只语收集之后，纳入以水道为纲的各个地区，而又加以补充增益、修饰润色，使分散的资料形成完备的体系，文字也更为缜密周到，科学价值和文学价值都比原来的素材大大提高了，后世的笔记小品一类著作，如唐代段成式的《酉阳杂俎》，宋代沈括的《梦溪笔谈》，明代徐弘祖的《徐霞客游记》，刘侗、于奕正的《帝京景物略》等，无疑都受到郦道元的启发。如果说笔记小品也是散文的一种体裁的话，那么《水经注》中这类精彩的文字，也应该视为散文的别支，而在文学史上给以应有的地位。

（原载《名作欣赏》1986年第2期）

历代对《水经注》的文学鉴赏

当代著名郦学家陈桥驿教授把历代郦学分为考据、地理、辞章三派，这是正确的。不过他在介绍郦学史时，每每详于考据学派，而略于辞章学派，似乎他们无足称道。本文拟就这方面作些补充，以便读者对这个学派有进一步的了解。

明清时期的评点派

评点之风起于南宋而盛行于明代中后期。当时许多文人学者从文章写作和文学鉴赏的角度出发，评点历代诗文、辞赋、小说、戏剧，受到读者的欢迎。因而以评点而成名家者大量涌现，各种文学选本和全书评点本层出不穷。在这种风气下，《水经注》作为最早的山水散文，也受到评点家的注意。

唐末的陆龟蒙、北宋的苏轼都喜欢《水经注》，经常带在身边，但不曾留下评点。明代中期著名学者杨慎在《丹铅总录》中写道："《水经注》所载之事，多他书所未有者。其叙山水奇胜，文藻骈丽，比之宋人《卧游录》（按：南宋吕祖谦撰），今之《玉壶冰》，岂不天渊？予尝欲抄出其山水佳胜为一帙，以洗宋人《卧游录》之陋，未暇也。"可见他曾经打算从文学角度选录，但未能实现。①

明代末期万历年间的学者朱之臣，字无易，成都人，累官至贵州贵宁

---

① 陈桥驿《水经注研究二集》《郦道元与〈水经注〉》等书多次说杨慎曾经把《水经注》摘录成编，未知何据？也许是忽略了上述引文中"未暇也"而误作判断。

道，著有《水经注删》，是今所见第一部《水经注》文学评选本，有明万历刊本，现存北京图书馆。卷首有序，作于万历戊午八月望日，其中说："善长历览奇书，专笔注水。……读之古香光气，如在见闻，此何暇删之？然才注昆仑，已近五千六百余言。其他澜浪称是，又事熟而文匪经奇法，宜删也。……善长之幽奇不埋没澜浪中，而倘借余删以尽出其精神，则谓余忠于善长可也。"说明了作选本的用意。所选各篇皆无注，有小标题和他自己写的眉批夹批，精辟见解甚多。由于朱之臣不事训诂，有些名物理解错了，如《温水》篇"昆仑单舸"，他评点说"舸名新"，误以为昆仑是船的名称，受到古今一些学者的讥笑。其实这个典故十分生僻①，注释中个别误解，即使考据家亦在所难免。如杨守敬《水经注疏》注《湘水》衡山篇"丹水涌其左，澧泉流其右"说："丹水、澧泉皆无考。……《澧水》篇之澧水出武陵充县，与衡山中隔沅、资、涟诸水，《夷水》篇之丹水出夷道，更隔澧水。"杨氏不知此二句是引用宋玉《笛赋》中的现成话："余尝观于衡山之阳……丹水涌其左，澧泉出其右。"丹水是神话中"帝之神泉"，饮之不死，见《淮南子·地形训》。澧泉即醴泉，指甘甜如酒的泉水，见《礼记·礼运》，二典均出常见之书。此处原意是形容衡山泉水之美，乃文学家常见的借喻法。地理家以实地考求，当然凿枘难合。② 所以我认为考据家不必讥笑鉴赏家，鉴赏家不必讥笑考据家，各有所长，各有所短，应该互相补充，互相启发。

与朱之臣同时并有交往的钟惺（1574—1624）、谭元春（1586—1637）皆曾评点《水经注》，钟、谭皆竟陵（今湖北天门）人，是著名作家兼文学批评家，人称竟陵派，与三袁的公安派齐名天下。钟氏有《周

---

① 熊会贞在《水经注疏》中据《太平御览》卷七八六引《南州异物志》："扶南国诸属，皆有官长，及王之左右大臣，皆号为昆仑。"
② 参看谭家健《读〈水经注〉小札》，《辽宁大学学报》1986 年第 2 期。

文归》《秦汉文归》《南北朝文归》等评点著作。他们的评点本于崇祯二年（1629）由严忍公刊行，题为《钟朱谭三先生评点〈水经注〉》，现存北京图书馆和宁波天一阁。陈桥驿说："他们以朱（朱谋㙔）笺为底本，对郦注品评词句，任意发挥，在历来评论郦注词章的学者中，提出了最系统最完整的见解。"又说："他（指谭元春）认为《水经注》除了词章以外就空无一物"，"看法十分片面"。①细读谭氏叙，原文是："……（水经）注行，而孤吟遥想之夫，开物寄道之士，若有所恃以证其山水之好。端坐深读，若奇石佳木，舟马相澹；若森森礚礚，丽我瞩瞻；又若塔庙碑版，光我目，苍我思；有高人真僧，迢迢待我，可举足提杖而一往也。予少时即知好之……颇与钟子（惺）空蒙萧瑟其中，庶几想郦子当年作注之意……夫予之所得于郦注者，自空蒙萧瑟之外，真无一物。而独喜善长读万卷书，行尽天下山水，囚捉幽异，掬弄光彩，归于一绪，以力致其空蒙萧瑟之情于世，而胸中独抱是癖，且独著一书而死，而世人犹执考核丑记以求之，不幸而与类书同功，呜呼！则是书亦可不著也。"他特别强调《水经注》的文学欣赏价值，不赞成仅仅当类书来看。他自己于书中的体会主要在美学意境，并非说郦书的价值仅此而已。联系钟惺《三注钞序》来看，钟不但把《水经注》与裴松之《三国志注》、刘孝标《世说新语注》合为一本选集，而且把它与曾子作《大学》，文王、周公、孔子注《易经》，左氏、公羊、穀梁注《春秋》相提并论，怎么能说他们否认《水经注》的学术价值呢？按：钟惺《三注钞》有万历四十五年刊本，现存上海图书馆，属于文学选本，有评无注，其中精彩独到之见举不胜举。郑德坤《水经注版本考》说："其书不过标取字句之藻饰，供俭腹者之搜闻肤受耳。"未免贬抑太甚。

---

① 《郦道元与〈水经注〉》，上海人民出版社1987年版，第146页。

陈仁锡《水经注奇赏》。陈氏字明卿，长洲（今江苏苏州市）人，明天启进士，翰林院编修，以不愿阿附魏忠贤落职。著作甚多，尤喜评点古文，有《奇赏斋古文汇编》多种，初集一百三十卷，藏南京图书馆，其中卷十三至三十二为《水经注奇赏》选本，有评无注，见解颇有精到处，其初集自序的主要内容就是赞扬《水经注》文字之美。此书很少有人注意，郑德坤、胡适、陈桥驿均不曾提到。人们仅知其部分评语为王礼培所选录（详后）。赵一清《水经注释考校诸本》提到陈仁锡有《水经注》校勘，陈桥驿说其书"早已亡佚"。十余年前，友人某君曾告，苏州中国书店有明万历刊本陈仁锡评《水经注》，余曾于1983、1987年两度访求，均未知陈氏校勘本下落。

归有光《水经注钞》，未见。赵一清《水经注释参校诸本》说："归氏有光本，太仆（指归有光）家藏旧钞，何义门曾见之。"归氏为明代散文大家，评点著作甚富，有《诸子汇函》等（或疑为托名）。戴震校《水经注》曾七次引用，王国维等人否认归书存在，未免武断。陈桥驿说："归有光校本《水经注》之存在可以无疑。"①

曹学佺《大明舆地名胜志》。曹学佺（1574—1647），万历进士，精地理之学。该书简称《名胜志》，一百九十三卷。杨守敬《晦明轩稿》说："其著书之意不在沿革古迹，而在于名胜。"郑德坤《水经注版本考》说：曹书"几以全部《水经注》编入明代府县。"说"几以全部"是夸大，但确有数百条之多。编者从风景名胜角度取材，着眼于文章之美，属大型文学散文选本。

明代无名氏《水经注钞》，手稿，白文无注，现藏北京图书馆，共选一百八十二篇，多为风景名胜，属文学选本。

---

① 《郦学新论——水经注研究之三》，山西人民出版社1992年版，377页。

明韩求仲选《水经注摘》钞本，一册，胡适藏。见《胡适手稿》第四集《我的三柜水经注》。

清人学风颇异于明代，重考据而轻辞章。不少学者对以钟惺、谭元春为代表的郦学辞章派表示不满。如黄宗羲《今水经序》说："若钟伯敬《水经注钞》，所谓割裂以为词章之用者也。""今世读是书（指《水经注》）者，大抵钟伯敬其人，则简朴之消，有所不辞尔。"顾祖禹甚至连郦道元也一起批评，其《读史方舆纪要序》说："余尝谓郦氏之病在立意修辞，因端起类，牵连附合，百曲千回，文采有余，本旨转晦。使其据事直书，从源竟委，恐未可多求也。"他希望写成简明的地理书，不要成为文学著作才好，这反映了地理学派的偏见。更多的学者充分肯定《水经注》的文学成就。如刘熙载《艺概·文概》说："郦道元叙山水，峻洁层深，奄有楚辞《山鬼》《招隐士》胜境，（柳）柳州游记，此其先导也。"刘献廷《广阳杂记》说它："铺写景物，片语只字，妙绝古今。"赵一清《书杨慎〈水经注序〉后》说："其造句惊人，遣词则古，六朝文士终当避席，自可成一家之言。……若夫獭祭之徒，或喜其文采绚烂，取为诗材赋料之用，至比之《玉壶冰》《卧游录》，雕虫小技，乌足数哉！"清代继续有人从文学角度节选或评点《水经注》，不过成果不及明代之突出。

何焯《水经注批校》。何氏（1661—1722），字义门，长洲（今江苏苏州）人，康熙进士，吴中名士、学者兼评点家，有《义门读书记》等著作行世。全祖望《何氏〈水经注〉三校跋》说："义门先生《水经注》三本，予皆见之。其初校本于甲戌，未见所学，犹不免竟陵气也。再校本以丙子，及见亭林所订，则进矣。三校本以戊戌，更进矣。"可见何氏一校本着重于辞章，故被认为有钟谭派风气。该书今未见。其三种校本之一藏台北"中央图书馆"，未见。又复旦大学图书馆藏一种，我于1983年见之，评点很少，或属二、三校本。清人王峻（次山）批校《水经注》引何义门说："近世文人则徒猎其隽句僻事，以供词章之用，而山川古迹一概不问，孰知为《禹贡》之忠臣，班志之畏友哉！"何氏生长于清初，早年受明末影响而用评点之书，后来学风变化，故有是语。

马曰璐《水经注摘钞》。马氏字半塘，清初扬州人，家有"小玲珑山馆"，藏书甚富。其书摘《河水》至《渐江水》若干篇，皆文辞优美者，有圈点，无批注，北京图书馆现藏一册，雍正八年（1730）手抄。翁同书咸丰七年（1857）所作《水经注摘钞跋》说："为《水经注》之学者，贵取故书雅记，互相校核。明人读古书，大率寻束为词章之用。黄梨洲笑钟伯敬《水经注抄》之灭裂，深中明人之病。然郦注叙述山水，工于语言，实在柳子厚上。吾虞冯己仓先生，世所推善读《水经注》者，尝临柳金影宋本，谢耳伯所见宋本与朱郁仪（谋㙔）本，手自参校，而于书中佳言伟句，悉为标出，因与伯敬异趣，不尽为梨洲所识也。此书乃竹西马氏半塘（曰璐）手纂，语隽鉴裁，既妙书法，复精于宋本，异字亦为注出，可谓知言之选矣。"

杨希闵《水经注汇校》。杨氏，清咸、同间江西新城人，其《水经注汇校》作于同治四年（1865）。"题识"中说："何义门亦精于考订，兼评文妙。沈本（沃田）考证不多，尽临季沧苇（振宜）点圈本，专意文章。夫文事深透。则一书旨趣精神，昭然焕发，亦学者宜留心者也。""吾今参用各本，……征引考证，参用朱（谋㙔）、赵（一清）；点圈文妙，参用何（义门）、沈（沃田）；间有鄙见，以'闵按'别之。"以朱笔录何本，靛笔录沈本，黑笔录殿本、戴本与赵本。"题识"还说："义门是据孙月峰谭元春评点朱笺本，间有批诸家得失。"孙月峰名矿，明末著名评点家，其《水经注评点》今未见。杨氏最后提到："南雷（黄宗羲）病郦氏旁征鬼神，博而寡要，此六朝风尚使然。然《左传》《史记》，即尝借此推助波澜，异趣异情，文家不废。此书卷首评述释氏，诚觉费辞。顾汉魏以来，有此一教，便似天地间多有一物，识之亦以见民物之故，后世为地志者，何尝略释老寺观门目乎？"这是为郦书的神话传说逸闻趣事辩解。可见杨本乃兼辞章考据而有之者。

杨希闵提到的沈沃田，即沈大成（1700—1771），华亭人，其所校《水经注》，胡适推崇甚高。季沧苇（1630—?），字振宜，顺治四年（1647）进士，泰兴人，曾校《水经注》，该书《季沧苇藏书目》未提及，但《楹书偶录初编》所载沈大成《水经注跋》云："乾隆己卯（1759）暮春，从吾友金陵陶蘅湘圃借季沧苇校一本，写于芜湖客舍，匝月而竟。"可见沈本实即季本，乃专意文章者，也可能略有校勘，今已不见。

徐培德《水经注类纂》三卷，清抄本，北京大学图书馆藏。徐氏，兴化人，字南村，挑录郦书原文若干。或附以小量笺释文字，无目录。

郑茂烨《水经注钞》四卷。沈复灿《鸣野山房书目》卷二著录。郑氏，福建莆田人，生平不详。

清叶氏《水经注钞》。民国十七年（1928）《直隶书局书目》著录。叶氏，名里皆不详。

清末王礼培《水经注汇评》。王氏清末民初湘乡人，于宣统三年（1911）以五色笔过录六家评点于万历四十三年（1615）刊朱谋㙔《水经注笺》，绿笔依朱之臣，蓝笔依陈明卿，紫笔依钟惺、谭元春，墨笔依何义门，朱笔为王氏自批。皆注重辞章，除何义门外，无关校勘训诂。此书藏武汉大学图书馆。其中紫笔已褪色，无法辨认。余曾于1981年摘录。

现当代文学选本

从辛亥革命到"五四"以前，评点之风仍然继续。散文评选名家有王文濡、张之纯、林纾、唐文治等。"五四"以后，学术风气骤变，新的文学批评理论和方法逐渐为更多的人所采用，而旧式评点则显得有些落伍而被轻视乃至遗忘了。所以，旧式评点之书越来越少见，在古典文学读物中，流行的是文学选本，以注解、分析与评点相结合为特色，或者仅仅选注而不评点，甚至只选而不注。《水经注》的情况就是如此。这个时期的选本有：

范文澜《水经注写景文钞》，北平朴社1929年出版。范氏（1893—1969）是现代著名历史学家，浙江绍兴人，早年就读于北京大学中文系，专攻魏晋南北朝文学，成名之作是《文心雕龙注》。后来到延安，著有《中国通史简编》《中国近代史》等。20世纪50年代以后任中国科学院近代史研究所所长。其《水经注写景文钞》属于文学选本，选录有关山水风景描写文字258则，依原书次序排列，方法与明清之同类选本相同，无注无评。卷首自序说："我不是想在《水经注》中做些稽古寻今的苦功，也没有像《丹铅总录》所说'予尝欲抄出其山水佳胜为一帙，以洗宋人《卧游录》之陋'的那样的雅兴。我这个动作，无非是拿几本旧书消遣苦闷的岁月罢了。因为如此，所以仅用王先谦的本子依样抄下，虽然我也有似校非校似注非注几条在内，却是无关重要的。"

任松如《水经注异闻录》，1935年上海启智书局再版。任氏字启珊，湖北黄陂人，出身书香门第，但生活坎坷，后来寓居上海。从自序中得知，此选始于1928年，讫于1930年，初版谅在1930—1934年之间。全书分上下，上卷323则，下卷401则，"少数十字，修或百言，所题篇目，以意为之，或约其笔，或摘其文"，皆为二字。排列不依卷次，亦不按内容，有很大随意性。包括古代神话、风土人情、民间传说、人物逸事、仙道奇闻、军事政治纪实、历史遗址典故等。1991年上海文艺出版社将其作为民俗民间文学资料影印出版。此书收罗颇丰富，但未注明卷数，不便进一步检索。

郑德坤《水经注故事钞》，1934年初稿。郑氏1909年出生于福建，就读于燕京大学，从师顾颉刚等名家，后获美国哈佛大学博士学位，历任厦门大学教授、香港中文大学副校长、香港中文大学中国文化研究所副所长、新加坡国立大学中文系客座教授，后定居香港。郑氏是当代著名历史地理学家，尤长于郦学，撰有《水经注版本考》《水经注引得》《水经注书目录》《水经注引书类目》《水经注研究史料汇编（上）》《中国历史地理论文集》等。《水经注故事钞》分神仙鬼怪、帝王传说、名人故事、战争故事、动物故事、灵验感应、义侠孝弟、异族故事、佛教传说、祈雨故事、德政故事、名山古迹十二类，每类各有子目，共505篇，18万字。1942年在《华文学报》刊登，1963年由东亚研究所重刊，1974年台北艺文出版社出版。卷首有作者的《水经注故事略说》和吴天任教授的序言。此书较任松如所辑范围广，选择精，分类明晰，惜无评无注。

储皖峰（民国人，生平无考）《水经注选萃》，文学选本。见郑德坤《水经注书目录》引《皖峰著书目录一览》。储氏又有《水经注碑录附考》，见《国学月报汇刊》第二集（1928年出版），其中说："以朝代为序，依立碑之先后订为一编，复参证金石诸书补碑不下数十余。兹编所补，以注无明文，而文字形迹尚有可寻者附录于后，略加考语。嗜古之士，或有取焉。"储文还提到，尚有《水经注十录》，包括祠宇录、园宅录、谣谚录、故事录、怪异录等，未见出版。

施蛰存《水经注碑录》，天津古籍出版社1987年出版。著名作家施蛰存，兼擅文史，博通古今。是书初稿成于1961年，定稿于1980年，共10卷，录碑278通，或述碑文，或记碑主及地点形制，每碑皆有考释。自序说："每获一古碑，寻其出处，征其旧闻，必裒集众说，始少有知解。"较之前人如明杨慎《水经注所载碑目》（一卷）及近人储皖峰《水经注碑录》显然充实得多。较今人陈桥驿《水经注金石录》（见《水经注研究二集》）亦各有特色，陈氏录金石357种，多出施氏79种，并有长篇序言综论之；然而仅录郦氏原文，未若施氏之详加考证。陈氏《金石录》连同序言共 6.5 万字左右，施氏之书为 31.4 万字。碑记，在古代散文中属于碑铭或笔记类，也可以算是文学选本。

谭家健、李知文《水经注选注》，中国社会科学出版社 1989 年出版，41 万字。属于文学名著学术性选本，入选作品以文学性较高者为主，而又兼顾其他有价值的资料。共 85 篇，皆有标题，依原书顺次排列，以杨守敬、熊会贞《水经注疏》为底本，每篇先录原文，继作说明，介绍有关背景及写作特点。注释颇详，引用资料丰富，地名皆注明今所在，有些考证颇具学术性。于文字描写优胜处，每每引用明人朱之臣、谭元春、钟惺、陈仁锡等各家评点，这是本书不同于当代其他选本的一大特色。有长篇前言，着重谈文学成就，附录论文两篇以及历代评论资料摘编二十五则。此书已于 1993 年由台北宏远出版社重印。

赵望泰、段塔丽、张艳云《水经注选译》，巴蜀书社 1990 年出版，约 10 万字，以王先谦《合校水经注》为底本，选文 45 篇，每篇以所属某水为标题，注释、说明均极简略，属普及性读物。

陈庆元《水经注选》（注释本），福建教育出版社 1991 年出版，18 万字，以杨守敬、熊会贞《水经注疏》为底本，选文 58 篇，每篇加标题，依原书顺序排列，注释简明，今译通畅，说明扼要，属于普及读物，但颇优于巴蜀书社本。其他还有：赵永复、赵燕敏《水经注选评》，上海古籍出版社 2005；叶当前、曹旭《水经注注评》，凤凰出版社 2011；王守春《郦道元与〈水经注〉新解》，海天出版社 2013；鲍远航《〈水经注〉与魏晋南北朝地理文学文献研究》，台北花木兰文化出版社 2015，作者是浙江湖州师范学院教师；赵喜敏评译《水经注》，北京联合出版公司 2017。以上各书名都有"评"，但都不多，仍以注为主。鲍书文献价值颇高。

现当代其他有关《水经注》著作举要

这个时期郦学研究最有成就的是杭州大学地理系陈桥驿教授,迄今他已出版专著六部:《水经注研究》,天津古籍出版社1985年版,518页;《水经注研究二集》,山西人民出版社1987年版,616页;《郦学新论——水经注研究之三》,山西人民出版社1992年版,510页;《郦道元与〈水经注〉》,上海人民出版社1987年版,184页;《郦道元评传》,南京大学出版社1994年版,285页;《水经注全译》,山西人民出版社1995年版。前三种为论文汇编,内容大致可分为三类:一、对《水经注》中有关历史地理资料进行分类研究,如湖泊、温泉、瀑布、伏流、地貌、峡谷、动植物、自然灾害、水文地理、行政区划、城市地理、兵要地理、三晋河流、热带地理、域外地理、方言地理学、桥梁、道路、内河航行、农田水利、园林建筑、地名学等;二、郦学史研究,有许多篇论文述及郦道元及郦学研究学派的形成与发展,近代郦学概况,港台郦学概述,戴赵相袭案概述,杨守敬、熊会贞、郑德坤、胡适与《水经注》,历代郦学家简介等;三、《水经注》版本研究,或综论各种稀见本,或分论《水经注疏》、武英殿聚珍本、王国维《水经注校》、日本人森鹿三主译《水经注钞》等。《郦道元与〈水经注〉》为普及性读物,概述郦道元生平与写作、治学方法,《水经注》在地理学、地名学、文学、语言及其他学科的贡献,以及书的错误,《水经注》的流传与研究概况,等等。此外陈氏尚有未收入文集的论文多篇。

近二十余年来整理校点出版的《水经注》著作有:

王国维《水经注校》,上海人民出版社1984年出版。王国维曾于1916年校赵一清《水经注释》,1923—1925年间,先后以永乐大典本、黄省曾刊本、孙潜夫、袁寿皆手校本、海盐朱氏藏明钞本、朱谋㙔本、吴珺本,全祖望七校本,戴震校武英殿聚珍本等十来个版本进行校勘,留下两部手稿。一部以上海涵芬楼影印武英殿珍本为校录底本,现藏北京图书馆;另一部以明万历四十三年朱谋㙔《水经注笺》为底本,现存吉林大学图书馆。上海人民出版社据后者排印,定名《水经注校》。据郑德坤《水经注版本考》说:王国维死后,所校勘《水经注》底本幸为北平图书馆所得,"学者无不先睹为快"。可见当时即产生广泛影响。20世纪80年代初,社会上苦于买不到《水经注》,上海排印本一出,立即受到欢迎。但是由于整理者并非郦学专家,句读不当之处颇多,受到学术报刊多次勘误和批评。如跃进的《关于〈水经注校〉的评价与整理问题》(《南开文学研究》),指出标点断句错误达二百余处,并认为所选底本未能反映王氏校勘郦注的全部成绩。

杨守敬、熊会贞《水经注疏》,江苏古籍出版社1989年出版,150万字。此书集考据学派各家校勘、补缺、订正成果之大成,而从地理学角度进一步笺证郦氏所引故实出典、所叙水道的变化、地名沿革等。初稿完成于1904年,因篇幅过大未能刊行,仅印《水经注疏要删》四十卷。以后一直在修订中,杨氏1915年逝世,学生熊会贞继成其事,至1935年定稿。1957年科学出版社据其五校本手稿影印,线装三函二十一册,仅印500本。1971年台北中华书局又影印六校手稿共十八册。1978年,南京师范大学段熙仲教授受江苏古籍出版社委托点校此书,工作四年,成果卓著。因段老这时年逾八旬,精力不济,难免有所遗漏。出版社旋商请杭州大学陈桥驿教授据台北1971年本,参以钟凤年《水经注疏勘误》,并结合他本人心得对段先生点校本予以复校、增删、勘误,从而使此次排印本成为《水经注疏》之最佳版本。卷首有陈桥驿的"说明",杨守敬的"凡例",熊会贞的"修改意见",卷末附录有段熙仲的《水经注六论》、汪辟疆《明清整理〈水经注〉之总成绩》、陈桥驿《关于〈水经注疏〉不同版本和来历的说明》和《关于〈水经注疏〉定稿本的下落》以及1957年贺昌群《影印〈水经注疏〉的说明》。

赵永复编《水经注通检今释》，复旦大学出版社1985年出版。此书属于工具书，依《水经注》所列大小水流原书卷次，按科学出版社1957年版《水经注疏》和中华书局"四部备要"本王先谦《合校水经注》页码，一一注明其现代名称及所属省县，并附笔画索引。此书有利依古寻今，但所据《水经注疏》当时仅印五百部线装本，一般图书馆未必购藏，将来重版如改用江苏古籍出版社1987年排印本页码，也许更能方便读者。

谢鸿喜《水经注山西资料辑释》，山西人民出版社1990年出版，12万字。以王国维《水经注校》（上海人民出版社1984年版）与永乐大典本为底本，注释今山西省境内地名544条，其中山79条，水195条，城邑关隘240条，其他30条，根据历代地理名著和地方志，考释其沿革及今在何处。较杨守敬、熊会贞《水经注疏》有进一步补充。此书受到著名历史地理学家史念海的推重，曾作书评《为郦学研究开新路》，发表于《晋阳学刊》1987年第5期。

杨世灿、熊茂洽《水经注疏三峡注补》，湖北人民出版社1992年出版，10万字。其对《水经注疏》中的江水、沮水、漳水、夷水四篇进行补校、补考、补注，凡今之水利水电工程一一列入，今地名以1995年全国地图标出，对流域内的历史文化现象，包括经济、政治、军事活动等刻意补充。附录《清江源流考》，是1920年胡奥权等十七人的调查报告，颇有学术价值。此书两位作者分别是杨守敬、熊会贞的嫡孙。后记中熊茂洽以亲身经历证实，1938年秋交给傅斯年的稿本就是熊会贞的原稿本，而汪辟疆所谓"其誊清正本则在李子魁处"，乃李子魁杜撰，所谓熊会贞之子熊筱固于1939年"与李子魁同携正本赴重庆出售，纯属谣言"。此书虽然篇幅不大，但在近年同类出版物中，是比较重要的一种。

王先谦校《合校水经注》，岳麓书社1995年排印出版，谭属春、陈爱平校点。卷首有韩国磐前言，无校勘说明，实际上是只点而未校。

李凭、王振芳《郦道元与〈水经注〉》，河北教育出版社1988年出版，对郦氏生平及《水经注》版本作简单介绍。

陈桥驿主译《水经注全译》，山西人民出版社1995年出版，713页。此书用大字排印《水经》正文，而未引郦道元之注文；用小字排印全书今译白话文，无法与郦注对照。

陈桥驿、叶先庭、叶扬译注《水经注全译》，贵州人民出版社1996年出版。此书先列《水经注》之经文及注文，再译成白话，故字数较山西人民出版社版多出很多，但封面虽题为"译注"，其实只译未注。

陈桥驿《水经注校释》，杭州大学1999年出版，733页。作者自称此书"属于简要通行本"，按原书卷次于每卷之末有校有释，订正了一些地名，增三百多条佚文，并说明每条河流在郦注之后的变迁和现状。

近十年来的重要研究性著作有：陈识仁《水经注与北魏史学》，花木兰文化出版社2008；徐中原《水经注研究》，民族出版社2012；方丽娜《水经注研究》，花木兰文化出版社2013；李勇先、高志刚主编《水经注珍稀文献集成》，巴蜀书社2017，此书属于资料汇编，卷帙浩大，分装五辑，共计五十八种，具有较高的文献价值。其他尚有全译或选译多种，恕不一一开列。

（原载台北《书目季刊》第13卷第1期，1996年1月出版，收入本书时有补充）

胡适的《水经注》研究

从 1943 年开始，到 1962 年去世，胡适把他后半生将近 20 年的主要精力集中于《水经注》研究。其成果生前发表不多。死后由其夫人江冬秀主持出版的《胡适手稿》十大册中，竟有六册是有关《水经注》的，包括论文、函札、跋识等百余篇，数量之多，在现代郦学研究中堪称巨擘。这六册手稿的内容，香港学者吴天任归纳为三类：一、重审戴震是否抄袭赵一清案；二、全祖望校本《水经注》的问题；三、《水经注》版本之研究。尤以第一项为重点。

对第三项，现代郦学界是大致肯定的，而对于第一、二项，则存在不同评价。在我国台港，支持者有之（如费海玑、水建彤），反对者更多（如杨家骆、于大成、汪宗衍、吴大任）。在祖国大陆，目前有两种对立意见，一种以著名郦学家杭州大学地理系陈桥驿教授为代表[1]，另一种以胡适研究专家中国社会科学院文学研究所胡明研究员为代表[2]，耿云志、沈卫威、赵俪生、朱文华、白吉庵、章清、方利山等也分别发表了意见。

---

[1] 陈氏已出版《水经注研究》（天津古籍出版社 1985 年版）、《水经注研究二集》（山西人民出版社 1987 年版）、《郦道元与〈水经注〉》（上海人民出版社 1987 年版）、《郦学新论——水经注研究之三》（山西人民出版社 1992 年版），并校点武英殿聚珍版《水经注》，补校杨守敬、熊会贞《水经注疏》。其《水经注研究二集》中有《水经注戴赵相袭案概述》《胡适与水经注》二文，本文凡引陈说见此二文者不再注明。

[2] 胡氏有《胡适专论》（人民文学出版社 1996 年版，83 万字），《胡适诗存》（人民文学出版社 1989 年版），及论文多篇。其《关于胡适的〈水经注〉研究》，载《文学评论》1991 年第 6 期，本文凡引胡明之说均见此文。

下面，斟酌各家，杂以己意，略作评述如次。

一、戴袭赵案的重审

关于这个问题，首先必须回顾一下近代郦学史。

《水经注》是我国古代一部地理名著。最早部分叫《水经》，旧署汉桑钦撰，记水道137条。北魏郦道元作注，补充水道至1389条，注文较原经增加二十倍，达三十四五万字。它不仅具备很高的地理学价值，在文学、考古、民俗、水利乃至地质矿藏、动植物学等方面都有巨大的研究意义。明清以降，研究者日益增多，以致形成专门学科——郦学。其中又分三大派别：考据学派、地理学派、辞章学派。由于年代久远，版本残缺，每多讹误，经注混淆，文句错乱，乃至整行整页脱落颠倒，不少地方难以通读。于是研究者的首要任务就是校订文字，以求恢复原貌。因而，在一个相当长的时间内，所谓《水经注》研究，就集中在校勘上，注释反在其次，地理又次，辞章之学视为末技，不受重视。

清乾隆时期，郦学鼎盛，同时出现三位大家，全祖望（字谢山，1705—1755），赵一清（字诚夫，1709—1764），戴震（字东原，1724—1777）。他们各有自己的《水经注》校本。全氏早死，其书刊刻最晚，光绪十四年（1888）刊，称为全氏七校本《水经注》。赵氏次之，其书于乾隆十九年（1754）校定，并有初刻本，但鲜为人知，大量刊行在乾隆五十一年（1786），定名为《水经注释》。戴氏有两个校本，最早是乾隆三十七年（1772）完成（即后来由孔继涵整理付刻的微波榭本）。次年，戴震奉召入四库馆，负责整理《水经注》。而在这之前，赵一清的《水经注释》抄本已由浙江巡抚采送四库馆中。又次年，戴氏在四库馆中完成新的《水经注》校本，由官方的武英殿刊刻，俗称殿本、官本或戴本。这个本子与他两年前的自定本有很大不同，殿本被公认为代表清代《水经注》校刊的最高水平，获得了很高的声誉。

戴震于1777年病逝。六年后，四库馆内即有人提出怀疑，"此书参用同里赵一清校本，然戴太史无一言及之"①。这个意见也许是朱文藻的，也可能是王杰的，二人都可能在馆中见过赵一清本。他们指出戴曾参用赵书然而未在参考书目中说明，似乎有掠美之嫌。

1786年，赵一清《水经注释》刊行后，人们发现此书与殿本极相似。戴震的学生，著名训诂学者段玉裁首先发难，认为赵书袭戴，并向参与整理赵书的梁玉绳质询，梁未作答，便被当成默认。继后，著名学者魏源于道光年间撰《赵校〈水经注〉书后》，明确指责戴氏抄赵是在四库馆中"先睹预窃"，并驳斥段玉裁的反诬。同时另一学者张穆，在翰林院看到外间不曾见的永乐大典本《水经注》，发现戴氏在殿本中常称据大典本校改者，并非大典本而是赵一清本，可见其故意弄虚作假以掩盖其剽窃行径。从此争论进一步扩大，学界议论纷纷，而认定戴袭赵者居多数。

光绪十八年（1892），王先谦在《合校水经注》例略中说："圣明在上，忠正盈朝，安有此事？且书中增补删改，多至七千余字，既著之案语中，其订正各条，明注本文之下，并非尽出大典。是纂修时或旁考群书，或独伸己见，亦未尝隐而不言也。……诸家聚讼……各执一词，存而不论可也。"同时另一位地理学家杨守敬则主张"戴氏袭赵有确证"，赵氏于书凡言脱误不可订者，戴本亦同其误，此其为袭赵无疑也。1924年，王国维校《水经注》，又找出戴氏袭赵许多证据，为反戴派补充了炮弹。梁启超在其《中国近三百年学术史》中则采取折中态度，认为："闭门造车，出门合辙，并非不可能之事。东原覃思既久，入馆睹赵著先得我心，

---

① 见上海图书馆藏孙沣鼎校武英殿本《水经注》跋。这一材料是胡适首先发现的。

即便采用,当属事实。其所校本属官书,不一一称引赵名,亦体例宜尔,此不足为戴病也。"20世纪30年代,论战继续。日本学者森鹿三曾著文为戴辩护,中国学者孟森则继续揭发戴袭赵,写了一系列文章,措辞十分激烈。多数人认为抄袭已成定谳。

以上是胡适着手研究《水经注》时的学术背景。

据胡明等研究,胡适早年是相信戴袭赵的,20世纪40年代初重审此案,虽然有几分为同乡人辩冤白谤的动机,但"其实是为了要给自己一点严格的方法上的训练"①,即忠于"注重事实,服从证据"的实证主义方法论信条。此说较为合理。

胡适为戴震辩诬,是从以下几个方面进行论证的。

第一,通过戴赵二书比勘,发现两者有许多重要差别。

在《戴震未见赵一清〈水经注〉校本的十组证据》中,他强调指出:"这十组证据是赵氏书里的特别优点,而都是戴氏书里全没有的。这十组证据或是校改了毫无可疑的错误,或是解决了不能不解决的问题,都是研究《水经注》的学者平日寤寐求之的好宝贝。专治《水经注》的人,见了这些好宝贝若不采取,那就成了如入宝山空手回的笨汉了。这就是说,这一组都是偷书的人决不肯不偷的,都是抄袭的人决不肯放过的。若单举一件两件,也许还有偶然遗漏的可能。多到几十件,其中并且有几百字或几千字的校语,决不会被《水经注》专门学者忽略或遗漏的。"

这篇文章是胡适为戴震辩诬最有力的证据所在,迄今未见到反戴派有针锋相对的辩驳。胡适还有其他一些同类文章。

在《胡适手稿》第四册中,保存了他在1958—1959年间所摘录的十几条戴赵两书"不大相同之处",粘在一起,"准备将来作一篇文字",惜

---

① 见胡适1954年11月13日致洪业的信。

未完成。

许多学者都充分肯定胡适所提供的证据。胡明说,如果戴氏见过赵书并且偷了,决不会留下像卷二《济水》篇那样的"极谬的漏洞",暴露出自己功力上的短处与弱点。戴震才高气矜,名重一时,主观上决不愿在后人眼里留下自己学术上的笑柄。

陈桥驿说:假如起杨守敬、王国维、孟森等学者于地下,"则胡适的论点,无疑是他们断乎不能承认的。事情很简单,因两书的'十同九九'之中,也包括了不少由这些学者所核对出来的赵讹而戴亦讹的材料。这是无法用'闭门造车,出门合辙'的话来解释的。另外一个胡适既没有解释也无法解释的问题是,戴震在入四库馆以前,已经有了他自己的《水经注》校本……他进四库馆不过一年,在短时间内,他对这部三十四五万字的大书又一次校勘,构成另一部与以前多年苦功的微波榭本截然不同的本子,……竟和另一位同行学者二十年前的作品十同九九,这又作何解释呢?"

陈桥驿的质疑,第一点可谓击中要害,迄今未见拥戴派的辩驳。第二点尚可解释,后面还将详论。

反戴派一个根本论断是戴本与赵本"十同九九"。这是清末周懋琦所下的断语。(见杨希闵《水经注汇校序》)从体例篇目看确实如此,从校勘成果看是不是这样呢?胡明认为,这句话其实有很大的随意性。胡适的十组证据本身就证明两书并非"十同九九"。胡适死后一年,杨家骆发表《水经注四本异同举例》,以《水经注》卷十八《渭水》中篇为例,对勘大典本、戴本、赵本。在他统计出的一百一十处异文中三书有异同者凡九十处。其中戴同于赵四十三处,戴同于大典十二处,戴异于二本者三十一处,三本互违四处。杨氏结论是戴袭赵而不忠于大典本,此说受到许多反戴派的欢迎。笔者以为,杨文恰是不利于反戴。据他的统计,戴赵相同处并不是百分之九十九，而是110∶43。相异处是110∶31。至于同处多于异处，那是不足为奇的。正如胡适在《考据学的责任与方法》中所说的，"如是戴赵两公校订一部三十多万字的《水经注》，而没有盈千累百的相同那才是最可惊奇的怪事哩"。笔者按：杨氏仅仅比勘了第十八卷，不过《水经注》全书四十分之一。若将戴赵二本全书加以比勘，到底同者多少？异者多少？谭献说是"十同七八"，叶瀚说是"十同九九"，都是估计数，目前尚未见有人做过精确的统计。不管最后结果如何，"十同九九"之说肯定是靠不住的。

还有一点是区别经注的"四大义例"，张穆、王国维等人认为是赵一清首创，戴震如不见赵书，不可能有此发现。胡适在1947年发现了戴震在乾隆三十年（1765）自定的《水经》一卷稿本和"附考"及"自记"，其中已经提出了经注区别的"四大义例"，比王国维推论的戴于乾隆三十三年（1768）曾见赵书早了七年。这是一条很过硬的材料，可以说明戴赵（还有全）分别发现了《水经注》的体例上的规律，这在学术史上是完全可能的。

关于戴震是否冒用大典本问题，继张穆揭发之后，叶瀚、杨守敬重申："戴所云永乐大典本，皆直无其事"，属于子虚乌有。① 胡适在《跋杨守敬论〈水经注〉案的手札两封》里反驳说：何以（四库全书）总纂官——纪文达、陆耳山同四库馆的一千多人都那么愚笨，竟没有发现戴震作伪，都没有叶浩吾、杨惺吾那样聪明机警呢？胡明认为，出于"觉悟"，纪昀等决不允许戴震"欺尽一世"，出于职责，纪昀等决不会不检阅核对大典本而糊里糊涂地在戴震拟给皇帝看的"校上说明词"尾签上大名。王国维说："他以大典本半部校殿本，始知并不据大典本。"胡适在《与

---

① 见《文学评论》1991年第6期107页，胡明文章转引。

钟凤年先生论〈水经注〉书》中批评王氏未读全书而遽下结论未免仓促，几乎没有一个有力的例证。

1935年，上海商务印书馆将永乐大典本《水经注》影印出版。汪辟疆和日本人森鹿三都撰文认为在这一点上戴震是被叶翰、杨守敬冤枉了。然而也有人持相反意见。当时尚年轻的郦学家郑德坤于1935—1936年间，以殿本与大典本对勘。由卷一至卷二35页，校得异文、衍文、脱漏共565字，便在1936年出版的《燕京学报》第19期上发表《水经注戴赵公案之判决》，认为戴窃全赵伪托大典之罪名可以成立。

胡明质疑说，郑氏仅比较全书四十分之一点五，何以就能下判决呢？胡明引用近代郦学大师熊会贞的意见。熊氏专门核对过殿本与大典本的异同，结论是殿本"多从大典，或自订"①。在胡明之前，陈桥驿也承认，熊会贞"作为一位治学严谨的学者，《十三页》中毕竟写出，'人或多以戴出大典本为诬录，以见戴本大典不尽本大典，而戴之冤可大白于天下，'……因此，戴作伪处或许是很有限的"。笔者认为，据熊会贞之说，戴假冒大典之诬基本上可以撤销。而且还想补充一条外证，在由总纂官纪昀、陆锡熊与纂修官戴震共同署名奏送乾隆皇帝的"校上说明词"中，曾明白地写道："今以《永乐大典》所引，各按水名，逐条参校……"如果真像杨守敬所指控的所谓据大典本"直无其事"，而是说谎，岂不是犯了欺君大罪，纪、陆、戴敢这么干吗？不过，话又说回来，王国维、郑德坤、熊会贞都发现戴本与大典本有少量不同而戴概称"从大典"，这是否可以算是"作伪"？尚待拥戴派作出合理的解释。

王国维、孟森都指责殿本有五处称引归有光本，而实与全、赵本同，

---

① 见江苏古籍出版社1989年版《水经注疏》（上）、《熊会贞亲笔〈水经注疏〉修改意见》（又称《十三页》）。

乃是故意造假。王说："归氏本文佚，……以东原之诬大典本观之，则所引归本亦疑为伪托也。"这纯属推论。胡适为此作了十分认真的核查考证，发现戴所引归本实为七处。其中只有王氏所举第二、三条与戴、赵本同，而第一、五、六、七条，戴与全、赵都不同。第四条，戴与赵本同而与全本不同。① 这就为戴氏洗清了又一罪名，纠正了王、孟的又一诬指，遗憾的是，陈桥驿在1892年出版的《郦学新论》第98页中，仍然认为在归本问题上胡未驳倒王、孟，王只是数据失误而已。陈氏无视胡适的精确考辨，仍然坚持先入之见。

第二，从四库全书馆的工作情况来考察戴震是否可能抄袭赵书。

胡适花了很大精力调查当年四库馆内的规章制度。在《水经注考》中他写道：

> 四库全书馆，分东西两院，东院三十个翰林，西院也是三十个翰林。西院整理各省进来的遗书，《永乐大典》是东院整理的。东西两院互相猜忌，东院不知道西院干些什么事，西院不知道东院干些什么事。这种猜忌情形，可以找出许多证据。赵一清的书由浙江进到西院，戴东原无从看到。

这种理由，陈桥驿认为说服力极其有限，四库馆虽分东西院，但却是统一领导的，只要总纂官纪昀一句话，戴震即可以名正言顺地向西院调阅赵书。笔者认为，陈说是。第一，戴震早知赵有此书且有好评，他决不会不求调阅。第二，戴震得到纪昀信任，调书决不会不帮忙。但问题又来了，纪氏既批准戴调阅，何以竟未发现他抄袭呢？难道纪晓岚竟那么糊涂？

胡适又说：

---

① 见《胡适手稿》六集（中）：《王国维判断官本〈水经注〉校语引归有光五条与赵本同是错误的》。笔者按：这是一篇十分精细严密的考校长文。

> 乾隆三十八年，《永乐大典》中发现了《水经注》……派一个不相干的翰林抄。这个人的姓名不知道，大概是个饭桶，不懂得《水经注》，匆匆地抄给皇帝，皇帝看到非常高兴，在上面题了一首诗。……戴震得到这个消息非常高兴，就向总编纂纪晓岚说：'可不可以把这个宝贝给我看看？'……答应说：'可以。'并说：'你如有经验，就请你整理吧。'可是这个书已经派了一位翰林整理……现在换一个整理，发生困难。这件事，从大总裁于文襄公与总编纂的五十六封信当中可以看出来。这五十六封信中有两封信专门讨论《水经注》由翰林手中拿出来给戴东原的问题。因为这个原因，所以戴东原自己整理的《水经注》，以后又自己花钱去刊印；四库全书里的《水经注》，始终不承认是自己弄的。

上述引文，发表时以及后来许多转引均将于文襄公（即于敏中）误作"字文忠公"，此处据《胡适手稿》他本人的红笔改正。此外，其中有一句"大致说，由翰林手里转给举人不行"。手稿中被胡适以红笔画掉。胡适还查出于敏中在给纪晓岚的信中说："《水经注》既已另办，须善为调停，使彼此无嫌无疑，方为万妥。"可见原翰林与戴震之间是有猜疑的，所以才需要调停。在《评论王国维先生〈聚珍本戴校水经注跋〉》里，胡适又说，那位原派的翰林"只有很粗心，草草地校订，并没有专门的心得"。"我们可以猜想，那位原编纂的翰林是一位没有校勘过全书的文人。"胡适考出殿本不全是戴氏的校语，其中保存了原派的一位翰林纂修的校记。① 并仔细考证出乾隆皇帝题《水经注》六韵是写给原派翰林的，事在戴震接手之前半年。台湾的费海玑进一步查证发现武英殿本《水经

---

① 见胡适《真历史与假历史》。

注》真正写上的人是吴焯的儿子吴玉墀。① 在《戴震自定〈水经〉一卷的现存两本》里，胡适又说："戴震自己对于这部官本《水经注》好像颇不高兴，颇不满意，他自己的《水经注》序里没有一个字提到这部官本。"

笔者认为，胡适上述调查对戴震在四库馆的工作性质，提供了有力的旁证，尚未见反戴派发表不同意见。

根据上述重要材料，寓居澳门的学者汪宗衍在《赵戴本经注案小记》中推论说："东原校郦书事属官书，与私书有别，且库书更为'钦定'，依封建时代成习，不能明引同时人名书名。余谓东原非有意剿说，乃格于馆例。赵书著录四库，与校本皆经纪晓岚诸人审定，果为抄袭，亦何待二十年后始发其覆耶？其事亦属情有可原也。"② 胡明提问道："四库馆内校书官制度允许的参考条例，规定到什么程度？限制到什么尺寸？所谓'格于馆例'，所谓'体例宜尔'，怎样理解？或许在戴震自己看来这部官书本来便不是他的成绩，那么后世的纷纷攘攘，对他来说恐怕又是多余的了。"汪、胡的看法虽是猜测，但很有见地，为解决争论提供了新的角度。

陈桥驿的看法与汪、胡略有差别。在1987年上海古籍出版社排印武英殿聚珍本《水经注》的说明中他写道："戴震的功绩不仅在于他选定了赵氏《水经注释》这部优秀的底本，而且在短短的一年多时间里，以他非凡的才能和敏捷的动作，采取各本的精华，汇成一编，完成了这部巨著的编辑工作，把考据学派的郦学研究推进到郦学研究史上的顶峰。戴震的过错，是他过高地估计了他在四库馆的工作，从而忽视了学术界公认的道德准则。他的工作虽然是非常杰出的，但是按照工作性质，他只能是这部集体著作的主编，而他却一开始就以著者自居，随心所欲地处理别人的劳

---

① 费海玑《胡适著作研究论文集》，台北"商务印书馆"1970年版，第48页。
② 见吴天任编辑《水经注研究史料汇编》下册，台北艺文印书馆1984年版。

动成果，把一部由他主编的集体著作视作他个人的专著。"陈氏显然吸收了胡适的资料，但没有赞同汪宗衍的推测，不过他再也没有使用其在其他地方不断重复的戴袭赵书的说法，而改用仅仅以赵书作为底本，这样性质就截然不同了。

综合以上各说，笔者拟作如下判断：殿本《水经注》不是戴氏个人著作，而是集体校订的官书。其前已有人作了（也可能是某翰林，也可能是吴玉墀），他们作了一部分，而由戴震毕其功。前任是"饭桶""笨汉"，所以赵本的优点未能全部吸收。戴震由于时间太仓促，未及补正。他确实见过赵书或竟以为底本，而且参照各家，自创新见，故能集其大成。或许因为馆例于同时人书皆可不附名，故他仅举大典、归有光本及"近刻"。纪昀等知情知例故同意署名，其他馆臣知情知例故未提异议。后来的副总纂王杰觉得取赵书甚多而不指明终归不妥。然事已如此，他只好私下议论而未要求更正。这样归纳，也许对争讼双方的两造意见都可以解释得通。现在的问题是，当时馆中是否存在同时人不附名之体例？如果有人把武英殿聚珍版的其他四库书的参考书目全面加以调查，看看体例究竟如何？回答一下胡明的疑问，争论或许可以接近解决。

还有一个所谓刮补大典本问题。王国维发现大典本《水经注》有四处刮补痕迹，就认为是戴震所做。孟森进而用类似现代犯罪心理学的方法想象戴震，"既而细审大典，讹谬之处，与传世之本无异，欲与校正，已无能逃赵释之范围。忽得一计，正苦抄袭赵书，将来赵书有力刊行，终有败露之日，乃转而推大典本之讹谬与传本同者，谓之近刻，而己所窃赵以改正传本者，悉谓大典如是。惟大典究为中秘之书，后人安必无能读中秘之遇，既为此欺人之事，骄人白日，未免衾影难安，思惟毁灭大典真相以绝他人指摘，乃为至计。……此岂刮补涂改之所能为功，计非尽毁全本不可，投诸水火，纂其出处，谅皆在思索之中"。①

这个问题，只要承认熊会贞说的殿本"多从大典"的结论，就无需反驳了。胡适对此未见评论。笔者以为，孟氏之说不近情理。从胡适对四库馆工作的调查可知，当时馆规颇严，东西两院互不来往，调书非经总纂官不可。那么，他们如何保存国家重点文物《永乐大典》呢？有可能让戴震随意刮补，甚至"投诸水火"吗？纪晓岚、陆锡熊，乃至乾隆皇帝能容忍这类事情而不事先防范吗？当今读者进各大图书馆看善本书，尚规定抄写不得用钢笔只许用铅笔，严禁点画涂改，违者有重罚。古代皇家图书馆难道不懂这些属于常识的规矩吗？孟氏推测戴震这么干是怕后人得知他作伪，可是戴氏难道不会想想，馆臣一旦发现，他马上要掉脑袋，若"投诸水火"，恐怕还要株连九族呢！这样的犯罪动机，能够成立吗？当然，话又说回来，清末特别是英法联军、八国联军进北京之后，《永乐大典》之保存日益松懈，以致有书被馆人偷出来，这也属实。不过，那是清王朝败亡前夕才有的，当其鼎盛时期的乾隆年间，是不会发生的。

第三，对戴震品格攻击的反驳。

为了证成戴袭赵书，反戴派对其人品发动了连续的攻击。其中一条是"无礼江永"案。清代著名学者江永，字慎修，是戴震的老师。道光时的张穆在《方牧夫寿序》中首先指控说："东原抗心自大，晚颇讳言其师。"魏源在《书赵校注〈水经注〉后》说："戴为婺源江永门人，凡六书、三礼、九数之学，无一不受诸江氏。……及戴名既盛，凡已书中称引师说，但称为'同里老儒江慎修'，而不称师说，亦不称先生。其背师盗名，合逢蒙齐豹为一人。"王国维《聚珍本戴校水经注跋》也说："戴震平生学

---

① 孟森《商馆影印永乐大典〈水经注〉已经戴东原刊补涂改弊端隐没不存记》，天津《益世报》1936年11月12日。

说出于江永，但未笃在三（父、师、君）之谊，但呼之曰'婺源老儒江慎修'而已。"胡适为了解决这个问题，查遍了现存两种版本的全部戴震遗书，发现大量事实证明，戴震非常尊敬江永，引江永的话必称先生。据他统计，戴书引江永语凡称先生二十二次，从少年到晚年都是如此。胡适又核实反戴派控词中的话，盖出于《声韵考》与《六书音韵表序》二文，后者在叙列三位音韵学家的贡献时说："郑详分六部，近昆山顾炎武列十部……吾郡老儒江慎修永……列十有三部。"胡适说："这两篇古音小史里，郑庠、顾炎武都直称姓名，而江永则特称：'吾郡老儒江慎修永'，这是表示敬重老师，不敢称名之意。魏源、王思维提出的证据，一经审查都是无根据的谣言，都没有做证据的资格。"① 笔者以为，胡适是对的，他为了查证这一句话，竟不厌其烦翻遍卷帙浩大的戴氏全集，这种精神本身就很可贵。而魏源、王国维则相反，抓住一句话，未作全面调查，遽下结论，虽然不能算是"谣言"，至少是夸大一点不及其余。何况"老儒"在句中并非贬义，而是老一辈学者的意思。"江慎修永"这样的写法，先称字而后称名，正是为尊敬者列名的郑重方式，和称先生称某师用意是相同的。遗憾的是，陈桥驿至今还坚持戴震无礼江永旧说，完全无视胡适的有力辩驳。

反戴派另一项指控是"直隶《河渠书》案"。王国维在《聚珍本戴校水经注跋》中说：余疑东原见赵书尚在乾隆戊子（三十三年）修直隶《河渠书》时，东原修此书实承东潜之后。戴氏《河渠书稿》一百十卷完成于赵氏《河渠书稿》一百三十卷之后。赵氏修此书时，必然随身携带他于乾隆十九年完成的《水经注释》作为必备参考书，因而当时直隶总督所在地保定官书局里必定存有赵书，"东原见之，必在此时矣"。对这

---

① 胡适《戴震对江永始终敬礼》，1943年12月7日作。

个问题，胡适没有正面反驳，但他在 1949 年 1 月 10 日最后改定《十组证据》时所写的"补记"中已经有了答案：

"一九四六年我回国之后，看见了东原自定《水经》两本（北大本与周暹本），看他到乾隆三十七年夏（四库开馆前半年）还没有校补渭水中篇的脱叶，还没有改好颍水篇的错叶，还没有觉得渠水篇有错叶：这三大证据可以抵得上百条琐碎证据了。赵东潜在乾隆初年早已从孙潜过录柳佥本改正这三大缺陷了。故这三件最可以证明东原决没有得见赵氏的校本。"胡适最后这句原意是戴震一直未见赵本，这是不切题的。因为这三种证据只能证明乾隆三十七年夏入四库馆之前戴氏未见，而不能证明三十九年戴入四库馆后亦未曾见。然而，胡适这番话却间接反驳了修《河渠书》即见赵书的推测。正如胡明所质问的："如果戴震在乾隆三十三年时就见到了赵一清的校本，他为何不偷呢？即是说，他乾隆三十七年的自定《水经注》中为何还留下那三大缺憾呢？要知道他从乾隆三十年至三十七年间正在苦苦校勘修订《水经注》。如果戴震真是偷他人书的人，恐怕此时早就下手了，将赵书的优异成果一一攒入三十七年的自定《水经注》里并进而修定校本在浙东刻出全版了。"胡明说出了胡适要说而没有说出的话。接下去胡明又写道："他三十三年不偷赵的书，又何必到三十八年十月以后再去偷了充实官本呢？"如此推理似欠坚牢。三十三年不偷赵书以补个人著作，固然有可能是未见赵书，而三十八年则完全可以吸取赵书以充实官本，因为后书不属戴氏私家著述，说不定并不能算"偷"呢。

方利山最近提出："浙江采进的赵一清《水经注》校本，乾隆四十五年戴震逝世三年后才在馆内被发现，乾隆四十六年十月才被'恭校上'，有人推论戴震在四库馆内校《水经注》时，必定见到过赵一清本，但推论毕竟不是事实。"① 这一点很重要，可惜方氏没有详举这一发现的事实经过，而且笔者还有一个疑问，即戴震在其所修直隶《河渠书》卷一唐河篇下附录赵一清《卢奴水考》并加按语云："杭人赵一清，补注水经，于地学甚赅。"如果戴震确实未见赵书，他如何能作出上述评价呢？

近代学者余嘉锡，在其所著《四库提要辨证》中的《水经注》条下按语里，离题发挥，对戴震大张挞伐："戴氏虽经学极精，而其为人专己自信，观其作《孟子字义疏证》以诋朱子，及其著《屈原赋注》，只是取朱子《楚辞集注》改头换面，略加窜点，以为己作。于人人习见昔贤之名著，尚不难公然攘取，况区区赵一清，以同时之人，声誉远出其下者乎？"余氏简直把戴震当成一名惯窃。胡适对此未见驳辩，也许是不值一驳。笔者以为，余氏实在牵强。《孟子字义疏证》是中国哲学史上唯物主义批判改造唯心主义的名著，戴震吸收了朱熹《孟子章句》某些合理因素，而又批评其唯心论错误，这正是他高明之处。《屈原赋注》是中国楚辞学史上的名作，乾嘉学派楚辞研究的代表成果，对后世影响甚大。清人卢文弨称赞它"指博而辞约，义创而理确"。新版大百科全书认为它有"真知灼见，超越前人"。其中吸收朱熹成果是很自然的事，但说他"改头换面，略加窜点，以为己作"，这就不仅仅是深诬戴震，而且把戴氏以后所有楚辞学家都当成不识货的瞎子了。

二、对全祖望校《水经注》的研究

全祖望有两个《水经注》校本，较早为人所知的是七校本，其钞本早已流传，正式刊行在1888年。另一种是五校本，直到1947年才被发现。

---

①《现代学术史上的胡适》，三联书店1993年出版，103页。

胡适在 1943 年开始研究《水经注》时，第一篇文章就是《全校〈水经注〉辨伪》，长达三四万字。以后还写了《全氏本校〈水经注〉四十卷的作伪证据十项》《证明全校〈水经注〉的题辞是伪造的》等一系列文章。所谓作伪，是指七校本有许多地方明显地吸收了戴震殿本的成果。全氏死于 1755 年，殿本刊行于 1780 年，无疑是整理者所加而统归于全氏名下。比胡适早七十年的林颐山已经发现这个问题，王先谦也有同样看法，因而王氏《合校水经注》未收七校本片言只字。胡适进而认定这个七校本是"一个妄人（指王梓材）主编的，一个妄人（指薛福成）出钱赶刻赶印的，一部很不可靠的伪书"。并且力主七校本的序目和题辞都是王梓材伪造的。王梓材是全祖望的"同里后学"，是七校本刊刻前的传抄者，故胡适归罪于他。

1947 年，胡适在天津图书馆看到了全氏五校本《水经注》钞本，发现五校与七校 123 条水的次序完全相同，于是放弃以前的成见，承认自己跟着林颐山、王先谦搞错了，七校本的序目、题辞都是真的，并非王梓材所伪造，而且反过来赞扬王梓材自己"钞写的校语谨严"。然而七校本袭戴毕竟是事实，他认为那是七校本刊行之前负责整理的董沛搞的。胡适在《复洪业、杨联升函》中说："我对王梓材的信心提高了一点，而对董沛则甚轻视而痛恨。"笔者认为，董沛以殿本补全氏校本是可能的，没有什么不可以，问题是缺乏交代。坦率说明，那就不成问题了。

胡适发现自己早期的判断有误后，就毫不留情地否定前作。在《胡适手稿》中，可以看到他用红笔写在一些文章上的批语："错的""有错""处处是错误""大部分错了"。陈桥驿说："这正是胡适可贵之处，有些学者在这方面对他有所非议（笔者按：主要在我国台湾学界），这恐怕是不恰当的。"这本是一件勇于修正自己错误的好事，但是由于他以前的话说得太绝，不留余地，因此容易被人目为出尔反尔。胡明说："这不仅显示了少年立志，'自胜者胜'，并取名'期自胜生'的胡适作为学者一生的风范与胸次，而且从《水经注》研究史来说，也显示了其艰难探索过程中的一段弯路，记录下挫折、失败的教训，让后人面对前车，避开覆辙，径直向前，节约人力精力。"笔者读到《胡适手稿》这一部分时，曾不禁发出会心的微笑，胡适真是坦诚得可敬可爱。

胡适发现全氏五校本之后，对之进行了认真的研究。着重辨析全、赵二氏在《水经注》校定中的关系。在胡适之前，早有全袭赵和赵袭全两种怀疑①。在《水经注考》中，胡适经过研究认为，赵一清在乾隆九年至十一年（1744—1746）间主要吸收柳歊钞宋本、赵琦美三校本及孙潜本的成果，而第一次写定四十万字的《水经注释》稿本，于乾隆十五年（1750）送给他最佩服的全祖望看，全校发现许多问题，在原本上加了许多批语，将赵的写本先后校勘过五次，二人复通信讨论，至乾隆二十年（1755）全氏去世前还在改，这就是全氏五校本。全氏死后，稿子卖到卢姓家中，后归天津图书馆。埋没到1947年4月，胡适才成为它的第一读者。胡适把五校本仔细校勘之后提出，应该"全璧归赵"，说是全谢山用赵东潜第一次稿本作底本，"在这个基础之上建筑起谢山本人最有创造性的贡献"。这样，就否定了赵袭全的疑案，反过来提出了全袭赵的指控。在另外的场合他还说，全祖望是从赵一清手上借去稿本，"久占不归"，"吞没"赵校之功，据为己有，"英雄欺人"。胡适在全氏五校本上用赵一清笔迹对勘，考定赵早年亲笔写的详校本。因此，全氏五校、七校都是在他占有赵书基础上才撰写成功的。并揭发，全氏自称其三世人据所见宋本校《水经注》只是假托，其实是他自己的见解。全氏根本未见柳歊、赵

---

① 主赵袭全者有张穆《为全氏〈水经注〉辨诬》，见七校本《水经注》。主全袭赵者有梁启超，见《中国近三百年学术史》第十五篇《清代学者整理旧说之总成绩》。

琦美、孙潜三种校本,只是从赵一清第一次写定本中读到三家校语,便虚张声势地做了三家本的跋文,这是极不老实的欺诈行为。胡明对胡适上述工作表示肯定,认为他廓清了"历史迷雾","坐定了全祖望侵占赵一清重要学术成果的罪名"。

据陈桥驿说:胡适的推论在台湾郦学界引起很大震惊。不少人(如吴天任)很不赞成,写了大量文章反驳包括"久占不归"之类推论。并强调,人所共见的基本事实是:赵氏《水经注释》与全氏五校、七校之间,从体例到内容差异十分明显,尽管全氏可能吸收赵氏的成果,但其书与赵书相比,相同处仍然少于相异处,即主要成果仍属于全氏。反过来,赵之《水经注释》与戴之殿本,相同之处却大大超过相异之处。胡适为什么厚此而薄彼,据大部分不同者为抄袭,而辩大部分相同者为未抄袭?岂不是双重判断标准?再者,全、赵之间交谊甚深,在治郦书过程中,长期互相交流,全向赵转赠其先世校本的成果,赵受全"双行夹写"说的影响,而在其书中用了大小字区分经注的体例,赵书多次引及全氏所主"注中有注"的意见。可见,全、赵二人各有各的贡献,各有各的著作,不能将全氏一笔抹杀。笔者认为,陈桥驿等的见解基本上是对的。所以,胡适在《水经注考》也不得不承认:全、赵、戴"三个人的书,对于《水经注》的研究,都有很大的贡献"。

三、关于《水经注》版本的研究

1946年初,一艘美国轮船抵达上海港,新闻记者得知船上有前驻美大使胡适博士,便乘海关汽艇上船采访。问:"胡先生有什么话要说?"胡适回答:"这几年干《水经注》这个案子。"——这等于借机为自己登广告找材料。果然,第二天上海各大报都把胡适的话登出来。于是,他上岸一住下,朋友们争相把所藏所见所知《水经注》本子告诉他。短时间内,全上海的《水经注》他差不多都看到了。不久后到北平,就任北京大学校长。朋友、学生乃至琉璃厂的旧书商,纷纷向胡适提供《水经注》各种版本的线索。近者天津,远者西安、合肥,纷至沓来,全国的《水经注》本子几乎都集中到胡公馆里,装满了三大书柜。1948年,为纪念北大成立五十周年,胡适举办了一次《水经注》版本展览,展出自藏及由全国各图书馆、藏书楼借来的各种版本共九类四十一种,包括刻本、明刊或钞本、清代各家校本等,包罗广泛,蔚为壮观,向学界提供了《水经注》现存版本最全面的讯息,是《水经注》研究史上一次空前的盛举。当代所有郦学家都承认,胡适是搜集郦注版本最多的学者,这本身就是一大成就。

胡适对于《水经注》各种版本进行了认真的审检和估价,其中他最推崇的是赵一清校本。他写了一系列文章,高度评价赵校的学术地位,对赵本系统作精细的审定,《论赵一清的〈水经注释〉的最后状态》是一篇关于赵书研究的力作。胡适以赵一清的千古知己自居,对赵的英年早逝深为叹息,并说:"读者之难得,会心读者之难得,知己之读者之难得,真可慨叹!"

陈桥驿充分肯定胡适的版本研究,尤其是对赵书的刻印、流散、分布和损坏情况都作了仔细的调查。但又指出,"或许还有很大的遗漏"。据陈氏所知,至少有两种书目著录了赵氏乾隆十九年(1754)刻本,一是《邵亭见知传本书目》,二是《书目答问补正》,二书都有民初印本,后者尤其常见。而胡适却绝口不提乾隆十九年刻本,是他没有见过这两种书目吗?那么多朋友没有把这个线索告诉他吗?还是他见而不信呢?即使那样也应该指出著录不可靠才行。胡适没有这样做,因为很难否认十九年本的存在。可是承认这个刻本则对为戴震翻案很不利,胡适只好视而不见。笔者以为,陈氏所揭确是一个大疑点。

胡明指出，胡适还对《水经注》其他版本作了认真研究。如宋刻残本，柳佥抄宋本，赵琦美三校本，何义门校本，沈炳巽《水经注集释订讹》，冯舒校柳佥本，海盐朱希祖家藏明校本，常熟瞿氏藏铁琴铜剑楼明抄本，天津图书馆藏明抄残本，歙县细校刻本，钟惺《水经注钞》，朱之臣《水经注删》，杨希闵过录的何义门、沈炳巽校本等等，都作了科学的考索与客观的评价，写下了一批很有权威性的序跋。胡适曾建议以大典本为底本，用残宋本，两个全明钞本及孙潜校本为基础，弄出一部最完全的《水经注》宋本来。胡明认为，胡适的《水经注版本考》一文对二十三种《水经注》的流传情况、内容大要、现存卷数的考订，正是在众多版本研究之上的集大成的硕果。

笔者以为，胡适所见《水经注》版本诚然最多，研究成果诚然最大，这是没有争议的。但是，智者千虑，必有一失。尽管以他当时的地位和影响，有许多人帮助他广泛收集，但还是有些版本被遗漏或忽略了。以明版而论，万历四十三年（1615）朱之臣自刊本《水经注笺》，其中有宣统三年（1911）王礼培以五色笔分别过录的朱之臣、陈明卿、钟惺、谭元春、何义门及王氏自己的批语，武汉大学图书馆藏有一部，而胡适不曾提到。钟惺的《水经注钞》（在《三家注钞》中），胡适提到了顺治十五年（1658）刊本，说他自己有一部，哈佛大学有一部，却不知道上海图书馆还有一部明万历四十五年（1617）刊本。明陈仁锡（明卿）《奇赏斋古文汇编》中有《水经注评》（藏南京图书馆），胡适也没提到。此外，明无名氏《水经注钞》（手稿）、清马曰璐《水经注摘钞》、清徐培德《水经注类纂》，胡适都没有注意。其原因可能是，这些书都属于辞章派的文学评点本或文学选读本，在校勘和注释方面意义不大，所以从胡适到陈桥驿皆略而不论。笔者作为一名古典文学研究者，窃以为辞章派自有其不可忽视的历史地位，笔者在编写《水经注选注》（1989年版）时，曾利用过上述资料。可惜至今在一些人心目中，仍然以为唯有校勘才是郦学，对辞章学似乎不屑一顾，这种看法是片面的。

胡适在为戴震辩诬过程中，与其他学者进行了反复辩论，均围绕版本而展开。对同时而略早的孟森、王国维的批评，辞色虽严峻，态度尚温和。王国维的《水经注校》出现虽晚，但稿本早为人知，不晓得胡适为何没有看到？对近代郦学家，胡适最恼火的是杨守敬。胡氏认为，杨是铸成戴震冤案的关键人物，杨之前的魏源、张穆，并不算郦学名家，其诋戴人或未可信，而杨氏是光绪年间最负盛名的地理学家，又曾任外交官，当时及后来学者都相信他。于是胡适就拼命攻击杨守敬，在许多文章中骂杨氏"狂妄""荒谬""轻率""武断""堕落""无一字不谬，无一字不妄"，《水经注》知识"很浅薄，对于郦学毫无心得"，还说杨守敬自称他有《水经注疏》八十卷，书稿未出，提前发广告，颇不老实，等等。这些话，太过分了！许多郦学家都不以为然。香港学者吴天任说：胡适"于杨氏用语特为刻厉，几同恶骂……时复杂以轻薄语，甚于讥嘲，是岂论学所应尔？"① 笔者以为，杨守敬与熊会贞合撰的《水经注疏》，公认为代表近代郦学最高成就，目前还没有任何一部《水经注》研究著作能够超过它。它吸收了明清两代（包括全、赵、戴）以及民国初年的校勘成果和注释成果，并在地理学方面大有创获。杨的第一次稿本完成于光绪五年（1879），然后与门人熊会贞继续修改，到1904年，完成了八十卷。不久又完成《水经注图》八册，1905年出版。同年，又出版《水经注疏要删》四十卷。1909年，出版《水经注疏要删补遗》和《续补》。全书因篇幅过大，刊刻不易，直到杨氏1915年仙逝还未面世。此后，熊会贞继

---

① 吴天任《胡适手稿论〈水经注〉全赵戴案质疑》，见吴天任编《水经注研究史料汇编》下册。

续修订，至 1935 年始定稿，1957 年始由科学出版社首次全文影印出版。①胡适着手研究《水经注》时，杨氏《水经注疏》虽未出版，但是已蜚声中外。胡适却说仅仅杨守敬自己宣传有这么一本书，似乎杨是吹牛。胡适虽未见《水经注疏》，但确曾见过《水经注疏要删》和《水经注图》。只要是不存偏见，怎么能说出杨"毫无心得""浅薄"这种肆意贬斥的话来呢？当然，杨守敬批评戴震确实过头，如说大典本"直无其事"，戴袭赵"虽百喙不能为之解"。后一句话可能触怒了胡适，所以他来个以牙还牙。然而，学术讨论需要的是心平气和，是动不得肝火的。正如不少人所指出的，胡适在这个问题上的确有失学者风度。可是竟也有人（如赵俪生、沈卫威）完全赞成胡适对杨守敬批评，故笔者不得不为之一辩。

小结：胡适《水经注》研究之总评价

一派认为胡适替戴震翻案不能成立，只是白费精力，于郦学无补。

我国澳门学者汪宗衍《戴震〈水经注〉案小记》说："胡适之晚年专力治郦书版本，极力为东原洗刷剿袭……耗二十年精力，为兹枝节问题，虽曰实事求是，实于郦何干？亦费词矣。"我国香港学者吴天任说："胡氏于郦学版本，用功十年，不可谓不勤。于戴赵公案，虽力为辩白，亦终难取信于人，徒增纠纷，而于郦书本身，亦何补益？"② 我国台湾的杨家骆、于大成、林明波等也认定戴袭赵无法推翻。大陆学者陈桥驿多次说明胡适对《水经注》研究的贡献微乎其微，胡适所挑起的这场论战，卷入学者数十人，持续时间数十年，"实际上不涉及郦学本身，也并未推动郦

---

① 参看陈桥驿《水经注研究二集》93—94 页，《关于〈水经注疏〉不同版本和来历的探讨》。
② 见吴天任编《水经注研究史料汇编》下册。

学的发展"。"实在是我国郦学界的一件不幸之事,现在不应继续,而且也不宜旧事重提。"章清在《胡适评传》(1992年出版)中转述谭其骧、周振鹤的意见说:"胡适重审赵戴《水经注》案的结果无疑是失败的。" 1996年出版的《国学通览》中,有陈可畏写的"郦学"一条,长达二万三千字,竟无一字提到胡适,可见他也认为胡适于郦学是无所贡献的。

另一派则不同程度地肯定胡适的成就。

如我国台湾的费海玑在《胡适著作研究论文集》(台北"商务印书馆"1970年版)中,完全同意为戴震翻案,对胡适推崇备至。我国香港的水建彤在《胡适与水经注》中也表示十分佩服,说:"胡适离开祖国,抱着一本《水经注》。胡适还是胡适,五四精神不死。"① 大陆学者赵俪生说:"胡适在《水经注》工作中……没有获得全面胜利,或者说只对了一半或一大半。但所找出来全、赵、戴三人各自独立钻研探索的历程,——这些副产品,其价值毋宁说是更高的。"② 耿云志说:"有人认为他的工作毫无意义,这恐怕不妥。第一,单是推翻百余年来对一位重要学者的诬妄,便不能说毫无意义;第二,胡适花了近二十年时间,详细考校所得《水经注》版本,——这对版本目录学是有贡献的;第三,他指出了几位负有盛名的学者的错误,其中包括全祖望、孟森、王国维、杨守敬。稍稍动摇了他们的权威。"但又指出:胡适"对《水经注》本身并无创见,所以不能夸大他的成绩"。③ 沈卫威说:"胡适澄清了《水经注》校本的不少难疑问题,为郦学研究作出卓越的贡献。尤其是戴震没有抄袭赵、全的书,而赵、全也没有抄袭戴的书,可以说是令人信服的判断,基本上探明了《水经注》案的真相,使这一重大学术公案基本上得以解决,同时他

---

① 见香港《今日世界》第4期,1952年5月出版。
②《学术月刊》1979年第11期,《胡适历史考证方法的分析》。
③ 耿云志《胡适研究论稿》,四川人民出版社1985年出版,82页。

的研究也成了前无古人的集大成者。"①

胡明认为,胡适对郦学本身也有不少积极的贡献。如考证《水经注》写作年代应在郦氏官河南尹的九年(515—524)中,其《北宋〈水经注〉已不完全了》《水经注里的南朝年号》《水经注古本现存卷数总表》《全祖望、戴震改定〈水经注〉各水次序的对照表》等文,都有很高的学术价值。胡适掀起的《水经注》热中,卷进了一批优秀研究人才,《水经注》研究史上许多悬而未决的问题,几乎重新被他爬梳一遍,其中很大部分也获得了满意的回答……廓清了近二百年的郦学迷雾,整理了郦学现存的全部家当,把郦学推向了一个新阶段,提高到一个新层次,他在郦学研究上是有巨大功绩的。笔者还可以再补充几点:胡适对郦注的文字和内容有不少精湛的考证,如关于长安横门汉人叫光门,关于"野母惊抃""采旅""采稆"的考证,等等,皆不容忽视。

笔者认为,对于古代重要学术著作权的研究,一向是学术史上的重要课题。如郭象盗向秀《庄子注》、齐丘盗谭峭《化书》等问题,历来受到学界重视。正确辨析全、赵、戴三家《水经注》研究相同相异之疑点,如果不是互相抄袭,那么又是如何互相吸收、参考,乃至互相帮助(如全、赵)的呢?这不仅有是非功过之争,更可以看出学术研究不断发展前进的历程,其间的经验教训是值得后人记取的。

这场讨论表面上是辩诬辩伪,实质是学风问题。不管各方怎样解释,戴震、全祖望、梁玉绳、董沛几乎都有利用他人成果而不说明的毛病。古人虽不满,但却尚无法律制裁。如今有著作权法,仍有人明知故犯,公然剽

---

① 沈卫威《胡适传》,台北风云时代出版公司1990年出版,279页。引者按:此书河南大学出版社1988年版中没有这段话,可见是在台湾出版时新增补的。

窃。不幸的是，在20世纪80年代参与《水经注》研究的人中，竟发现个别分子整篇抄袭他人文章署上自己名字发表，已被报刊公开揭露斥为"文扒"，说来令人齿冷。戴赵案的讨论，有助于提高学术道德意识。

讨论的另一教训是，在学术上作判断，下结论，一定要充分调查研究，千万不可轻率。张穆、孟森、王国维、杨守敬的某些判断之所以站不住脚，就在于没有看过全书甚至没有看书，就武断发表意见。相形之下，胡适的考证比较细致，调查比较深入，所以有些意见很难驳倒。这对于当今学术界，也可以提供正面和反面的借鉴。

最后，笔者有个建议。胡适的《水经注》研究文章，是胡氏著作的重要组成部分，如今仅有影印手稿本，流传不广，许多地方字迹不清，影响阅读研究。如果两岸专家、出版家能联手合作，对手稿中（也包括手稿外）的《水经注》研究文章，加以挑选、整理、编辑、排印出版，不妨叫"胡适著《〈水经注〉研究文集》"。这样，不仅对于郦学，而且对于胡适研究，都将大有裨益。不知道有没有人肯出这份力气，特别是肯出这笔经费？

（原载马来西亚博托拉大学《国际中文研究》第二辑，2002年6月出版）

后记

《水经注》注析之经过

1970—1972 年,我随中国科学院哲学社会科学部全体人员到河南明港镇五七干校参加劳动和运动。军宣队要求大家专心学习毛主席著作,不要看业务书。然而还是有不少人偷偷地看,并互相交换。在历史研究所历史地理室邓自欣同志那里,我看到一本《水经注》。我被其丰富的内容、生动的文笔吸引住了,便借来暗中阅读。把艺术性较强的片断摘录在笔记本里,先后得八十余则。1972 年下半年回到北京,我尝试为之作注。过了一两年,批林、批孔、批《水浒》……读书人无所适从,注释工作便放下了。"四人帮"倒台之次年,我调到文学研究所古代文学研究室,参加《中国大百科全书》和多卷本《中国文学史》的写作,分担的条目和章节包括《水经注》《洛阳伽蓝记》《颜氏家训》等。于是我重读上述各书,注释《水经注》也陆续着手。由于工作太累,我身体感到不适,发现有慢性胃炎、神经衰弱等疾病,医生建议减轻工作负担。为此,我邀请北京市社会科学研究所的李知文君参与合作。大致分工是:我负责注释北方之文,李君注负责注释南方之文。过后不久,出版社编辑和我的朋友都觉得李君的初稿问题较多,他坦率表示,以他一人之力,修改提高达到出版要求，尚有相当的难度。遂商定改变原拟分片包干式分工，由我负责全书（包括我的初稿和李君的初稿）的注释和说明之修改、补充、纠错与统一加工、定稿，李君负责原文、引文、附录资料的校对、正字、注音和誊写（那时没有电脑打字），他欣然同意。1989年，《水经注选注》完稿，由中国社会科学出版社出版，由我与李君共同署名。

然而我对《水经注》的研究并未停止。20世纪八九十年代，我先后在国内外发表八篇关于《水经注》的文章。2008年，我以"《水经注》山水名胜散文考释与研究"（以下简称《考释》）为课题，向中国社会科学院老干部局申请科研资助立项，获得批准。2010年结项，由中国社会科学院文学研究所古代文学研究室范子烨研究员、历史研究所历史地理研究室杜瑜研究员负责审阅鉴定，他们一致给予肯定评价，认为是一项新成果。但我自己还不满意，暂时未谋出版。

结项以后，我仍不时对该书稿进一步补充修改。到2018年基本定稿，共选37篇，约25万字，送交中州古籍出版社，承蒙青睐，出版社认为是一本有特色的新书，允予出版，并建议书名为《水经注（家藏文库）》。《水经注（家藏文库）》主要文字版本和注释参考书是清末民初学者杨守敬、熊会贞合著的《水经注疏》（段熙仲、陈桥驿校点，江苏古籍出版社1989年排印本）和陈桥驿著《水经注研究》（共四集）、陈桥驿主译的《水经注全译》。谭家健、李知文《水经注选注》也是参考书之一，此外还参考了陈庆元《水经注选》，赵永复、赵燕敏《水经注选评》，赵望秦等《水经注选译》，叶当前、曹旭《水经注注评》，王守春《郦道元与〈水经注〉新解》，赵嘉敏《水经注评译》等书。《水经注（家藏文库）》的新特点主要表现在以下几方面：

第一是"集咏"。辑录历代名家赞咏《水经注》的诗、词、短文、对联近200首（篇、副），缀于所选37篇作品之后。在时下出版的古代散文选注中有"集评",尚罕见"集咏"。这样做有助于深入理解山水名胜之美学价值和艺术魅力,体会不同文学体裁的表现方式和特点,可以认为是一种创新。

第二是"解说"。着重介绍所选各风景区的历史变化,尤其是现状。有的越来越好,道路已经改善,古迹得到修缮,成为著名风景名胜区;也有少数残破荒芜;有的不复存在。这些资料对文史研究者、旅游爱好者、风景旅游区管理者乃至文物部门都有一定的参考价值,可以起到贯通古今,古为今用,进一步弘扬传统文化的作用。其中有二十多处景点,我曾经利用开会、讲学、答辩、旅游的机会,亲临其境考察,摄有几十幅照片。为了弄清某些名胜古迹的疑难问题,我曾经查阅各地的古今地方志,多次向各地方志办公室、文物局、各风景旅游区管理机构发函,询问求教,得到他们以及其他部门有关专家学者的指点和支持。这些工作持续数十年没有停止,所花费的精力最多。

第三是"注释"。我的初衷是进一步"考释",曾经发表过两篇专文,对《水经注》中二十几处长期存疑未得确解的山水、地邑、古迹、祠庙、典故、名词以及特有的造句法、构词法做出新解,纠正了郦道元乃至杨守敬等学者的失误和疏漏。关于地邑名称,一律以21世纪新版的《中华人民共和国地名辞典》为准,有些县改为县级市或地级市的县级区。注释中有百余处插入明清文学评点名家的评点,点赞郦道元在用词、炼句、立意、造境等方面的艺术成就,这种做法在目前十多种《水经注》选本中是唯一的。为此,我还专门写文章向读者介绍历代关于《水经注》的评点著作。

第四,本书有几篇长文是我长期研究的成果,前言《〈水经注〉的文学成就》和附录《郦道元思想新探》《〈水经注〉与民俗文化》《历代对〈水经注〉的文学鉴赏》《胡适的〈水经注〉研究》,发表于国内外知名学术刊物,受到中国文学和《水经注》研究专家杨晦教授、段熙仲教授、陈桥驿教授等的称赞和肯定。

现在,此书即将出版,谨向许多帮助过、指点过、支持过我的老师、朋友和未见面的学者们致以衷心的谢意。其中有一些人在注释和解说中提到他们的名字,还有很多人没有提到,敬希见谅。中州古籍出版社多位编辑为此书付出了辛勤的劳动,谨此一并致谢。

2019 年 11 月

图书在版编目（CIP）数据

水经注 /（北魏）郦道元著；谭家健注析. —郑州：中州古籍出版社，2019.4
（家藏文库）
ISBN 978-7-5348-8579-2

Ⅰ.①水… Ⅱ.①郦… ②谭… Ⅲ.①古水道–历史地理–中国 Ⅳ.①K928.4

中国版本图书馆CIP数据核字（2019）第069374号

家藏文库：水经注

选题策划	卢欣欣　赵发杰
约稿统筹	卢欣欣
责任编辑	刘　琳
责任校对	苏晓园
封面设计	王　歌
版式设计	曾晶晶

出　版	中州古籍出版社
	地址：郑州市郑东新区祥盛街27号6层
	邮编：450016
	电话：0371-65788693
经　销	新华书店
印　刷	河南省四合印务有限公司
版　次	2020年5月第1版
印　次	2020年5月第1次印刷
开　本	640毫米×960毫米　1/16
印　张	20.5印张
字　数	300千字
定　价	45.00元